2019 年 9 月
坦桑尼亚巴加莫约的考奥莱遗址

2016 年 10 月
格鲁吉亚斯瓦涅季地区乌树故里的村落

2019 年 1 月
位于尼日利亚伊巴丹大学中心的清真寺和教堂

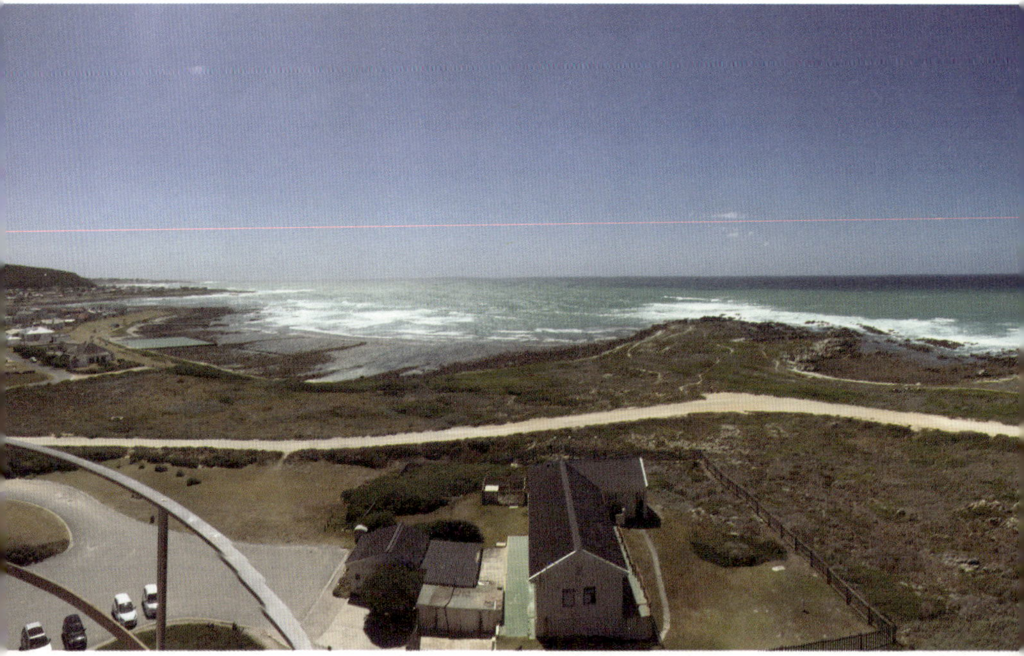

2016 年 12 月
非洲大陆最南端——厄加勒斯角

2019 年 12 月
夕阳下的巴西里约热内卢

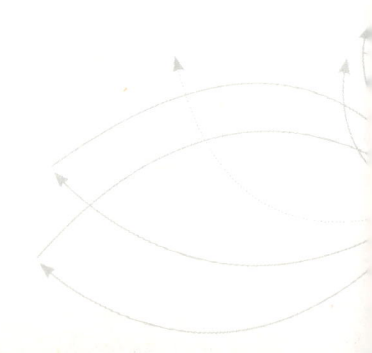

2018 年 11 月
老挝万象塔銮广场（塔銮节布施）

2017 年 5 月
月圆节斯里兰卡科伦坡贝拉湖夜景

26位清华学人的智识之旅
22种语言
100余幅图片
26个发展中国家的全球景观

清华大学国际与地区研究院·编著 IIAS
Institute for International and Area Studies, Tsinghua University · Edited Collections

# 作为田野的全球
## 清华大学地区研究拾年巡礼

高良敏　李宇晴　熊星翰　李　音　郑　楠
主　编

商务印书馆
The Commercial Press

图书在版编目（CIP）数据

作为田野的全球：清华大学地区研究拾年巡礼 / 高良敏等主编 . —北京：商务印书馆，2022
ISBN 978-7-100-20844-4

Ⅰ.①作… Ⅱ.①高… Ⅲ.①发展中国家—文化人类学—文集 Ⅳ.① C912.4-53

中国版本图书馆 CIP 数据核字（2022）第 042986 号

权利保留，侵权必究。

**作为田野的全球**
清华大学地区研究拾年巡礼
高良敏 等 主编

商 务 印 书 馆 出 版
（北京王府井大街 36 号 邮政编码 100710）
商 务 印 书 馆 发 行
北京新华印刷有限公司印刷
ISBN 978-7-100-20844-4

2022 年 5 月第 1 版　　　开本 880×1240　1/32
2022 年 5 月北京第 1 次印刷　印张 14⅞　插页 4

定价：98.00 元

# 序一

## 使命、情怀与通融

### 顾秉林

多年来，我常跟地区院的孩子们在一起聊天，谈及的内容并非高深的学术理论，更多的是异国他乡的生活见闻，是他们足行全球南方的心路点滴。这些弥足珍贵的阅历已然成为他们学术生涯中不可或缺的绚丽风景，也必将成为发展中国家研究的一笔宝贵财富。初次接到这本文集是在 2021 年伊始，当时还是打印好的一叠沉甸甸的田野研究稿件。我欣喜地翻阅着这些稿件的同时，跟随着他们遍及 26 个发展中国家的足迹，仿佛在文字中遨游世界，不禁生发出很多感触。

2011 年百年校庆之际，我和常务副校长陈吉宁教授开始着手设计，致力于在清华园培养一批对广大发展中国家有深度了解、具有国际视野的学者，2012 年开始招生的发展中国家研究博士项目和 2017 年底成立的国际与地区研究院皆因此应运而生。现在回想起来，这项事业的推进至今已近十载，到了收获初期成果、总结经验和再一次思考未来发展方向的新阶段。

对于此书，我有三点深切感受。第一，"有所为而为之"的时代使命是清华学子们无法回避的学术责任。近代以来，在中华民族遭受外族入侵的屈辱时，学术界开明之士发出了"师夷长技以制夷"

的呐喊，兴起了"西学东渐"的热潮，西方思想逐步进入中华大地，"求新、求变"成为当时的时代诉求。后来的梁启超先生更是准确把握到中国之于世界的位置感，并发出了"中国之中国、亚洲之中国、世界之中国"的声音。自新中国成立以来，学习国外先进技术和科学思想的浪潮和热情也一直未曾停止。特别是改革开放之初，邓小平就提出派遣留学生到国外，而且"要成千成万地派"。而在当前正经历"大发展、大变革、大调整"的世界格局中，中国在全球化进程中扮演着越来越重要的角色，与广大发展中国家的政治、经济、社会文化互动无论在广度和深度上皆前所未有，维系好与广大发展中国家的关系就至关重要。也正是在此时，肩负国家和民族使命的清华大学需要秉承使命，在迈向世界一流大学前列的征程中，服务国家战略需要、回应社会重要关切。为切实回应当代中国的人才需求，实现与国家发展相匹配的智识供给，深入研究世界其他国家和地区、建立一种有关"他者"的知识生产和组织形式尤为必要。这就是清华大学开展发展中国家研究及这群青年学子深入扎根发展中国家的意义所在，是时代赋予清华的使命，也是时代赋予当代青年的使命。

第二，从这些稿件中，我看到的是他们怀揣于心的那种"无所为而为之"的人生情怀和学术旨趣。如王阳明所言"夫志……木之根也"，学术志向与成就固然离不开人生的磨砺与求学问道，但它却发轫于人生的情怀和旨趣。尽管慧根的重要性不言而喻，但如果没有人生情怀、旨趣，世间万物犹如死寂，求学的意义显然也就会失去灵魂。在他们的字里行间渗透着这样一种情怀——将异国他乡的林林总总都视为"值得追问的现象和谜题"。在这样的情怀下，孩子们深知要真正了解一个国家、一个社会并非朝夕之功，也并非走马观花就能有所得。相反，只有深入异国的乡间邻里、日常生活，并与他人深入交流，才可能挖掘出真知。所谓观其日常，方能知其民脉与民心；知其民心，方能知其社会文化之源流，方能洞见其未来。尽管这个道理很简单，然而对于发展中国家地区研究而言，这一路无疑充满艰辛，如果没有情怀和旨趣的支撑，显然孩子们难以走到现在，难以感知到多元世界的多样魅力及其意义，也难以呈现出如此精彩的收获。不忘初心，这是他们用"无所为而为之"精神给自己的文章添加的最生动注脚。

第三，中国人乃至全人类的本性———一种纯真的对他乡和故乡之情感。这些远行全球南方的青年学子，在异国他乡的独自修行中，在他们书写的文字里，不经意间满溢着对故土、祖国的怀念，对他乡之眷恋。这是一种中国人最为本真的情感流露，也就是我们常说的"乡愁"，是他们无法忘怀和丢弃的人间至性。然而更难能可贵的是，随着他们在田野中扎根，我看到他们自己开始在文字中倾入一种对研究国家的牵挂。我发现他们的关切已经从几年前的猎奇、逸闻、趣事转变为对当地社会更深层次的关照与移情，并且在不乏深刻的思想中透露出一种人文主义者的笃定与平和。显然，如果没有对发展中国家的深厚情感，这一历程的转变无法完成。乡思作为中国人最根本的人生情怀，在孩子们这里得到呵护、成长，并且突破了固有的地理和社会文化疆域。如果说他们对家人、亲友的牵挂是一种本心，那么对异国他乡也生发出的牵挂，则是这种本心的延展。这一份情感注入他们个人的生命历程之中，注入中国社会的发展进程之中，日后定将成为全球人类构筑同呼吸、共命运事业时的牢固羁绊。文明之交融，不仅在于轰轰烈烈的经济和外交来往，更在于一份份长期寻求认知、理解他乡社会和文化过程中的情感嵌入。

天长地久有时尽，此情绵绵无绝期，在这个意义上，本书可谓折射出人类命运共通共济之大道。

如果说"有所为"是时代赋予孩子们的使命，"无所为"是他们的个体情怀，共情式的乡思是他们的本心和人性良知，那么更加值得期待的是在不远的将来他们能"知行合一"，将所学、所知以及个人旨趣更多地付诸实践行动，寻求更为崇高的、广阔的意义。在这个意义上，中国关于发展中国家的地区研究并非一座孤岛，无论在学科范式还是研究对象上，中国的发展中国家研究一定会走向交融与贯通。

因此，中国地区研究不仅应有当下社会发展进程的责任感，更应有与未来人类社会融通的使命与情怀。在清华大学开展发展中国家研究近十年之际，在对下一个十年、下一个百年予以展望和期冀的新阶段，将这些财富与更多的人共享，使社会各界对发展中国家有更感性的了解和认知，是孩子们完成这本文集的美好初衷，也是其价值所在。

2021 年 5 月 10 日于清华园

# 序二

## 怎样走出去，又如何走回来？

刘 东

### （一）

这本书收集起来的，是一系列"走出去"的经历与见闻，它以"万花筒"般的、令人目不暇接的故事集锦，讲述了清华大学国际与地区研究院的年轻学者，是怎样一步步地和勇敢地，踏上了"南方国家"的斑驳地面，如今脚步竟已遍及了几十个国家。——可想而知，又正因为那地面的斑驳不平，大家所选的角度也便不一而足了：有的是从缅甸筒裙的符号意义讲起，有的则从仰光街角的饮茶风俗讲起；有的是从格鲁吉亚的山景秘境讲起，有的则从吉尔吉斯的游牧因素讲起；有的是从尼日利亚的学府操作讲起，有的则从坦桑尼亚的语言实践讲起；有的是从摩洛哥的越轨行为讲起，有的则从古巴女性的强势地位讲起；有的是从巴西城市的贫民窟讲起，有的则从马六甲的混杂建筑讲起；有的是从老挝人民的物质观念讲起，有的则从印度当下的发展心理讲起……

那么，这些"闻见之知"的独特性何在？由此就要提到此书的副标题了，也即"清华大学地区研究拾年巡礼"。事实上，这样一次全方位的"巡礼"，首先就意在检阅一下现有的队伍；所以，这些经历与见闻加到了一起，也就在宣示着中国新一代的学者，已经开始学术性地造访"发展中国家"了。——也正因为这样，跟以往那些工商、外交、新闻界的造访不同，这些年轻学者开始这样去"足踏南方"，本身也就成了具有历史意义的事件，它标志着"中国发展"的一个新阶段，就像我刚刚在《地区研究丛书》总序中所写的：

"这项研究在中国的应运而生，则又肯定是顺应了全球化的迅猛势头。正是在这种方兴未艾的势头中，中国不光是被动卷进了全球化的进程，还进而要主动成为更大规模的'全球性存在'。"[①]

事实上，只有在广阔的时空参照系中，才能理解这是怎样的"走出去"。如果在漫长的历史进程中，从《大唐西域记》中的玄奘，到清华学堂中的留美预备班，都是鉴于其他文明的"文化高度"，希望到外部世界去求得学识；而到了近现代，在衰微与窘困中，中国人则又为本身的生计所迫，不断向周边乃至海外移民，遂造成了孔飞力所讲的"他者中的华人"世界；那么，他们这次又从清华园"走出去"，则带有更多的积极性、更大的主动性。——也就是说，他们并非单纯受到政治、经济利益的驱动，甚至也并不是单纯地为了"求学"；恰恰相反，他们倒主要是为了"治学"的目的，才启动了这新一轮的出洋行程。

这也就意味着，当代中国国力的显著上升，已经达到一个新的阶段，使国人哪怕只是为了下一步的发展，也要从自身的智力结构中，去主动寻求对于外部世界的"学识"；而且不待言，眼下说到的这个"外部世界"，已经不再仅指发达国家，更广角地指向了发

---

[①] 刘东：《展开地区研究的三根主轴：〈地区研究丛书〉总序》，《坚守坐拥的书城》，江苏人民出版社，2020年，第58页。

展中国家，或者说，是全方位地覆盖了整个地球。事实上，也只有到了这个节骨眼上，才会使人们恍然地反省到，比之于自己对发达国家的了解，这才是本身最为欠缺的学识。而且，也正是缘于自家的相对无知，人们才会在形象学的意义上，以任意的想象来填充知识的空白；而这样一来，就势必要忽略其中的复杂性，就像美国人对于中国的"想当然"一样，流于太过简单的"善恶二分法"。——比如我们在这本书中读到的，对于"巴铁"的两种抵牾看法："通常情况下，国内对巴基斯坦的认知存在两个极端：一种观点认为巴基斯坦非常好，是中国的战略盟友，中巴两国关系'比山高、比海深、比蜜甜、比钢硬'，应进一步加强与巴基斯坦的战略伙伴关系；另一种观点则认为，巴基斯坦是一个穆斯林国家，国内恐怖主义肆虐，需要警惕其恐怖主义给中国带来负面影响。"[①]

## （二）

不过，正因为这次走向海外的目的，在于要去追求更准确的学识和更深邃的学理，那就更要讲究"走出去"的方式方法了，而且有关知识论的一般问题，也势必要再向这些出行者提出来。——所以，虽说这本意在"巡礼"的小书，只是展示了大家的"闻见之知"，而不是他们更深入的学术研究，可相关问题还是随即凸显。

首先需要提请大家思考的，就是总会摆到研究者面前的、在"主观性"与"客观性"之间的恒久紧张。记得在美国学府访问时，如果有哪位立场左倾的学者，陪你路过哪家地区研究机构，总会不

---

① 见本书第132页。

屑一顾地喷上一句:"瞧,那边就是冷战的产物!"我当然也能理解这样的贬损,甚至也能欣赏这样的批判,可我的判断却并不这么极端,毕竟就在那样的研究机构中,还出过很多精彩的学术著作;后来往往也都经过我的努力,逐渐地译介到了中文世界。由此也就足以说明,不管一个项目在启动之初,是拿什么理由来说服当权者的——毕竟那帮人也未必有多少学问——但只要学者本身尚未失去"学术良心",就总可能哪怕部分地过滤"非关学理"的干扰,从而在"主观性"与"客观性"之间,大体上保住做学问所必需的平衡。

由此也就想到,既然清华大学里的地区研究,是源自早前的"发展中国家研究"项目,换句话说,是在总体上配合着"走出去"的国家战略,那么,如何把握"国家意志"与"研究兴趣"之间的关系,也就终究是一个绕不过去的关口。一方面,当然也无可讳言,这些正因此才"走出去"的年轻学者,背负着这个民族国家所交付的责任,所以他们的研究必有"对策性"的一面,也应当去服务于祖国人民的福祉。但另一方面,却又理应心存警觉,设立在中国顶尖学府中的地区研究,决不能简单地认同于或雷同于智库,而应有更高的知识要求和学术目的,那就是尽量去保持治学的严肃性,从而尽量去争取学识的客观性。——无论如何,如果未能获得充分的和如实的信息,即使宏大的"国家意志"也可能出错,从而也就有可能在劝说下再予以更正;另外,在"民族国家"的有限世界格局中,任何"国家意志"也必是打了折扣的和有局限性的,所以如果就全人类的最终福祉而言,又只有在有利于各国共生的前提下,这样的"国家意志"才是必须去尊重的。

当然话说回来,只要能谨慎地拿捏住分寸,我们就总还是不无可能,不是用"功利性"去败坏"严肃性",反而用"客观性"去补足"主观性"。——正如我在《地区研究丛书》总序中指出的:"尽管'地区研究'的初始宗旨,当然在于有关外部世界的'有用知识',而一俟这种知识落熟敲定,当然也可以服务于人类的实践目的,包括作为出资人的国家的发展目标,不过与此同时,既然它意欲的东西堪称'知识',那么,它从萌生到发育到落熟的过程,就必须独立于和区隔开浅近的功用。无论如何,越是能争取到和维护住这样的独立性,学术研究的成果就越是客观和可靠,越足以令读者信服,从而也才能更有效地服务于社会。——不言而喻,又是在这样的理解中,率先在中国顶尖大学中建立起来的'地区研究',虽则在研究的国别、项目和内容上,当然也可以部分地与'智库'之类的机构重叠;然而,它在知识的兴趣、理想的宗旨、研究的广度、思考的深度、论证的独立上,又必须跟对策性的'智库'拉开距离,否则也就找不到本学科的生存理由了。"[①]

再回头来看,其实美国最早的汉学研究,只是从一批来华传教士肇始的,他们踏上我们这块土地,原是本着更加强烈也更可疑的主观冲动。可久而久之,随着"客观性"在内心中的积攒,他们也就越来越能"同情地理解"了,这才导致了对于中国的学术性进入。事实上,正如所有踏上异域的人类学家一样,我所认识的大多数当代汉学家,也都对作为研究对象的中国,或多或少地产生了同情或移情;甚至于,也正因为对于文化边界的跨越,作为最能理解中国的少数西方人,他们就总是从两边都感到痛苦,特别是会被自己祖国的同胞,贬斥为专替中国"说好话"的家伙。有意思的是,我们从眼下这次简短的"巡

---

[①] 刘东:《展开地区研究的三根主轴:〈地区研究〉丛书总序》,《坚守坐拥的书城》,江苏人民出版社,2020年,第59页。

礼"中，从走到南非的年轻人那里，也已同样看到大体类似的倾向；而且，这也同样从另一个重要侧面，反映了"主观性"与"客观性"之间的落差："可以说，在对库哈经开区的田野调研中，我从'单边共情'拓展到'情境参与者'的'多边共情'，也促使我对'本我'和'他我'的研究视角有了进一步反思。同时，共情中出现的疑虑也不断刺激我从更多角度去思考问题，不让思维局限在某一个定式模态中，力求去寻求更多深层次的成因。"[①]

## （三）

不过，也正因为会由此产生的"多边共情"，我们的思路就要递进到另一种平衡去，以免又被来自多边的文化噪声撕裂。——这种平衡如果一言蔽之，就是一旦这样地"走出去"之后，又如何应对必会出现的"价值多元"，以及如何开展理应进行的"文明对话"？

一方面应当看到，如果对于自己所踏上的田野，尚不能做到最基本的"同情理解"，那么，自己那原本固有的文化"前理解"，就不仅会拖累研究者的道义，甚至也会拖累他们的智力。也正因为这样，我们就不能再走西方人类学的老路，像早期的爱德华·泰勒或刘易斯·摩尔根那样，以一种"文明人"的有色傲慢眼镜，把一切在空间中偶然形成的复杂分布，全都化简为带有必然性的线性时间序列。——在这个意义上，后来由博厄斯所制订的研究规则，也即作为出发点的"文化相对主义"，对于那些作为"闯入者"的人类学家，甚至对于任何类型的田野工作者，都是值得参考、记取和

---

[①] 见本书第123页。

警戒的。

正因为这样,我当年也曾经以欢呼的姿态,指出"文化相对主义"的立场,相对于以往线性的"进步"观念,所带给我们的巨大解放感,尽管我当时正着手处理的问题,还是如何对待中国的故有传统:"如果只把论题限定在向后回溯的范围,亦即如果只把眼界限定在迄今的文明进程,则这样一种方法框架至少可以先帮助我们排除当下语境中所谓'传统—现代'的有害二分法,从而对过去的历史文本进行更为忠实而完整的释读,并且更为实证地了解在已往的各个文化圈中到底都发生过什么,以期在知识学的意义上还复出古人原有的不同'生活世界'。无论我们自己想要对出现于历史中的种种价值观念进行怎样的臧否取舍,都先应清醒地意识到:前人曾经和我们一样享有过自由选择的契机,而且他们决不可能自欺欺人地存心选择某种已被认定为错误的价值理想;由是在形形色色不可通约的文化价值的范导下,便必然要产生千差万别的行为预期,以及于此基础上发展出来的并不完全具备可比性或通约性的文化样态。"[①]

可另一方面又应看到,即使顺利地进入了"多边共情",从而让内心在巴赫金的意义上,进入了演奏着复调的"对话性",那也并不意味着问题的解决,相反倒属于新的、更严峻问题的开始。中国的人类学家,往往都背熟了费孝通的说法,即"各美其美,美人之美,美美与共,天下大同"。可说穿了,只要稍微温习一下马克斯·韦伯,从而把那个被抽空了的"美"字,置换成"诸神之争"的"神"字,那么这句话也就登时变味了,就会在塞缪尔·亨廷顿的意义上又变成——"各神其神,渎人之神,神神相争,天下大乱"。

---

① 刘东:《文化观的钟摆》,《近思与远虑》,浙江大学出版社,2014年,第15页。

正因为这样,即使欢呼过它所带来的解放感,我也并未忘记就在同一篇文章中,又提请人们注意"文化相对主义"的负面效应:"如果从'退一步'的角度看,这种'文化相对主义'的理论框架,还可以为我们带来解放、松动或舒缓,那么,一旦再从'进两步'的角度看,它就并不像表面上那般振振有词了,从而也就不能完全满足我们的需求,倒显得像是一片难以拔出脚来的危险泥沼;而且,如果有谁存心就想滞留在这样的泥沼中,那么,他就不啻以这样的障眼法为借口,来固化各个人群所偶然染上的'主体性',从而去坐等总体人类的长久撕裂、与万劫不复。"①

因此,如果大家一旦"走出去"以后,还不想陷身到"相对"或"多元"的噪声中,而只能去忍受价值的冲突和灵魂的撕裂,那就必须赋予自己更高的能力,以便再对这种"文化相对主义"的立场,去进行哪怕只有相对意义的克服。事实上,也正是为了打造这种能力,我才在《地区研究丛书》的总序中提出:"既有中国特色、又有全球关怀的'地区研究',必须围绕缺一不可的'三根主轴',即第一,本土的历史经验与文化价值;第二,在地的语言训练与田野调查;第三,与国际'地区研究'的即时对话。"②而如果想再表述得更好记一些,那么这三根缺一不可的主轴,则可被简化成"本土意识、全球眼界、发达学术"。——据此而论,如果前边所讲的那些"闻见之知",属于这"三根主轴"中的"全球眼界",那么,为了获得进行"文明对话"的能力,就还需要作为另一根主轴的"本土意识",也就是"本土的历史经验与文化价值"。

---

① 刘东:《文化观的钟摆》,《近思与远虑》,浙江大学出版社,2014年,第17页。
② 刘东:《展开地区研究的三根主轴:〈地区研究丛书〉总序》,《坚守坐拥的书城》,江苏人民出版社,2020年,第61页。

毫不夸张地说，大家越是走向"发展中国家"，那里就越会对自己的本土文化意识，构成迫在眉睫的严重挑战。这是因为，他们就这样从一个"无宗教而有道德"的文明，一下子跨到了"祛除巫魅"最少的区域或部落。事实上，只要打开这本书就会发现，尤其在走进伊朗、巴基斯坦或哈萨克斯坦时，浓重的宗教氛围肯定要扑面而来，而且如果不打算对之深入了解，也就干脆进入不了自己踏上的田野了。——那么究竟怎么办呢？也是在"多边共情"的基础上，走上"无可无不可"的"文化相对主义"吗？或者说得更尖锐一些，也是宁愿陷入"半信半不信"的泥沼中吗？那么自己的灵魂不也就跟着分裂，从而可能需要走进精神病院了吗？

由此才益发看出，作为主轴之一的"本土意识"，对于"走出去"的年轻学者，属于何等重要且必需的装备。我们作为晚期智人，天生就是要去进行"价值追问"的动物，所以即使到了域外的田野中，还尽可能地想要去"同情理解"，那也并不妨碍你至少在内心，还是要进行有关文明价值的对话；而关键只在于，你本人在迈出那一步之前，有没有在理念上筑牢国学的本根，从而足以在"先秦理性主义"的基础上，对于孔子"未知生，焉知死"和"不语怪力乱神"的说法，获得深入的理解和理性的自觉？——如果能够做到这一点了，即使不必去同你的研究对象辩论，你自己总不致陷入惶惑与分裂了，因为你还可用我所发挥的"文化高度"概念，在各个文化之间进行高下的对比，以便从可能的"文化相对主义"泥沼中挣脱出来："尽管各文明使用的术语会不尽相同，但我们还是可以利用下面这一组关键词，来界定这种相对而言的'文化高度'的具体内涵。——从学理上讲，这些要素自当包括：更加公正的价值理念，更加敏锐的审美感受，更加细致的生命表达，更加精致的生活质量，更加和谐的人际关系,更加可靠的社会规范,更加精细的文化分支,更加齐备的部类划分,更加活跃的创造能力,更加恒久的自我更新,更加宽容的开放水平,更加久长的延续能力,如此等等。"[1]

## (四)

那么接下来,也就说到了第三根主轴,即"与国际地区研究的即时对话",或者更简捷地把它表述为"发达学术"。——于是大家马上就又会发现,这根主轴也是有多面性的,而且还一直是在脚下旋转的。

有意思的是,我也是在受邀参与地区院的工作之后,才想起自己竟已跟西方的地区研究,打了这么长时间的、简直难解难分的交道。这首先是指自己于三十多年前创办的、如今已公认规模最大的《海外中国研究丛书》,其次也是指自己又在十年前创办的、与上一套丛书配伍的《西方日本研究丛书》,而眼下自己更一发不可收拾地、要在同一家出版社创办《西方韩国研究丛书》了。——这三套丛书加在一起,大体就组成了一个闭合的方阵,可以相对完整地反射出"东亚研究"的镜像;而不待多言,西方学府里有关"中日韩"的研究,一向都同属于那里的东亚文明系,那正是整个地区研究的一方显赫重镇。

正因为这样,我才基于自己多年来的经验,指出成长为"发达学术"的必要性。换句话说,真想加强自己的学术分量,就不能只满足于"土对土",也即只从本土的学术环境,走向发展中田野的

---

[1] 刘东:《如何看待"汉化"》,《长问西东》,中华书局,2021年,第157—158页。

土壤，那样的话，是不会被国际学界当回事的。无论如何都应当看到，"中国研究"领域的那些美国同事，至少是其中最领先的学者，从未把自己限定在某一个区域中，或只把自己看成特定的"区域研究家"。事实上，他们更愿意把自己视同于历史学家、社会学家、政治学家、经济学家，乃至于思想史家、文学史家、艺术史家、生态学家……——这也就意味着，发达国家的、同样发达的地区研究，是由来自各个学科的专家，走到某一个区域来共同承担的，他们既在聚焦于这个特定的区域，又在借助该区域的问题意识，来升维地思考整体或人类的问题；也是唯其如此，才确保了他们的学术质量，往往能具有举一反三的启发性或辐射性。

反过来说，既已不再满足于"土对土"了，也就是立下了"洋对洋"的更高标准，或曰以展开"与国际'地区研究'的即时对话"，来促进本身的研究也成为"发达学术"。这样的标准，就同样要求我们的地区研究者，也要学会像历史学家、社会学家、政治学家、经济学家那样去提问，或者像思想史家、文学史家、艺术史家、生态学家那样去思考。以至于，即使只把自己视同于人类学家了——这是走向"发展中"地区的天然诱惑——也要像那些"汉学人类学"中的对手那样，并非只是在田野里就事论事，而能随时面对自己的调查对象，调动起头脑里预装的理论装备，这是人类学家笔下的民族志，与任何新闻综合报道都不同的——哪怕是最精心写出的深度报道。只有做到这一点，我们的研究从特定的区域出发，才会既同整个人类的生存处境相连，也同国际学界的前沿问题相连；也只有做到这一点，我们由此所获得的研究成果，才不会只属于某种"地方性知识"，而同样能辐射性地进入广阔的视域。

在这个意义上，我们也就会"更上一层"地发现，即使已经跟自己走上的田野，初步建立了顺利的交流、同情的理解，那仍然是不充分和不足够的。当然，这仍属"走进去"的最早和必要的一步，因为一旦缺乏同情或共情，研究起来就会没有温度；然而，接下来同样重要的是，一旦在遭遇对象时缺乏理论素养，理解起来也就会没有厚度和力度。正因为这样，也只有充分加强自身的学术水准，能把学术的"十八般武艺"都随时应用上，才可能切实地成长为"发达学术"，才可能去跟西方的地区同行对话；而与此同时，也才真正符合"地区研究"的本意，因为它本来的主要立意就在于，要在一个特定地区调集全部武库，以避免现行学术分科的狭隘与局限。——正如我在前述那篇总序中说过的："正因为这样，我们想借这套丛书引进的，就不光是一些孤零零的研究结论，还更是一整套获致这类结论的研究方法。这样的方法告诉我们，如果不能相对集中优势研究资源，来对一个相对独立的地理区域，几乎是'无所不用其极'地调动各门学科，并且尽量促成彼此间的科际整合，我们就无从对于任何复杂的外部区域，获得相对完整而融汇的有用知识。——不言而喻，也正是在这样的理解中，'地区研究'既将会属于人文学科，也将会属于社会科学，却还可能更溢出了上述学科，此正乃这种研究方法的'题中应有之意'。"[1]

不过，如此这般地并长争高，并不必然意味着亦步亦趋。无论如何，我们是在一个"后殖民"的时代，从一块曾被"半殖民"的土地上，开始应着"中国走向世界"的步伐，来启动新一轮的、理应有所不同的地区研究。因而，这就首先要求从出发点上澄清：我

---

[1] 刘东：《展开地区研究的三根主轴：〈地区研究丛书〉总序》，《坚守坐拥的书城》，江苏人民出版社，2020年，第59页。

们这次的"走出去"和欧洲当年的"走出去",究竟在本质上有什么不同?事实上,正如我在《大航海译丛》的总序中挑明的:"正是通过空前规模的'大航海',当时的欧洲才得到了'地理大发现',而无论是'东亚'还是'中东'、'拉美',才如此这般地进入了欧洲人的寰球视野。于是,这种原本也是囿于一隅的地方性文化,也才借此获得了空前的全球性扩张,直至把自身也扩张成了全球性存在,甚至,就连它携过来的文化与价值预设,也被推广成了'普世性'的观念,长久地被当成了人类思想的'公约数'。"[①]——所以这也就必然意味着,相对于那次殖民史中的理论建构,我们这次则要在后殖民的意义上,对于"欧洲中心论"进行针锋相对的解构。

正是在这个意义上,西方的相对发达的地区研究,既应当属于我们的交谈对象,也应当属于我们的知识对手。而我之所以要提出"洋对洋"的标准,或曰"与国际'地区研究'的即时对话",也正是为了能到国际学术的讲坛上,去尽量争取中国学者的话语权。众所周知,我一方面最积极地引进"中国研究",为此付出了长达几十年的心血,认为这是向国际学术靠拢的关键;而另一方面,我也从来不惮于向海外同行们提出批评,反对只把产生于欧洲历史中的欧洲理论,生搬硬套地运用到欧洲以外的地区。——正如我在另一篇文章中指出的:"毕竟,任何一种具体的社会或文化理论,都只能是某一具体文明的特定'语法'。正因为这样,一旦把某种'语法'抽离了它的语境,那么,尽管它在别的语境中也会有所启发,但终究还会多少显得'水土不服'。即使我们能把所有的欧洲理论,

---

[①] 刘东:《理解现代世界史的枢机:〈大航海译丛〉总序》,《坚守坐拥的书城》,江苏人民出版社,2020年,第63页。

全都不辞辛苦地翻译过来,并且还全都心领神会地读通,我们也不可回避,那不过是对于欧洲历史经验的、带有欧洲思维特点的总结;所以,还是有可能跟它移植到的那个经验世界,显现出若隐若现却影响深重的脱节。"[1]

然而,如果我们在"理论创新"方面,原本就是无能为力的或无所作为的,那么就算这么郑重其事地抗议,也根本是徒唤奈何、于事无补的。必须认识到,受人类思维的规律所决定,"理论"之所以能被称为"理论",正是因为这种上升为抽象的公理,其本身就具有统称的能力或倾向,而不由自主地就要求去举一反三,乃至从部分去管窥或概括总体。因此,正如我以往就此回答记者的:"仅仅适用于一种现象的理论,就根本不能被称作'理论';就此意义而言,任何理论创新都有天然的辐射性,也就是说,在此后的知识增长过程中,它总会被合法地试用于其他经验。由此你就足以领会到,只有重视理论创新富于思考活力的文明,才可能对别人显出话语的霸权。那么再让我们反躬自问,长期以来国人果真表现出过理论创新的勇气和才能吗?这样一来,我们就开敞了中国知识界的一个紧迫问题:这个问题不解决,我们就只能自怨自艾,而这个问题解决了,别人的霸权也就迎刃而解了。"[2]

正因为这样,就像我曾经反复呼吁过的,我们这一代学人的"出息大小",乃至在灵魂上能否"最终得救",全都取决于能否激活本土经验,而终究完成超越欧洲框架的"理论创新"。而今,这样的接力棒又自然而然地传递到地区研究的年轻学者那里;而且他们

---

[1] 刘东:《译百家书,立一家言》,《引子与回旋》,上海人民出版社,2017年,第174页。
[2] 刘东:《汉学:入乎其内出乎其外》,《理论与心智》,浙江大学出版社,2015年,第217—218页。

眼下所占据的田野，还得以不再仅限于本土的经验，更加扩大到了域外的实地调查。——因此，无论如何都要念念不忘，只有不断用自己获得的"闻见之知"，来验证核查现有的知识框架，大家的这一次"走出去"，才不会只是在步着殖民者的后尘。否则的话，如果在文化底蕴和活跃程度上都不够，那就终要受限于自己"理论创新"的能力，而无法摆脱固有"知识框架"的潜在影响；也就是说，虽用自己的脚踏上了那边的田野，可鼻梁上却还架着西式的眼镜，于是从那边所看到的研究对象，也就总有一层若隐若现的西方色彩。[①]

## （五）

写到了最后，就写到了本文标题的另一半，也就是在这样子"走出去"以后，又应当再以什么样子"走回来"？

为了更好地理解这个问题，特别是它所带来的挑战性，有必要先从哈佛的教授那边，听取和体会一下此中的甘苦："现代中国文学研究者不能像传统汉学一样闭关自守，其背后的另一个原因是，美国学院的现当代中国的研究，本属于地区研究（Area Studies）的一部分，而后者却是冷战时期设立的研究项目，所谓中国专家'China Expert'或'China Watcher'，即是指此，有明显的政治目的。如今时过境迁，20世纪60年代以后，就有学界人士提出废除'地区研究'，因为它没有专业训练的基础，如经济学、历史学、社会学、哲学等学科，所以在严格的学科训练上站不住脚。因此，地区研究的学者需要在另一个专业中找到栖身之处。这个现象在社会科学方

---

① 参阅玛丽·路易斯·普拉特：《帝国之眼：旅行书写与文化互化》，方杰、方宸译，译林出版社，2017年。

面最为明显，譬如不少研究中国当代经济的专家，也必须得到经济系的认可。那么中国文学呢？古典文学的教授有的也在比较文学系授课，如哈佛的宇文所安教授；有的则置之不理。现代文学不可能自闭，所以很快就和'文化研究'挂上钩，开始了'理论转向'。"[1]

上述这种口语化的现身说法，鲜明地表现了地区研究者的尴尬。一方面，这些人往往就凭着自己的"一招鲜"，包括对于某个"小语种"的掌握——甚至就我本人的特定交游而言，还有只靠自己在"芳草地小学"的学历，就脱颖而出地考进了哈佛东亚系的——幸运地进入了著名的常春藤学府，这至少从外面看来是相当光鲜的。可另一方面，这些从事"地区研究"的人，却又遗憾地觉得自己并未能"登堂入室"，而如果不能突显出自身的学术性，那么充其量也只能安于校园的一隅，乃至即使在学校的内部也是脸上无光。由此久而久之，就连自己所从事的"地区研究"本身，也不免要遭到他们的质疑和嫌弃了，于是才会频频出现"走出地区研究"的说法。而我在前文讲到的那种情况，即"他们更愿意把自己视同于历史学家、社会学家、政治学家、经济学家，乃至于思想史家、文学史家、艺术史家、生态学家……"也是既来自于他们的这种被动，又来自于他们的这种心结。

说穿了，这正是"地区研究"在现行体制下，往往难以摆脱的一种"两难处境"：一方面，越是属于久负盛名、财力雄厚的领军学府，就越是可能率先建立并长期支持"地区研究"的项目；可另一方面，越是置身于学殖深厚、专业发达的著名学府，就越要面对

---

[1] 李欧梵：《中国现代文学研究和"理论"语言（代序）》，季进、余夏云：《英语世界中国现代文学研究综论》，北京大学出版社，2017年，第4页。

来自其他学科和资深学者的质疑,也就难免要被视作学术界的"边缘人"。——那么到底应该怎么办,只能彻底叹口气"躺平"下来,就安于这样的边缘性地位,还是索性放弃这样一个项目,以致干脆不知自己到底在干什么?

当然还另有一条积极的出路,而我们由此也就更能看出,前文中所讲的那种"理论创新",对于"地区研究"具有何等的重要性,甚至简直是具有"救命"的意义。如果说,美国大学中的"东亚研究",虽说已经算是成绩斐然,却仍在"理论创新"方面留有逆差,大体属于理论生产的"进口地",由此才导致了上述的那种惶惑;那么,只需要再从中加上一个汉字,则美国大学中的"东南亚研究",便已在"理论创新"方面多有顺差了,甚至不妨说是理论生产的密集"窝子"。我一直在主持的《人文与社会译丛》,其中专门精选第一流思想家的代表作,而那里就先后收入了克利福德·格尔兹、本尼迪克特·安德森和詹姆斯·斯科特的著作,而这些学者虽然身在普林斯顿、康奈尔和耶鲁大学,可他们的研究基地却正是印度尼西亚、马来西亚、泰国、菲律宾和缅甸。此外还值得一提的是,我在晚近的著作《我们共通的理性》中,也反复引述过剑桥教授杰克·古迪的作品,他那些对于"欧亚大陆"极富洞察力的反观,也同样是来自撒哈拉沙漠以南的非洲地区。——那么,这个级别的学者还要为属于"主流"还是"支流"、"中心"还是"边缘"伤脑筋吗?试问在当今整个的国际学术界,还有谁敢忽视或回避他们的思想?

正因为这样,中国的地区研究虽刚刚起步,但与此相应的"理论创新",却仍是我们应当寄望于它的。毫无疑问,这个项目的从业者,就是应当带着这样的抱负"走出去",又带着这样的成果"走回来"。如果说,像格尔兹、安德森、斯科特和古迪等人,能够在英美学界获得意外的成功，恰是因为靠着外在于西方的经验，得以从另类的视角来反观自身的文明；那么，我在前边反复重申的"三根主轴"，从道理上就会使我们的这批年轻人，有可能比那些西方学者更为开阔，因为除了别人也具备的"全球眼界、发达学术"之外，他们还额外地具备了自己的"本土意识"，从而更容易对迄今的学术发展冷静地旁观。——这样一来，基于三种文化间的持续博弈，也基于三种文化营养的共同发酵，他们也就有可能利用这种交叉优势，从更为广阔的学科对话与"科际整合"中，去追求更高水平的思想突破与"理论创新"。

千万不要觉得，我提出的这种期待实在是"太高了"，乃至于已经是"高不可及"，所以看到它就反而更只有"躺平"了。古语有云："取法乎上，仅得其中；取法乎中，仅得其下。"所以，即使在地区研究的第一代学者中，还未必就能涌现出第一流的思想家，可是，只要大家能保有这样的自我期许，也就至少应当能保住相应的干劲，从而即使不是在中国的顶尖大学中很快就去占据话语场中的核心位置，也能置身于"从边缘向中心"的冲击过程中。——无论如何，对于任何以学术为终生志业的人，这种不断"向上突破"的志向与干劲，都理应属于他们必然的生命企求；而且更加重要的是，我们的大学本身也应会在这样的冲击中，由于不断收纳来自各方面的力矩，而源源不断地汲取内生的活力，以便永久地保持住它自己的生命力。

2021 年 6 月 4 日于浙江大学中西书院

# 导言

## 从足行南方到作为田野的全球

### 高良敏

2020 年中,因新冠肺炎疫情,我一直停留在家。这看似是一段难得可以用来静思的时光,我却始终憋着一股劲。作为一个人类学研究者,何时才能返回东非继续田野调研这件事让我常感焦虑。幸运的是,我时常能收到来自坦桑尼亚导师、当地医院院长、房东、马赛族朋友等远方亲友的微信和邮件问候。尽管只是只言片语,读罢却如沐春风、倍感亲切。后来,坦桑尼亚也出现疫情,我发去了许多回问与关切,跨越亚非大陆的羁绊也因此得以维系。无意间和清华大学国际与地区研究院的同事聊起这番感触,发现他们疫情期间与田野的关系也几乎相同——尽管我们互为万里之外的"他者",但心意相通好似近邻。

这偶然之间发现的共性,让我萌生了重塑田野所感、所思、所悟的冲动。随即,我与从事泰国研究的李宇晴、马达加斯加研究的熊星翰、墨西哥研究的李音三位小伙伴商量,能否牵头组织地区院研究员以及部分有长期发展中国家田野调研经验的博士生,共同撰写一本关于发展中国家田野故事的书籍。不出意料,他们三位都兴致极高,欣然同意。为此,我快速起草了一份方案,打算以《足行南方:清华地区研究学人的成年礼》为题来编写这本独特的书籍。

2020年6月23日,在饱含忐忑的期待中,我们的提案获得了张静副院长以及各位同事的鼎力支持,地区研究院"足行南方"编委会小组正式成立。

经过近半年的前期准备和征稿工作,编委会在2020年11月收集到总计26篇稿件。在随后的审稿过程中,编委会先后进行了至少4轮的修改与完善。期间,为应对庞大的工作量和不同地区田野的知识盲点,编委会决定进行扩员。早早被"盯上"的郑楠于11月加入,潇洒而稳重的他,从事中亚政治学相关研究多年,他的加入使得编委会如虎添翼。许帅和董慧也于11月、12月先后作为文字编辑加入。自此,一个具有活力的跨地区、多学科的编委会进一步壮大,各项工作也得以稳步推进。

审稿期间,26位作者被编委会反复"折磨",经历了许多轮的讨论与争辩。终于在2020年12月底,完成了所有稿件的修改与校对。接下来的出版工作中,我们有幸得到了刘东老师的支持和指导。庚子年腊月二十九(2021年2月10日),一沓厚厚的稿件飞往了杭州。两天后,也就是辛丑年大年初一的下午和凌晨,刘东老师先后发来信息,建议将书名改为《作为田野的全球:清华大学地区研究拾年巡礼》,并为本书慷慨赠序。清华大学发展中国家研究博士项目的发起人——前校长顾秉林院士也为本书留下了寄语和祝福。

十年前(2011),清华大学发展中国家研究博士项目正式成立。项目成立至今,已经毕业和正在攻读地区研究博士学位的青年学子已有近60名,足迹覆盖44个发展中国家或地区。在学生培养和研究人员的发展规划中,"田野工作"(field work)一直被视为根本的价值和方法取向,也是本书的意义所在。清华大学发展中国家研究博士项目发起人之一，前校长陈吉宁教授在项目成立之初提出了对所有学生的期望：秉承不骄不躁的决心和毅力，坚持深入当地、扎根当地，在田野中寻求真知、洞察寰宇。此后，从事长期、深入的田野调研被我院视为开展地区研究（area studies）的基石，田野的重要性也成为我们的一种"根本性认识"。

我们将田野工作作为一种基石的"根本性认识"，首先源于一个刚需，即当下之中国需要超越自身智力结构，去汲取外部世界的"学识"，特别是广大发展中国家学识。此外，我们田野工作的意义还在于作为中国学者，需要通过田野工作来反思当前的时代。然而，想要更好地理解和把握国家境遇与研究旨趣的关系，需要更高的知识要求和学术立意。正如刘东老师指出，不应该用"功利性"去败坏"严肃性"，而是用"客观性"去补足"主观性"，达到对世界的共情性学术进入。"田野工作"意义也在于将田野作为很好的结点，将"全球—地方—研究者"三方的关系糅合，做到关照田野视角，保持本土意识、培养全球眼界，最终实现理论构建与超越，推动学术发达，并与全球学者进行"洋对洋、土对土"的交流与对话。同时，我们也将田野工作彰显的精神视为一种"传承"，对自我保持一种较高的期许，带着嵌入生命意义追问上的志向与干劲，不断吸收各方精粹，激发内生活力，希望能够使以田野工作为基础的地区研究在清华、在中国都能生机勃发、葳蕤长青。

我们强调深耕"南方国家"，开展深入的、长期的田野调研，这并不意味着从"全球"抽离，相反，我们应该更加着眼"全球"，放眼未来。全球与田野之间的张力无疑是本书之灵魂，两者的良好关系需要夯实本土意识的文化根基，勇于使用中华本土文化中有益的智慧、伦理、知识等要素与其他文化展开对话，借助自己的文化之根来避免陷入文化相对主义的泥沼；全球与田野的关系还在于学术之通达，在于学贯东西和深入了解田野前提下的综合性对话与反思，在于对提高理解人类社会活动规律方面更好的理论创造，使其成为具有全球性影响力的知识生产活动。

本书分为"自我与他者""想象与现实""历史与当下""地方与社会"以及"发展与反思"五个部分，逐一展开那些"说不尽、道不完"的发展中国家田野故事。无论是在异国他乡，还是在中国国内开展田野调研，我们总会遭遇或者邂逅形形色色的图景和元素，如：人——我们的老师、朋友、同事、同学、访谈对象、房东、警察等；事——喜怒哀乐之事、七情六欲之事，以及芝麻般的生活琐事；物——食物、礼物、交通工具、文化之物或意义之物；动物——鸟、狗、猫、猪、牛、羊、鱼；空间——城市、社区、农村、学校、研究所、医院、警察局、移民局、图书馆，甚至卫生间、厨房等生活空间；情感——特殊的社交礼仪场景，令人感动、令人深思或有特殊意义的情感场景或空间；自我——了解他者的过程，也是一个了解自我，甚至发现自我、批判自我的过程。

经过长期的田野磨砺，于我们而言，田野之"他者"，不再抽象、神秘或充斥着臆想，而成为真实、可触摸和具有灵动之气的"他者"，这种真实源于田野，也在于每一个作者对自我的回望和反思。本书26篇来自发展中国家的田野讲述旨在通过复活"田野"，将其再嵌入我们的学术生命之中。

2021年6月2日于清华大学中央主楼205

# 目 录

## 第一部分　自我与他者 / 1

李　音　围绕"报"的故事
　　　　——墨西哥田野札记 / 3

高良敏　"二意一心"
　　　　——坦桑尼亚田野如何触发我对研究问题的追问 / 17

石　靖　"秘境"之行：寻访格鲁吉亚的山地元素 / 39

江　源　努力像当地人一样生活
　　　　——初访埃塞俄比亚的那些年 / 57

李连星　在田野中寻求中国非洲研究者的身份和意义
　　　　——对"伊巴丹学派"沉浮史的思考 / 73

## 第二部分　想象与现实 / 89

郑　楠　寻踪曼吉斯套
　　　　——哈萨克斯坦伊斯兰教再认知 / 91

杨崇圣　方寸之念，山海之间
　　　　——记南非田野三年 / 113

涂华忠　不一样的伊斯兰文明，如何理解巴基斯坦 / 129

肖齐家　从先验想象到语言实践：
　　　　"斯瓦希里社会"的认知与构建 / 145

王霆懿　从国王到"乞丐"
　　　　——海湾田野的多重镜像 / 163
刘博宇　弱势群体的"乌托邦"
　　　　——巴西的田野笔记 / 181

## 第三部分　历史与当下 / 197

姚　颖　筒裙的故事：身体政治、社会区隔与民族
　　　　——缅甸田野的反思 / 199
傅聪聪　符号变迁：马六甲须弥顶清真寺的田野思考 / 215
王令齐　饮茶：一种仰光体验 / 229
丁辰熹　隐秘的角落：
　　　　摩洛哥社会"越轨行为"的能见度与自我审查 / 241
唐永艳　女"强"男"弱"：
　　　　当代古巴家庭和婚恋关系的变化 / 255

## 第四部分　地方与社会 / 277

李宇晴　复调田园交响曲
　　　　——泰国乡村多元共生的文化生态 / 279
刘岚雨　危机与激情
　　　　——伊朗生活的双重体验 / 295

郭迅羽　佛国老挝人,"佛系"物质观
　　　　——记一些田野随感 / 309
周　燕　巴西贫富分化的两个世界 / 325
袁梦琪　感受阿根廷的"脉搏"
　　　　——与当地社会组织的初接触 / 343

## 第五部分　发展与反思 / 359

熊星翰　当谈论中国发展时马达加斯加人在谈论什么 / 361
段九州　文明的悖论
　　　　——埃及发展困境的历史与社会观察 / 381
何　演　城市化之惑
　　　　——斯里兰卡的行走笔记 / 395
王　涛　传统与现代：
　　　　寻找吉尔吉斯社会中的"游牧因子" / 411
雷定坤　"慢"发展
　　　　——对印度发展主义话语的反思 / 423

**鸣谢 / 439**

斯瓦涅季 SVANETI

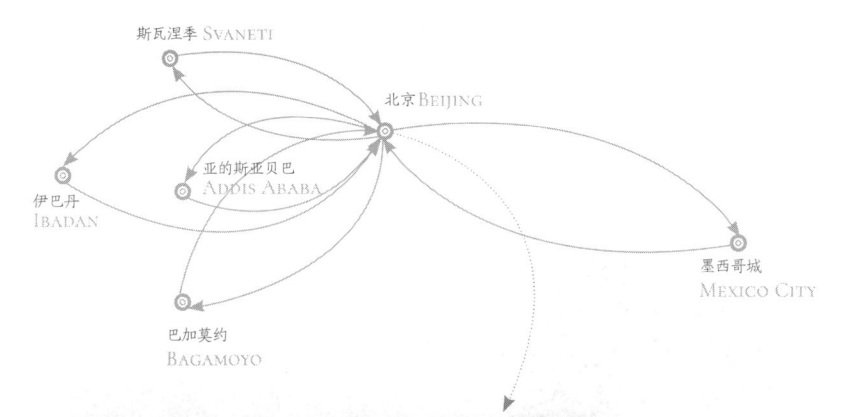

北京 BEIJING

亚的斯亚贝巴 ADDIS ABABA

伊巴丹 IBADAN

墨西哥城 MEXICO CITY

巴加莫约 BAGAMOYO

坦桑尼亚巴加莫约镇的孩子们正在售卖各种小饰品。

高良敏 供

# 第一部分
# 自我与他者

# 李 音

李音，女，清华大学国际与地区研究院、社会科学学院社会学系博士，福建师范大学社会历史学院讲师，研究地区为墨西哥，研究兴趣为经济人类学、社会资本与公共空间等。2016年9月至2018年6月曾赴墨西哥交流访学并进行田野调查。

"作为异文化的来客",人类学家"最好是轻轻地来,又轻轻地走"。然而,李音认为这种设想的价值中立或无涉显然不可能实现,并且成为"例行公事的人类学家"必然面对的两难境地。而"穿梭于交织碰撞的两种文化图式之间,不求从心所欲,但求从容不迫",或许才是自我与他者最本真的交往方式。她的田野描述了人类学家在遭遇异文化场域时不为人知的心态变化,探讨了人类学家与报道人之间的关系如何达到平衡的主体间性问题,并体现了要时刻保持警醒的反思意识。

# 围绕"报"的故事
## 墨西哥田野札记

# 引 言

自马林诺夫斯基开创人类学现代田野工作范式以来，民族志（ethnography）始终被认为是人类学的翅膀与根基。或许，离开了与被观察对象同吃同住的田野调查，人类学家也就失去了最引以为傲的财富与能力。我的田野调查经历大多集中于墨西哥的首都——墨西哥城，在那里，我结识了一群可爱、善良的墨西哥朋友；在那里，我开展了博士论文的民族志撰写工作。与此同时，在那里，我大概也完成了人类学学者最重要的成年礼。

回首田野，每位人类学研究者都有着说不完的话题，道不尽的故事。我将与大家分享几则田野中关于"报"的身边事，借此谈谈自己在墨西哥城"做田野"的所见所闻、所思所感。

## 寻找"报道人"

一般来说，人类学家进入田野初期，首先需要面对和解决的问题就是寻找适当的"报道人"（informants）。他/她将帮助人类学家较好地进入一个异文化的他者世界，或者说，尽可能减少人类学家田野作业期间可能遭遇的各种困难和阻碍。他/她是引路者，是讲述者，也是翻译者，总而言之，"报道人"是"信息"（information）的提供者。"信息"是人类学家手中最有价值的一手资料，也是一篇优秀民族志的血与肉。而不同的"报道人"会带给人类学研究者不同的信息，继而可能影响人类学研究的理论走向和最终结论。

我的博士论文研究围绕的是墨西哥城一座座沿街铺设的露天市集,可以说,墨西哥城的许多街道、广场或者社区都成为了我的田野地点。一开始,我对发生的所有事情都充满着好奇,人们如何交谈互动、如何行走穿衣,当地人的一举一动似乎都成为值得关注和讨论的外在呈现。作为一个异文化的来客,拥有着一张东方的面孔,我很难不引起当地人的好奇心,而在与当地人的沟通和接触中,我的无知、生硬,甚至可能是无礼,往往可以获得当地人的理解和宽容,我内心暗喜,心想人类学研究遥远"他者"的学科特色其实也赋予了我们一种独特的优势,一种"他者之他者"的优势。

不过,这种被自然赦免的无界限感并不意味着可以随意突破各种社会文化与亲密关系的壁垒,事实是,我很快就发现,想要深入地了解和观察研究对象,这种优势全然不存在了;相反地,越是想要挖掘探索,就越发感觉到艰难,人们总是热衷于分享那些无关紧要、无足轻重的事情,但是却不愿意过多地讲述与自身密切相关的经历。这时候,寻找"报道人"就变得非常关键了。

寻找"报道人"的途径并不多,大多是通过当地人介绍认识的,也有自己结识的。令人欣慰的是,只要寻找到结构网络的某个连接点,就能很快地与网络内的其他无数个连接点产生关联,我的任务并不能止步于找到那个连接点,而是需要不断地寻求自己到其他连接点的最短距离,因为距离越短,信息量就越大。

我在墨西哥城田野作业期间最重要的"报道人"之一是阿隆索先生,他是一位小有名气的编年史作家,也是当地一名活跃的知识分子。我通过邮件与他取得了联系并很快见了面,他对我的到来表示欢迎,表示将全力支持我的博士论文研究。后来我知道,鉴于阿隆索先生的身份与知名度,很多从事相关研究的学者都会慕名而

第一部分　自我与他者

来，向他寻求帮助，而他作为"露天市集"文化的宣传大使，自然非常乐意为这些研究者提供各种各样的信息和知识，从某种意义上来说，我们似乎成全了彼此。

然而，在与阿隆索先生共事期间，渐渐地，我感觉到自己失去了一种相对客观的视角，或者说，被有意地遮

图1-1 2016年10月12日，在办公室的阿隆索先生。（本书若无特殊说明，照片均为撰文者本人拍摄）

挡住了部分的视线。我所看到的情景，我所听到的故事，我所结识的当地人，都经过阿隆索先生的精心挑选，他好像只是让我知道他想要让我知道的事情，这让我开始变得"警惕"。一种作为研究者的自觉告诉我，部分的真相很可能构成谎言，于是我开始尝试去突破阿隆索先生所制造的某种"信息壁垒"或"信息筛网"，也意识到是时候去寻找新的"报道人"了。但这完全不代表阿隆索先生是一个糟糕的"报道人"，我们也没有资格去要求"报道人"绝对客观地呈现他／她的生活、他／她的想法、他／她的世界。

本质上，研究者和"报道人"只是具有沟通或合作意愿的双方，这样的关系并未裹挟着任何义务、责任和承诺。田野工作者需要辨析"报道人"所提供的各种信息，有趣的是，随着田野作业的步步深入，我最终将阿隆索先生自身的意识形态或价值取向的不客观性本身作为一种客观事实融入了自己的研究分析之中。我想，这或许称得上是研究者与"报道人"之间的一次完美和解。

尽管扎实的一手资料搜集工作赋予了人类学研究所特有的学术风格，但是结识报道人的随机性、主观性以及非普遍性也使得民族志方法本身存在着诸多的疑窦，人类学家显然也意识到这一点，总是孜孜不倦地反思着自己所从事的田野作业。怀抱着这样一种反省性，我开始在墨西哥城继续寻找下一个"报道人"。羞涩腼腆的个性对于田野作业来说有弊无利，人类学家只有主动突破自己的社交圈，才能获得新的资本与信息。作为一名初长成的人类学研究者，这也是我必须面对的挑战之一。我走在墨西哥城熙熙攘攘的街头，每个人的面孔显得真切又模糊，一道无形的屏障似乎将"我"与"他们"隔开了。想来，通过和研究对象同吃同住同劳动的方式深入观察和记录他者文化的意愿其实是基于研究者和被研究者的双向选择。

每逢周二，我在墨西哥城的住所附近的街道上便会摆起一排摊位，总长不过100米左右，却也是人来人往，热闹非凡。我常常去这片露天集市采买食物，商贩们礼貌而热情，这片市集也成为我寻找田野"报道人"的又一突破口。我最终选择弥尔顿的蔬菜摊位作为研究对象的原因在于：其一，相比其他摊位而言，蔬菜摊位的摊贩较为忙碌，日常活动也更为丰富；其二，该摊位以家庭作为劳动单位，较好地展现了家庭成员的分工、角色与合作关系。

当我请求弥尔顿让我在他的摊位上帮忙进而观察他们的日常生活时,弥尔顿表示,他需要问问自己的"老板"是否同意。只见他来到摊位的后方,与一位年龄相仿的女性聊了几句。一开始,我误以为是他的妻子,后来才知道,这是他的姐姐苏珊娜。就这样,在他们的同意之下,我开始

图 1-2　2017 年 3 月 14 日,苏珊娜的蔬菜摊位。

了自己在墨西哥城的"摊贩生活"。每个周二的清晨,我都会准时出现在弥尔顿的蔬菜摊位前。可以看出,姐姐苏珊娜是这个摊位的主控人,同时掌控着整个摊位的经营以及其他家庭成员的分工,当然也包括我的"工作"。记得第一天来到摊位时,姐姐苏珊娜拿着一筐未去皮的蚕豆来到我的面前,轻声说道:"帮我把这些蚕豆的外皮剥去吧。"我应了一声,便开始了"工作"。将一筐蚕豆剥皮后,我又被分配去给蔬菜摘除残叶烂梗,整整一个上午的时间,我一直没有找到合适的机会与弥尔顿或他的家人说上几句完整的话。到了午饭时间,我表示自己有些累了,便先行离开。

后来的两三周里，我仍然重复着与第一天相似的工作，只是偶尔在弥尔顿一家人得闲的时候才得以靠近他们并询问一些自己感兴趣的问题。虽然我曾经向他们解释过自己的来意，告知他们我正在从事的博士研究并表示希望通过一同参与摊贩工作得以观察、了解他们的日常生活，但是苏珊娜似乎不太理解，或许她认为自己日复一日、年复一年的平淡生活并没有太多的"研究价值"。有一次，她困惑地问我："你是不是也想来这边摆摊呀？"语气里甚至带着一丝防备。我感到有些挫败，难道自己这么多天辛辛苦苦的劳动与付出只是换来了苏珊娜的偏见和误解？然而，听她这么说，我也只能苦笑着否认，并再次强调自己只是在做博士论文的田野调研工作。

这样的状况又持续了一段时间，但是在这段时间里，我也逐渐与弥尔顿一家的不同成员建立了友谊。我了解到弥尔顿和姐姐苏珊娜所经营的摊位原来是他们父亲留下的"遗产"，也惊讶于露天市场的经济实践竟然有着如此强大的延续性；我了解到弥尔顿与妻子玛利亚是如何相识相爱的，也感叹于商贩的个人生活是如何在一座小小的露天市集内不断发生着内卷的；我了解到妻子玛利亚偶尔会缺席露天市集的原因是她报名参加了美甲课，她说自己还是小女孩时就对美甲充满热情，我也感动于商贩们甘于平凡却不甘于平庸的平和心境。我还见证了弥尔顿的孩子迈克与隔壁摊位同龄玩伴的"分分合合"，而两人之间的委屈和小脾气最终总会被一串串嬉闹欢笑声彻底瓦解，我也在与他们的相处之中找到了遗失已久的简单快乐……

直到有一天的傍晚，市集的商贩各自收摊准备离开时，苏珊娜突然喊住了我："音，今天是弥尔顿的生日，一会我们要去吃些东西为他庆祝，你愿意和我们一起来吗？"我转头看向苏珊娜，她的表情有些怯意,一旁的弥尔顿则望着我微笑。我的内心忽然涌起了一阵难以形容的欣慰和满足,赶忙点头答应。我想,我终于得到他们的接纳和认可了。经过如此一段时间的尝试与努力,关于人类学家与报道人之间的"双向选择"才得以最终达成,这或许也是民族志方法"主体间性"(inter-subjectivity)的鲜活体现。

## "报酬"≠"报答"?

找到一名合适的"报道人"固然需要一份天赐的好运,但是,无论如何,每位人类学研究者永远都不会忘记自己在田野作业期间接受过的各种善意与帮助。古人言,滴水之恩,当涌泉相报。对于作为中国人的我来说,如何报答自己在墨西哥城进行田野调研期间所得到的帮助,自然成为我心中难以直抒的道德羁绊和现实困惑。

与人类学家不同,社会学家所进行的问卷调查和结构性访谈往往是建立在等价互惠的基础上,给予问卷填写者或受访者一定的酬金从某种程度上可以确保调查结果的真实、可靠与完整,问卷填写者或受访者接受了报酬并自愿提供与自身有关的各种信息,这是基于双方意愿之下的平等交换。而人类学家需要面对的情况则微妙且复杂得多。

人类学学科所谓的田野作业强调的是一种参与式观察,对于异文化的解码要求人类学家首先要无限靠近被研究者的文化编码与逻辑,因此,人类学家必须学习当地文化,让自己活得像当地人一样,这种全身心的自我交付是以人类学家与被研究者之间的社会交往、文化以及情感互动作为基础的,由于引入了情感要素,等价互惠的交换原则似乎在此失效了。而多数情况下,人类学家总是心怀感恩

图 1-3　2017 年 5 月 19 日，阿德先生自幼生活并成长的街区。

地浸润在一种消极互惠（或者说，接受多于给予）的氛围之中。

我在墨西哥城重要的报道人之一是居住在市中心一座传统街区的阿德先生，他也是当地政府部门的一名办事人员。阿德先生对于自身工作的热忱以及其得天独厚的身份优势赋予了他极其丰富的社会资本，我在他的帮助下结识了当地的商贩、商贩领袖、街区居民、公务人员、警察等各色人物并顺利地开展了深入的调研。此外，我还在他的陪同下体验了夜幕降临后的街区生活，亲身参与了街区一市场的自治实践，甚至还造访了外人根本无法靠近的毒贩据点。

从某种意义上来说，阿德先生对我是真诚且毫无保留的，他不仅将自己的资源和人脉分享给我，还会和我讲述自己的情感经历、家庭生活等私事，同时也包括自己窘迫的经济状况。尽管他的生活很拮据，但是他总是热情地邀请我去他家里做客。我已经数不清、也记不清自己向阿德先生说了多少次的"感谢"，甚至开始对他的善意帮助感到焦虑和不安。一方面，我不知道该如何回报他提供的所有帮助；另一方面，我也担心他的善意背后是否隐藏着某种企图或算计。大部分的时候，我会主动支付共事期间所产生的餐费，想要将之作为对阿德先生的报偿，他也欣然接受。

后来的某天晚上，我收到了阿德先生的短信，他告诉我自己急需购买一些药物，但是囊中羞涩，希望我能借给他300比索（MXN，约100元人民币）。看到这条短信时，我忽然想起美国人类学家拉比诺（Paul Rabinow）曾在《摩洛哥田野作业反思》一书中提及的一段亲身经历。这是发生在他与自己的第一位阿拉伯语老师易卜拉辛之间的故事，当拉比诺与他的两位美国朋友计划前往马拉喀什旅游时，易卜拉辛主动提出想要与他们同行并充当向导，顺道拜访自己在马拉喀什的亲戚；但是就在他们到达马拉喀什时，易卜拉辛却声称自己没有亲戚在马拉喀什，甚至还忘记带足够的钱支付房费。拉比诺认为，易卜拉辛之所以这么做，其实是在试探上述情境的限度，也就是在试探自己是否会为他承担旅费。拉比诺经过了相当的困惑和犹豫后拒绝了易卜拉辛。而当时的我，经过了片刻的困惑和犹豫后便决定帮助阿德先生。

我当然知道这是一次有借无还的支援，而我选择这么做的原因在于，我依然感受到自己背负着"报"的道德义务。换言之，相比于阿德先生带给我的帮助，我认为自己对于他的施与或付出（无论在情感层面，还是在经济层面）仍然处于一种失衡的状态。对于是否失衡的裁决则完全取决于人类学家自身对于当下情境的主观判断。在拉比诺看来，类似这样的经历是令人不快的，因为他将易卜拉辛视为自己的朋友，但是作为一名生活富裕的商人，易卜拉辛却将阿比诺视作一种资源，妄图摄取更多的经济利益。而我所面对的情境却不太相同。

阿德先生只是一名生活在墨西哥社会底层的普通人，微薄的工资可能只够他养活自己与年迈的母亲，他的母亲则在家中帮别人缝补衣物以补贴家用……他曾经淡然地告诉我，墨西哥城的夏天已然到来，但家中的老风扇坏了，他又怕热，有时难以入眠，遗憾自己并没有多余的钱购买一台新的风扇。听完他的话，我内心泛起一阵心酸，我甚至开始思考是否应该每月向他支付一定的酬劳作为他充当"报道人"的报酬，同时可以帮助他缓解经济上的窘迫。然而，我又十分犹豫，害怕支付酬劳的举动背后所指涉的雇佣关系会让自己与当地人之间的真挚情谊变了味。与此同时，我也相信，金钱意义上的"报酬"永远无法、也不该被用来衡量或等同于道德或情感意义上的"报偿"。

但自那以后，阿德先生并没有再向我提出借钱的请求，我仍然按照之前的惯例，主动承担起我们在田野作业期间的所有花费。直到田野作业接近尾声，阿德先生一直都是我最关键的"报道人"，也是我在墨西哥城最重要、最可靠的朋友。我很庆幸我们的关系并未因施与受之间的不平衡出现嫌隙或走向破裂，这或许需要的是彼此双方的默契、理解与慷慨。离开墨西哥城之前，我向阿德先生的银行账户汇了一笔钱。在发给他的短信中我并未多言，只是再次对

图 1-4　2014 年 8 月 5 日，墨西哥城的城市广场。

他的帮助表示了感谢，而我的内心却在暗自期盼，希望他能够换一台新的风扇，为此后的夏日，也为此后的生活增添一份舒适与畅快。

如何向田野中的受访者请求帮助，又该如何恰当地接受这些善意？整个田野作业期间，这个问题始终萦绕在我的脑海中，直到最后我也没有得到标准的答案，或许未来也不会有。报酬也好，报答也罢，人类学家所共同面对的这种"报"的义务终归是萌生于有关美德和情感的认知，而外化为自我的呈献与灵魂的互融。

## 结　语

作为异文化的来客，人类学家总是小心翼翼地感受周遭的一切，生怕自己随意的一句话或一个动作，惊扰了这片文化场域的自然生态。最好是轻轻地来，又轻轻地走，不带走一片云彩，不溅起一丝涟漪。然而，人类学家所设想的价值中立或无涉显然是不可能的。我在墨西哥城的田野经历让我充分意识到，田野里有快乐，有满足，有辛酸，有困惑，有不安，有伤心，还有各种难言的突兀与尴尬。就算不考虑对于被研究者或当地人的情感注入，人类学家自身的情绪扰动已经足以击溃任何不偏不倚、保持冷静的决心或企图。

如果能够再次回到墨西哥，我一定不要成为那些例行公事的人类学家的其中之一。虽然难以做到不动情，但至少我拥有勇气和能力去迎接可能出现的各种意外，穿梭于交织碰撞的两种文化图式之间，不求从心所欲，但求从容不迫。

# 高良敏

高良敏，男，医学人类学博士、博士后，清华大学国际与地区研究院助理研究员，研究方向为东非医学人类学、全球健康及斯瓦希里城邦史。曾为坦桑尼亚依法卡拉健康研究所访问学者，哥伦比亚大学驻坦桑尼亚、马拉维办公室合作研究者，及肯尼亚阿迦汗大学医学院访问学者。在东非期间，1次前往乌干达、2次前往卢旺达、3次前往肯尼亚进行短期调研。

作为记挂于心的"田野工作",其充满真情切意、满溢呐喊与呼唤。高良敏经历了"公卫人"的职业自觉,也经历了保罗·法默式理论对话与反思的如影随形,更经历了田野现实关切的转向,研究思辨才得以步步深入。结构化的暴力可内化,因此在坦桑尼亚的艾滋病研究中更需直面阴暗,并嵌入阳光分析的视角。而中非农业合作除制度之外,民间多主体的互动或许是有效路径。在他看来,田野是一种生活,它的养分可糊口、可养生、可养心,"尽管有时真的'行动'无力,但能尽力去感知田野生活的真谛,也知足,亦常乐"。

# "二意一心"
## 坦桑尼亚田野如何触发我对研究问题的追问

Bagamoyo, the old grandmother, laments:

……

Is nobody there who is able to help?

Is nobody there who cares the heritage of the past?

Is nobody there who remembers history?

The old grandmother Bagamoyo sings with the wind the song of death.

……

——Fr. Johannes Henschel.
Just before the old stone town dies. 2015

## 向田野问安

因新冠肺炎疫情，难得赋闲。在暂时成为所谓"轮椅上的人类学家"后，我总是苦思冥想地要弄一些东西出来烧烧脑子。在辗转难眠之后，不禁自问，从博士阶段到现在，我的研究到底有何来龙去脉？这一问，指向了追溯研究灵感的来源。显然，承载了丰富学术养分的田野生活无疑是其中之重。提及田野赋予的学术养分，通常被人类学家用来发文撰著，用来批判和反思，总想着如何掏空"田野"，当然也包括所谓的"田野拾遗"。关于我的田野，记得从2015年10月中旬第一次到坦桑尼亚巴加莫约（Bagamoyo）至今，已累积了两年半的田野光阴。离开之后，或无法及时回去之时，总是会时常思念，时常牵挂，犹如故乡一般，时刻召唤。

对田野的一心再往，在于历史魅惑。而关于巴加莫约历史，早在12、13世纪就有土著居民居住在现在巴加莫约镇往南3公里左右的考奥莱（Kaole）村。因巴加莫约土地肥沃、渔产富饶、港湾平和，还吸引了阿拉伯人到此，甚至一度被作为行政和军事总部之一，修建了包括清真寺在内的定居点。同时，阿拉伯人与当地土著居民及后来逐步迁入的其他族群组成了巴加莫约地区居民。到15世纪末，考奥莱村因被生长繁殖速度很快的红树林侵占，使捕鱼人有了栖身之所，也成为葡萄牙水手们的中途停留补给站、贸易点。在葡萄牙人控制港口后，大多数阿拉伯人被迫返回故土或另寻他地，考奥莱村从此萧条。到17世纪时，阿拉伯人从葡萄牙人手中重新夺回了东非沿海的控制权，建设和发展了新的城镇，使得包括现在巴加莫约镇在内的诸多斯瓦希里商贸城邦得以发展。而现代巴加莫约的雏形可能起源于18世纪末，摆放在考奥莱遗址博物馆的来自中国明

图 1-5　2019 年 9 月，巴加莫约的考奥莱遗址。

朝的蓝白瓷器也佐证了巴加莫约的厚重历史。

历史之外，田野还是一种记挂。迟迟未能返回，常于脑海中浮现的画面依旧如此丰满和立体。那些残破的印度、阿拉伯建筑，德国、英国的殖民遗址，炊烟袅袅的渔市，平和港湾和残缺码头。虽很多建筑都已破旧不堪且仅剩断瓦残垣，但完全遮掩不住其弥漫的活生生的斯瓦希里气息。当然还有当地的可爱而友好的居民，有路上时常奔跑欢笑的学生，码头上一直忙碌的搬运工人，我的病人朋友，我的医生护士朋友，我的各路兄弟。还时常想着院子里的猫是否还在摩托车下玩耍，隔壁邻居家是否还有讨厌的半夜鸡叫，教堂扰人的彻夜狂欢是否还在继续，园子里是否还有小蛇，芒果该熟了吧，雨后的非洲大蜗牛是否还在到处攀爬，我种的那片花是否还安好，门卫大叔是否还帮忙浇水，等等。田野的一切，犹如历史之浮云、当下之幻世，何时重返，何去何从，尽是呐喊与呼唤。

## "路路通"：我的田野生活图景

历史与现实，在长时段的意义上未曾断裂，现实作为流动历史中的一个交织点，与历史共同形塑了我的田野生活，成为我的学术养分。

### （一）走进小镇：一部活脱脱的社会苦难与闲情逸致史

提及我的田野生活，仅田野点的名称就充满魅力。巴加莫约，其意涵与东非历史与现实息息相关，在斯瓦希里语中，"Bagamoyo"一词为"Bwagamoyo"的简写，"Baga"意为"解脱、放下"，"moyo"

为"心、心脏"之意。巴加莫约这片平和而宁静的港湾，长期为很多渔民、码头劳工等劳作一天之后的休闲之地；但随着18到19世纪初东非奴隶贸易的兴起，巴加莫约一词也开始被注入了苦难的意涵。因此，整个地名就有了复合性的含义。其中，第一层含义为摆脱忧郁，也就是巴加莫约字面之意"抛弃我心"，以此指代一颗破碎的心，一个绝望的、失去希望的地方。该含义指向历史上那些从东非内陆被抓捕、售卖的奴隶，他们在长途跋涉后从东非内陆到达巴加莫约，经历了饥饿、疾病、痛失亲友伙伴、沿途野兽的攻击等多种身体、心理折磨，最终完成这一漫长而艰辛的死亡之旅。在被押送到海边小镇巴加莫约后，他们又将被转运到桑给巴尔、阿拉伯半岛、留尼汪等地。对于这些奴隶而言，一旦离开巴加莫约这个大陆上最后的据点就再也无法返回家园，面对过去的痛苦和未来的无助时，他们的内心必然充满忧伤、沮丧乃至绝望。就此而言，巴加莫约可谓"抛弃我心"的伤心、绝望之地。除此以外，巴加莫约地名的第二层含义为"让心平静"或"放下心中的重担"。该含义更多适用于搬运工、渔民、殖民者和印巴商人，体现的是巴加莫约"悠闲之地"的氛围。特别是对于商队长途搬运工、码头搬运工、渔民而言，在辛苦劳作一天后，平和宁静的巴加莫约港湾成为他们庆祝、休息和娱乐的空间，是让内心平静之地，也是让肉身歇息之所。

随着1891年左右德国将位于巴加莫约的殖民总督府迁往达累斯萨拉姆市，加上20世纪初东非奴隶贸易逐步被禁止以及全球格局剧变，斯瓦希里商贸逐渐走向没落，曾盛极一时的巴加莫约也辉煌不再。尽管今天的巴加莫约处处只见残墙败壁，政治权力也几经更替，多个外来族群也已融入与扎根当地，但其名称所牵连的历史厚度和现实关照仍犹如一座结构大山，处处可见其两层意涵的影子。

一方面，社会苦难以一种更为深层的、广泛的形式体现：民生依然多艰，多数老百姓仍为一日三餐奔波、忙碌；患艾滋病、疟疾的妇幼群体等弱势民众则在承载病患苦楚的同时倍感人间冷暖。与此同时，巴加莫约名称的另外一层含义也如历史映射，目前这里成为了外来旅游者的休闲之地，成为达累斯萨拉姆社会精英忙碌一天后的歇息之所，成为诸多海外坦桑尼亚人归国度假的温柔乡。

（二）走进医院：直面病患苦楚与"在一起"之乐

正是在这样一个"场域"中，我走进了巴加莫约郡的艾滋病诊疗中心以及大街小巷，开始田野生活。我更愿意用"田野生活"而非"田野调研"来再现我与巴加莫约之关联，原因在于生活是身心整体的嵌入，从吃、喝、拉、撒到喜、怒、哀、乐，一切都与田野息息相关。

我真正对巴加莫约的了解是从当地艾滋病人和医护工作者开始的。刚刚进入医院时，一个病人见到我便高举手大声说着中文："你好！"在路边行走时常也会碰到当地人的问候，其中偶尔会夹杂一两句中文，孩子们也会大喊一声"ho—ha"和比划几个功夫动作。后来在与医护人员、同伴教育者朝夕相处后，我成为了他们中的一员，而且是如同家庭成员的一员。年长的护士吕赫玛曾对我说："你是一个孩子（mtoto），我是你的妈妈，我们一起（pamoja）工作，一起（pamoja）吃饭！"。她多次提及的"pamoja"（在一起）尤其让我感受到田野生活之真切。当然，我成为他们中的一员，是建立在一次次突破自我固有认知基础上的。在中国时，医生护士很少和艾滋病人握手，更不必说拥抱、拉手和开怀畅谈，这固然与中国相对内敛的社交文化有关，但一开始我还是没有预料到这种医患亲密互动的方式在巴加莫约成为一种常态和日常。医护人员积极地给艾滋病儿童或孤儿们洗手，常常和病人谈笑风生；病人拉着护士的手聊天、拉家常也是常有的事。"pamoja"一个简单的斯瓦希里语，其彰显的不仅是医患关系之常态，更是紧密、亲切人际关系的社会日常。

尽管我的"内敛"与当地的"pamoja"同样经历过对抗，但经过一段时间的自我内化之后，我开始慢慢"摆脱"内敛，理解并接受了这里人与人之间的日常互动模式。意想不到的是，在经历一系列"问候、握手、拥抱"这样的"pamoja"之后，我突然不再是一个遥远的外来者，而成为上文所述的当地家庭成员。当然，他们对我的认同还来自工作能力，由于之前在中国从事过艾滋病工作、研究，我快速而高效地适应了新的工作环境，还时常对他们的工作方法提出改进建议。另外，我还参与了发放病历卡片、填写化验单、血清管编号等工作，与医生、护士、病人均积极互动，不到两周的磨合后，我得到了他们的认可和认同。我不再是"mtoto"（孩子），而成为了"中国医生"，也得到了病人亲切的问候——"您好吗？医生！"或"尊敬的医生，您好！"。

如果说专业技能为我赢得了更多认可，那么让我在当地人中获得认同的重要原因则在于我愿意用他们的方式与他们进行交流。在传统人类学意义上，这里的他们属于"他者"（the other / others）；但就我而言，虽文化有诸多差异，但我感受不到那种绝对意义之"他者"，而更多是分享彼此的痛苦、快乐与经验，"在一起"工作、生活的"我们"。

在田野中，我对社会苦难的体验与感悟来源于感观，也源于嵌入他者世界后的心灵感悟。所谓感观体验，主要是具有一系列视觉冲击力的诸多瞬间。比如在一个300多平方米的空间内，每个工作日都会挤满200至300个艾滋病病人，他们有的坐地上，有的坐走道，病重的甚至直接躺在屋檐下。由于就诊高峰期病人会将医护人员围得水泄不通，在炎热的气候下会使整个空间充斥着闷蒸般的窒息感；再如，有相当比例的病人是儿童和13—20岁左右的青年女孩，作为主要受害者的他们大多不知艾滋病为何物，更不知天天服药的意义何在，每天依然如普通孩子一般嬉戏玩闹；最后，对于很多近晚期的病人，今天尚且能够见面，明天再来的可能就是带来他们病例卡和去世消息的亲属，甚至还有很多病人今天在门诊说说笑笑，明天开始就杳无音讯。因此，每天见到很多新面孔、同时失去很多老面孔成为一种工作中的常态。起初，这一幕幕强烈的感观体验差点让我抑郁，久而久之，我的身心在逐渐麻木后也陷入了深思——经济的贫瘠、医疗卫生资源的匮乏使得这个国度面临了什么样的结构性困境？怎样的社会文化使艾滋灾难走向了儿童、青年女性群体？面对病痛苦楚，当地人群何以自救？

纵然田野滋养的很多"问题"可以被深追，但上述两种看似对立的实感图景，却嵌入了真切，使得小小的空间彰显了无限可能；人间常态，可见的、可感的、可追问的……层层剥出；在这里的欢愉与苦楚，看似对立实则协调统一。也正因此，我在坦桑尼亚的田野生活有了很多可能。冰冷医院内有如此暖流，医院之外，或许有更多奇妙图景。

## （三）走出医院："路路通"的田野生活图景

带着对上述问题的追问，我走进了更为广阔的社会空间。首先，每天门诊工作结束后回住地的路成为了我进入广阔社会空间的重要

图1-6 2016年1月,巴加莫约渔市的傍晚,仍可见熙熙攘攘的人群。

途径。尽管当地人出于安全原因常说"不走同一条路回家"。我之所以经常选择不同的回家路则并非出于安全上的顾虑,而是想体验另外一个不同的巴加莫约。

  我最常走的路是绕道海滩去购买一些鲜鱼。无论是烈日当空还是阴雨密布,只要想起鱼的美味,在下班后我都会从医院后门的小道直接走到海滩。头顶蓝天、面抚海风、直视空旷海面,随即深深吸一口气,脚踏细腻但有时滚烫的海沙,将一天的劳累扔进大海。之后一路踱向渔市,总能碰到打鱼归来的渔民,以及正在边清理鱼边聊天的妇女,还有提着小壶兜售咖啡的小贩,当然,还偶尔出现一些外国、外地游客。来到渔市,船主们将打来的鱼汇聚,然后在沙滩上就地画一个圈,准备竞价销售;圈一划好,餐馆老板、零售妇女、清理工、游客等围将上来,然后在船主的主持之下七嘴八舌地开始竞价,短时间内出价高者得之。至于价格,往往是渔市、餐馆的十分之一甚至更低。还有些小贩低价竞买成功之后,转手就高

图 1-7　2016 年 5 月，巴加莫约小镇的夜晚，残垣断壁仍透露着昔日荣光。

价卖出。一条鱼从深海到餐桌，经由的不同路径，其经济价值也可能完全不同，但不同路径间巨大的差价并未引发任何一个利益链条上参与者的不满，打鱼的仍打鱼，销售的继续销售，投机倒把的继续投机，吃鱼的继续享受。

我回住所最喜欢的第二条路是穿过镇子的小巷。小巷子之趣，在于可以看到一大堆老人或年轻男人围绕在 Bao 棋[①]旁待上一下午或半个晚上；可以看到光着上身的儿童嬉戏打闹；可以看到打扫着屋子的勤劳妇女，她们或在路边准备着各种食物，或劳累一天后躺在屋檐下小歇；可以看到令人尊敬的长者静坐、闲聊或酣睡于房檐之下；等等。尽管巷子的路面坑坑洼洼，雨天偶尔泥泞，甚至黑色

---

① 播棋（Mancala／Mankala／Manqala）作为世界上最古老的游戏，被认为是起源并流行于非洲，在世界存有近200个变种的棋盘游戏（board game）。在坦桑尼亚流行的播棋名为Bao（斯瓦希里语，意为"木板"），它得名于游戏中一块由木板制成的棋盘。在坦桑尼亚，Bao棋还被赋予了国族文化象征、社会交往及文化外交的意义。详见雷雯：《国族的游戏：坦桑尼亚Bao棋的体育人类学研究》，《体育成人教育学刊》，2019年，第5期。

塑料袋会横飞冲天，一不小心还会扑面而来。但一路走下来，时而驻足、时而寒暄，交友数量也随着时日渐增，仿佛我成为了这个巷子里的一员。时间长了，很多人都习惯我的出现，我也时常听到："高，欢迎来喝茶，欢迎来喝咖啡！"这一充实生活感填补了我对医院外部世界的认知，刺激了我对田野空间的想象。

  最后一条路是典型斯瓦希里商贸城邦的街道。该街道曾先后被命名为阿拉伯路、印度路，两边仍有很多相对完好的早期阿拉伯、印度风格的建筑，当然更多的是断墙残壁，还有部分已被榕树攀爬、蚕食。囚禁奴隶的小屋、百年民宅、咖啡屋、殖民总督府、穆斯林墓地、殖民者墓地、百年仓库、酒店、百年清真寺、教堂、殖民时期仅供殖民者交易的老市场、临时屋棚、当地艺术品商店；众多时时刻刻吹嘘自己为画家、艺术家的中青年，一个个坚守传统雕塑工艺的雕塑家，路边小贩，时而问路的游客；加上时常呼啸而过的摩托车，时常喧闹的街角；等等。与其承载的昔日荣光相比，这条街道当前尽显沧桑与败落，但它依旧弥漫着历史气息，彰显着生活真谛。

  总之，田野中的我一边与"他们"共享工作与日常的快乐与欢愉，一起品尝生活的滋味；一边体会他们疾病之苦楚，见证他们的"来来去去"和瞬时变化的生死离别。田野生活是如此奇妙——在如此具有沧桑感的小镇，弥漫历史文化气息映射的现实冷暖，足以令一个初入田野的人类学者沉醉。如同"Bagamoyo"一词之两意，我正是在这一奇妙的时空转换中，学术旨趣、研究议题得以沉淀和扩展。

## 天马行空：我的研究关注

田野生活之学术养分，感知世界的丰富而奇妙，以及天马行空般的想象都推动着研究议题的扩展。整体上，我经历了从公共卫生走向医学人类学，从关注中国艾滋病转到坦桑尼亚艾滋病，从艾滋病转向东非的农业、慢性非传染性疾病（慢性病）的过程。

### （一）公卫人

就公共卫生领域而言，从2009年硕士毕业至今，其在形塑我如何理解世界、认知世界中扮演了基础性作用。在进入清华之前，我一直在云南从事艾滋病相关的疾病预防与控制的科研工作，其中既涉及纯粹的生物医学，又涉及一定的社会情景。但无论研究主题何在，研究前往往会"先入为主"地给定一个清晰边界和套路。比如在一系列艾滋病相关的高危人群中，其引发的公共卫生议题往往被模式化和固定化。静脉注射吸毒者因其行为而被统统视为与艾滋病相关的"高危"群体，尽管这种高危确实会大概率导致感染，但一但被界定，"高危"也成为该群体的身份标签，与其他人群有了明确的界限。随之而来的政策制定、干预措施都围绕"高危"一拥而上。静脉注射吸毒固然会危害社会、家庭及个体，但静脉注射吸毒者本身并不是与我们格格不入的"他者"，是我们社会中的一员，甚至是家庭中的一员。他们不应该被先入为主地区隔，防病非防人。尽管困难重重，但至少我们可以做到多倾听、多关怀，双管齐下，而非单纯地把人病患化、生物化。此外，尽管我们国家的官方政策强调不歧视艾滋病病人，充满人性的关怀和善意，但是长期以来艾滋病病人被歧视、被排斥、被污名化却是不争的事实,甚至执行政策的管理人员、医护人员都一度对艾滋病病人带有各种偏见。同时,这些医护人员也无形地被部分社会大众所排斥。比如,很多地区的艾滋病治疗中心或医院设置在远离城市中心的地区,这与早年设立麻风村有"异曲同工"之处,其中之关联不言而喻。然而,对此的解释并非单一或者双向的 A—B 关系,对现实议题的应对和解读不应该走向死胡同,至少应嵌入更多视角,渗入不同学理意涵,彰显多元的现实关照。至此,我现有的知识体系已无法解答上述诸多疑惑,特别是历史、政治、社会、文化等要素如何嵌入到人们对健康的理解,背后呈现了何种逻辑。显然,对此的理解已经超越单纯的某一个学科,特别是强烈凸显生物要素的公共卫生学科。就此,我带着长期累积的疑惑来到清华,求学问路。

## (二)保罗的呼唤

来到清华,我进入发展中国家研究博士项目攻读人类学博士学位。在课堂奔波、外语补习、田野选择等一系列洗礼后,我的田野点确定为东部非洲坦桑尼亚,研究议题聚焦艾滋病。出于身份、学科背景相似的原因,同样作为医学人类学家、医生的保罗·法默(Paul Farmer)进入了我的视野。听着导师讲述保罗·法默和同学从哈佛大学医学院里"偷"艾滋病抗病毒药物给海地艾滋病人的精彩故事,读着保罗·法默颠沛流离的生平与学术信仰建立之道,脑海里流淌着海地遭受长期殖民暴力、后又沦为美国后花园的历史轨迹。同时,基于自己对即将前往的坦桑尼亚田野的想象,我也不时想象着他在海地、非洲等地进行着全球健康的实践活动。后来进入坦桑尼亚田野后,一个立体的保罗·法默形象逐步从书本嵌入到我的人类学田野和日常生活中。在坦桑尼亚的田野生活，巴加莫约这一特殊的田野情景无形中嵌入了厚重的历史感，也融入每日的田野生活之中。当然，厚重历史感深化了我对保罗·法默提出的"阐释艾滋病这一重大社会苦难时，应有一个厚重深邃历史观"的理解。这一观点或者学术方法路径，也是我的导师景军教授一直强调和教诲之所在。"跟随保罗"或"保罗身影"成为我博士田野和博士论文一个重要的影子，尽管我与他对艾滋病流行这一全球性重大苦难的解读有着一些不同，但"他"至今仍然影响着我对后续研究的关注。

## （三）转向现实关切

当下我的研究重心开始转向关注东非慢性病与农业问题，对这一转向的追问还得回到我在田野的现实关切。在进入坦桑尼亚时，我看到和体会到最真切的是贫穷与富裕、饱腹与饥饿、营养过剩与营养严重不足等等强烈的现实反差。常见的田间景象是，一边是一片片肥沃但荒芜的土地，一边是挣扎在温饱线上的人民大众；一边是高档餐厅、高消费商城，一边是路边小贩、男女老少的乞丐；一边是大腹便便、穿着体面的社会精英，一边是衣衫褴褛的路边小众，以及全国盛行的来自全球的二手、三手衣服市场。除了日常所见，最大的社会反差则出现在医院及其周边。当我走进医院，总会经过一个粥房，这些粥由一个国际组织捐赠，是专门给远道而来的艾滋病病人的早餐。每天有专门的志愿者会将熬好的粥装在大桶里提到艾滋病诊疗中心，供200—300位病人食用。据我观察，这些病人大多来自巴加莫约郡各地，并非仅来自城镇区域。路远的一般早上5点左右就起床，搭乘迷你巴士前来，到达医院时已9点以后。如果幸运还能抢到一杯粥，否则只能在医院待上几个小时以后空着肚子回家。在这些病人中，有大约 400 人是儿童或青少年，他们大多为农村孩子，一日三餐尚有着落，但大多骨瘦如柴，营养不良、营养不足为普遍情况。志愿者将粥带到诊疗中心的时候也是孩子们最为高兴的时候，他们往往一拥而上，很快就将粥分食殆尽。

奇怪的是，在营养不良、传染病高发的同时，慢性病也成为当地的重要疾病负担。在很多农村，慢性病患病率十分高，甚至高于传染性疾病。在经济发达社会常见的高血压、糖尿病等，在坦桑尼亚等地也十分常见。本着一个常识之判，就此认为慢性病在坦桑尼亚的高发源于其经济高度发展显然有违客观事实。

殊不知，早在三十余年前，甚至更早，慢性病就已成为坦桑尼亚等非洲社会的重要疾病负担，只是受制于检查不足、诊断技术有限，受制于医疗药物价格之高昂，受制于当权者、学术界的忽视，这一现象一直到近几年才慢慢浮上水面。固然，对于慢性病的广泛流行，普遍认为它与生活方式发生重大变迁有密切关联，然而对此的解释不能一概而论，须有一个具体社会文化情境。就坦桑尼亚及其所处的广大非洲而言，在城市中的社会精英确实于社会生活方式上发生了重大转变。富足的高脂肪、高能量食物非常容易获取，加上体力活动的减少，以及社会本身对"肥胖"的推崇等都增加了罹患慢性病的风险。但这一常见的"富贵病"解释机制显然无法应对坦桑尼亚和非洲的普遍境况。据我的观察和调研，"饮食变迁"成为广大老百姓患慢性病最为重大的社会风险因素。这一因素与城市社会群体患病风险有密切关联，但同时也有天壤之别。食物多样性缺乏，受到阿拉伯、印度和西方等外来生活方式的影响，生态环境变化、农业结构固化等建构了饮食偏好，食材获取方式单一，食物种植方式固化等综合因素才是解释坦桑尼亚慢性病患病率升高的主要原因。

简单而言，饮食结构改变及新的饮食偏好的建立为非洲疾病谱系变迁、慢性病崛起埋下了危险的种子。在这一基本认知框架之上，我的研究得以进一步清晰化，理论思辨也逐步形成。可见，我的研究旨趣转向关注慢性病与农业也是源于田野生活的启迪，得益于田野养分。

## 阴之于阳：我的研究思辨

提及我的研究思辨，主要为视角维度、理论维度，如"魂"一般。简单而言，田野生活滋养了我对社会苦难的再理解；苦难之于悲悯，苦楚之于救赎，好似阴之于阳，并未因历史的流动而成为尘埃，更未因现实的残存而消亡，相互交织也相互裹挟，共生更再生。

### （一）第一个思辨：结构化的暴力可内化

这一点主要体现在我对坦桑尼亚的艾滋病研究中，也就是结构化的暴力可以发生内化演变。在健康议题不平等的审视中，医学人类学家保罗·法默的"结构化暴力"理论影响最为深远，充斥着批判和对不平等的追溯和责难。他通过自身经历，以及在最为贫穷的国度——长期遭受奴役、殖民、军事独裁、帝国主义压制和剥削的海地和广大非洲国家的长期观察和行动实践，整合了"结构暴力、制度冷漠"两个概念，丰富了结构化暴力的内涵。如果置于深邃的历史空间和艾滋病广泛流行现实中，结构化暴力这一制度性的、外在性的社会、政治、经济等力量确实在艾滋病广泛流行中扮演了至关重要的角色，特别是在艾滋病流行的中早期有着重要解释力。简单而言，若论及艾滋病广泛流行的根源，结构化的社会不平等是首要原因，表现在社会底层的极度贫困、教育有限、健康脆弱等及其相互影响，且深深镶嵌在社会结构中。坦桑尼亚现有的社会结构先后受到外族统治、欧洲殖民统治、社会主义、新自由主义的影响，呈错综复杂的特质。严重的结构化社会不平等必然充斥着极大的伤害性，所以是一种来自社会结构的暴力。

然而，当艾滋病流行走向更为广泛的农村地区和弱势群体时，外在的结构性暴力必然还会发生深层内化。也就是说，对结构暴力的分析不能停留在社会层面，在此基础上还需要做文化分析，因为结构暴力可变为文化认同的深层内化暴力。具体而言，坦桑尼亚艾滋病的广泛流行向我们展示了一个活生生的暴力内化逻辑图景。如果说借助历史地理格局、社会阶层、社会性别等施行的暴力仍然是艾滋病这场社会苦难和人间瘟疫的外在力量，那么艾滋病病毒得以借助两性之"性"（阴道交、异性肛门交）走向广袤人间则已经在告诉我们另外一个事实，即暴力一直在走向深层，并且已经内化到人"性"之中，在一种被广泛惯习化的性文化之中，在一种披着人间快感与享乐的性权力关系之中。在这个惯习化的性权力关系中，来自不同社会阶层男女的认同为"男性享乐、女性缄默"这一逻辑赋予了文化合理性，并使其嵌套和反作用于日常生活、社会性别关系和社会经济权力差异中。

（二）第二个思辨：阴暗之于阳光，更需阳光

关于这一点，我认为审视诸如撒哈拉沙漠以南非洲这样一个特定地区的健康结果，不应该落入既定的类似一片阴暗的学术传统之中，应有辩证之思维。简单而言，非洲艾滋病指向"社会阴暗、人

图1-8 2016年5月,作者和巴加莫约郡的艾滋病诊疗中心的同事在一起。

间苦难"的同时,也指向来自国际、国家和民间的抗争力量,指向对社会不公平的自我救赎与抗争。这一辩证学术观,与人类社会长期应对瘟疫的抗争态度一脉相承。回顾人类应对重大瘟疫的历史不难发现,不管是欧洲中世纪的麻风病,还是清朝末期的东北鼠疫大流行,这些人间瘟疫固然引导很多后人关注当时社会的阴暗面,但另一面不应被忽略的还有不被抛弃的麻风军团、麻风战地医院的组建、大厦将倾的清朝政府却举全国之力抗疫等等。同样,当审视非洲历史上最大的、被学界和世人垢病的"艾滋瘟疫"时,也应有辩证的思维和积极进取的分析,看到瘟疫苦难中抗争、阳光之面向。经过坦桑尼亚长期的田野生活,我找到了瘟疫之下的积极与阳光。

简单而言,国家明知依靠援助会长期依赖、受制于西方,但为了人民的健康，政府仍不惜背负巨额的债务为病人购买艾滋病抗病毒治疗药物。与此同时，民间文化也积极消解着艾滋苦难，当艾滋病引发恐惧、歧视和排斥的时候，"互惠互助"等一系列优秀的地方社会文化基因也在努力去神秘、去恐惧、去歧视、去道德，唤醒人间悲悯。同样，医者之仁爱在经历一系列道德化、恐慌、排斥之后重现，才有了今天非洲防治艾滋病之温馨图景。从医患的友爱交流——一杯热腾腾的粥、向死而生的患者以医院为家、邻里互帮互助——到时而医患、时而朋友，乃至亦为艾滋病病人的罪犯被社会宽容；以及医护人员对艾滋孤儿、儿童的无微不至之关爱，无不向世人展示着非洲社会和人民对抗艾滋恶魔之阳光行为。这不正是阴暗之下阳光犹在之道理吗？

同样，针对早期麻风病流行的解读，一方面烙印着排斥、压迫、残酷，另一方面也呈现出人们对苦难的新认识和新行动。如果说对"邪恶与善良"的辩证共存之描述显现了麻风病新史学的过人之处，那么艾滋病之内化暴力也应有对立面，就好似天地、善恶、阴阳之间的关系。不至于落入既往否定非洲的学术传统之中，而且，也不至于看不到非洲的正能量，更不至于忽视和否认非洲主体力量对自己民族、国家之期待与希望。尽管很多方兴未艾，但仍值得期待。

### （三）第三个思辨：要制度合作，更要参与互动

除了艾滋病议题引发的两个思辨外，我因关注坦桑尼亚等东非地区的慢性病与农业议题，也将思辨引入更加现实的领域，且暂时聚焦在中非农业援助与合作。2019年8月11日，我在卢旺达基加利市中心农贸市场一小摊位上见到在中国常见的食用香菇菌。据摊主所说，他已销售这种由中国技术培育的食用香菇菌多年。我后来

获知，2006年卢旺达农业部出资与福建农林大学合作，从中国引进了食用香菇菌培育技术。尽管卢旺达有民间传言"牛吃了香菇会死掉"，但香菇菌种植的一系列优势还是被当地人逐步接受，不仅进入当地餐厅或餐桌，还丰富了当地食物种类，甚至出口他国。这一现象说明中国与非洲农业互动成果正在走向民间。

然而，长期以来，中国在非洲的存在纠缠于双赢命题陷阱，充斥着二元对立逻辑，更是饱受来自西方"新殖民主义""新开拓者"的质疑与偏见。我在坦桑尼亚、卢旺达等地的一系列调研后发现，长期以来，中非农业合作的叙事范式偏向于单向的中国对非洲狭义的技术转移和广义的利益互惠，而缺乏非洲社区与中国农耕互动的叙述。在政府层面，中非农业合作多为制度性的农耕互动，其可持续性及深入程度的争议一直存在；而在民间层面，农耕合作不仅能够嵌入到本土农耕社区和民众日常生活，而且能够激发当地民众的主体参与，实现从农业技术到农耕文化的互动。我看到，无论是何种层面，互惠互利的成功与否取决于诸多利益相关者对中国农耕文化的接纳程度和主体行动力。因此，我认为中国农耕文化只有通过被本土农耕社区接受，并激发民众的主体参与，方能深化中非农业合作协议的效果。我相信多元主体的参与、共享与互惠，尽管困难重重，但至少可在某种程度上切实推动非洲农业领域诸多问题的解决。

## 结　语

田野因为是一种生活，其养分可糊口、可养生、可养心。它不但赋予了人类学多重意义，更是生活本身。与他人/它相处，亦与自己／自我相处。在去坦桑尼亚之前，我的职业经历、研究议题、理论预设等等都在向我提醒——我将直面更为深层的社会苦难。在这一先入为主的判断之下，我真的未曾想过田野会承载如此厚重的历史意义，更未想过苦难之外的现实也会有如此闲情逸致的生活图景。可以说，田野生活将这两种似乎水火不容的东西共同呈现，丰满而立体。一层一层地推动着我对社会苦难的再思考，推动着我内心带有职业性的救赎呼唤，推动着我去寻找更多的阳光。尽管有时真的"行动"无力，但能尽力去感知田野生活的真谛，也知足，亦常乐。或许这就是"Bagamoyo"的"两心一意"之本真。

愿"moyo"安好！

# 石　靖

石靖，男，清华大学国际与地区研究院助理研究员，研究地区是高加索和东欧。2016 年至 2018 年，两次前往高加索地区从事田野调研和学习。

高加索山脉在格鲁吉亚境内的区域犹如"秘境"。从第比利斯深入高加索山脉,秘境之行使石靖认识到有很多暂时无法表达和呈现的内容已经与自我融为一体。不论是外来者的在地化,还是异域田野因素被本体所吸纳,都带有融入作为过程本身的动态特点。他通过田野邂逅,将外界对于格鲁吉亚固有的认知标签——在真实的"秘境"体验中消解。

# "秘境"之行:
# 寻访格鲁吉亚的山地元素

我于2016—2018年先后两次前往格鲁吉亚访学，在当地生活的一年多时间里，对该国以及高加索地区的认识不断加深。除了以论文研究为中心的工作外，全天候的田野浸润使我捕捉到有关异域生活的诸多细节。尽管格鲁吉亚是小国，不同地理区域的生活习俗、语言文化等却存在区别。于我而言，最具吸引力的是高加索山脉在格鲁吉亚境内段区域。生活在此地的居民外貌特征显著、性情豪爽，山地村社建筑独特，甚至细至食材和食物等，都是在格鲁吉亚其他地区体验不到的。

由于格鲁吉亚位于欧亚边疆，田野期间的生活给了我全天候的惊喜，因而我为格鲁吉亚——这位学术生活中偶遇的朋友起了一个昵称：秘境。"秘境"里有太多的未知，但在我看来，走出城市、走向郊野，才是真正到达了"秘境"中的"秘境"。基于此，我在本文中回顾了我在格鲁吉亚的田野生活，重点还原在高加索山地斯瓦涅季（Svaneti）的见闻以及后续关注，力求展现多元的格鲁吉亚以及独特的高加索山地文化。

## 与格鲁吉亚的田野邂逅：认知标签与真实印象

数年之后，当我再次回忆起2016年第一次踏上高加索土地时，仍然具有强烈冲击力的内容似乎并不太多。不过，在我看来，失去冲击力并不代表没有新鲜感，而是我与这片"秘境"不断走向熟悉和达成默契的自然状态。坐在距离第比利斯四个时区的北京家中，曾经的田野故事"不慌不忙"地从记忆深处走出，没有一场难忘的经历被落下，它们整齐地排列在我的脑海里，呈现在我眼前，"投屏"在书房的墙壁上，播放着我也不知时长的"田野电影"。

我能清晰地记得，在前往格鲁吉亚之前的心情更多的是好奇和期待，没有太多的担心和不安，因为曾前往该国的朋友向我普及道：格鲁吉亚是周围大众罕至的美丽国度——人美、景美、食物美，完全不需要有太多的顾虑。不了解这一地区的朋友得知我将会在曾经的"战争国度"常驻，纷纷询问和安慰。当时，国家层面的"丝绸之路经济带"建设也使更多相关领域的从业者和普通民众再次注意到受战争重创的小国。习惯于在原俄苏区域使用俄语的我，首次在与外方的沟通中使用英语，还开玩笑称这的确是首次"国际化"的体验。以上是一些踏足"秘境"之前的直观感受，不完全正确、多来源于二手是这些信息的共同特点，却在不久的真实经历中——得到了印证。可能，这就是我最开始对"田野"的理解。

翻开我在格鲁吉亚的日记，其中有一篇类似于"总结"的几段话，大概可以描述一个初到当地的"旁观者"对于"秘境"的认识和进一步探索的欲望：

从去年秋天到达开始，这里的一切对我来说都是新鲜的，都有着无比的吸引力。回忆开始的一段时间，我甚至整天就靠着双腿，从早到晚漫步在第比利斯的大街小巷。破败但又不失精致的老城建筑，奇异无比的高加索美食，随处可见的教堂以及当地虔诚的信徒……这里的一切都打动着我，同时潜移默化地影响着、塑造着我对高加索的认识。高加索是我一辈子的朋友，尽管这是我们第一次见面，但当地人的质朴和热情使得每一位外来的客人都有如家的感觉。诚然，吃喝随性的生活可以短暂地博得游客的好感，但想要了解博大精深的高山文化，还是需要尽自己所能去揭开它的神秘面纱。

图 1-9  2016 年 9 月，第比利斯老城。

写这段文字时，我已经在格鲁吉亚待了将近 8 个月。写日记的想法很简单：基于自己在第比利斯的生活感受，以及抽空去格鲁吉亚其他地方的经历，时常动笔记录自己在格鲁吉亚的生活点滴，让自己对这个国家的印象不会随着时间的流逝而消失。当然，我承认自己还是一名田野调研的新手，不论是在第比利斯的生活还是外出走访或游览，感性甚至是随性的因素都更大一些。我对自己这次格鲁吉亚之行的概括就是——独自一人进行了一次比大多数中国人花费时间都长的高加索远行。在"秘境"中，我经常提醒自己放慢脚步进行观察，花费更多时间思考自己从未见过的现象，因为我觉得关于田野的认知是需要亲力亲为的，这些细节都将是认知形成的重要元素。回头看来，最深刻的记忆的确也都来自那些令人印象深刻的点滴。

需要承认，经历过田野的自己产生了诸多关于格鲁吉亚的认知改变，或者可以说，正是因为我的这些田野经历，真实的格鲁吉亚得以走进一个"旁观者"以及试图成为"当地人"的"外来者"的内心。于我而言，格鲁吉亚已不再只是旅游博主推崇的"小众热门打卡地"，"秘境"的标签也不限于"斯大林的故乡"，与中国存在诸多共同特点的奇特食物，或是飞蛾扑火般保全国家主权而引发战争的历史。它们的确都是格鲁吉亚的标签，但是想要深入了解这片欧亚边疆，需要撕开这些标签后再下功夫去挖掘和体会。可能我们永远不能真正地理解格鲁吉亚人的某些性格特点和处事方式，但田野教会了我尝试理解的重要性。我很幸运，在探索"秘境"的旅程中始终有一位格鲁吉亚向导陪伴，每当我们驰骋在格鲁吉亚各具特点的地理空间，穿梭历史、跨越代际的对话之中出现了很多我不曾了解的故事。而正是这样一对在当地人眼中显得有些奇特的"跨国组合"，让我得以更加真切地感受和认识这片"秘境"。

## "秘境"之行：从第比利斯出发去高加索山脉

虽然我的首次田野调研长达近 10 个月，但鉴于格鲁吉亚的实际状况，连续多日一直奔波在路上的情形并不多。为了展现从城市出发探访高加索"秘境"的真实感受，我特意选取了 2016 年秋天一次前往格鲁吉亚北部、贯穿东西的旅程，希望通过搬运原始记忆，原汁原味地呈现出一个初访者与高加索的相识经历。

2016 年 10 月下旬，我在首都第比利斯之外度过了半个多月的时间。回头来看，这段每天马不停蹄的旅程为作为"外来者"的我打开了"秘境"之眼，初次印象和后续的影响都极为深刻。我们从第比利斯出发,行程涉及格鲁吉亚北部、西部和东部地区,整个路途大约1800多公里。事实上,除了阿布哈兹和南奥塞梯暂时无法涉足,首次离开城市的旅途已经基本覆盖了国家的多个主要地区。诚然,学术田野需要有目的、讲方法,方能获得不同于"采风"性质的浅显见闻。但是对于一个完完全全的陌生人而言,少些先入为主的因素影响、贴近于采风可能更加适合。总结这踏入"秘境"的第一脚,在新的地方产出很多令人回味无穷的见闻,特别是当地人总能讲出各类文献载体里没有的故事,着实令人欢愉。

  第一次在格鲁吉亚的行程路线是这样的,从第比利斯向北进入姆茨赫塔-姆季阿涅季州(Mtskheta-Mtianeti)一直到与俄罗斯的边境,大约160公里——这条线路就是历史上的"格鲁吉亚军用道路"(Georgian Military Road)。从第比利斯北向出城,沿路逐渐进入高加索山区,海拔也开始抬升,期间还需要翻越雪山,景致很壮观。快到俄罗斯—格鲁吉亚边境时出现了货车排长队的现象,绵延数公里。问了当地人之后,得知原因是边境检查效率较低,在数公里之外就让需要过境的货车停下等待消息。

  从正北部边境返回之后,我们从第比利斯向西路过哥里(Gori)、库塔伊西(Kutaisi)之后向西南,沿黑海东岸进入阿扎尔(Ajaria)地区,到达黑海之滨巴统(Batumi)。当时已经是10月,实际的天气状况明显不同于内陆地区,较为湿润,沿路都是橘园。巴统是格鲁吉亚重要的滨海旅游城市,城里显眼的建筑绝大多数是酒店。事实上,我到访时巴统的旅游季节已经结束,滨海大道上的人很少。据向导介绍现在和夏天旅游高峰期相比差异很大,每年5月至9月的巴统十分热闹,届时也会举行很多相关的活动。我们从巴统沿黑海边向南到达格鲁吉亚与土耳其边境,这条边界在苏联时期以及现在都有着重要和特殊的意义。

在巴统待了两日之后，我们继续动身向北。首先我们沿黑海沿岸路过波季和新建设的安纳克利亚深水港所在地（靠近阿布哈兹边境），之后向东北继续前行，经过祖格迪迪（Zugdidi）进入斯瓦涅季。在高山峡谷中，高加索山脉造就了特殊的美景，也带来了特别的资源——用于蓄水发电的因古里（Enguri）水库，与阿布哈兹距离较近的特殊地理位置也增加了其战略意义。据向导说，20世纪90年代独立之初，这里多次爆发过冲突，他自己也曾参加过和阿布哈兹方面的战斗。

格鲁吉亚是一个精致的小国，虽然领土面积不大，但国家的不同地域却存在较为明显的差异性和多样性。生活在这片土地上的主要民族是格鲁吉亚族，用格鲁吉亚语（Kartuli）表述为卡特维尔人（Kartvelian），格鲁吉亚语的国名直译为"卡特维尔人居住的地方"，完全不同于来自俄语音译"格鲁吉亚"以及广泛使用的西方称呼"Georgia"。主体民族在国内不同地域分布，进而呈现出多元化的地域特点。同样，从民族学和人类学的视角探索高加索山地的居民，会发现生活在北部山地区域的格鲁吉亚人的山地分支：斯凡人（Svan）、赫维人（Mokheve）、赫雷苏维季人（Khevsurian）以及特赛季人（Tushetian），他们大致沿高加索山脉南麓呈现由西向东的地域分布。

斯瓦涅季地区，顾名思义是斯凡人聚集生活的地域，可以被视为了解格鲁吉亚山地元素的田野之一。由于与核心平原、低地区域距离较为遥远，加上山地阻隔的诸多不便，高加索山脉中的斯瓦涅季似乎更像是一个历经时间洗礼但依旧神秘的世外桃源。时至今日，初到斯瓦涅季的外来者依旧不乏强烈的时空错乱之感，建筑、生活

图 1-10　2016 年 10 月，格鲁吉亚斯瓦涅季地区乌树故里的村落。

方式以及难免费解的格鲁吉亚方言和特别表达等，这便是所谓"半封闭"带来难以言语的惊喜。

　　此趟线路的终点是位于斯瓦涅季地区高加索山脉深处的梅斯蒂亚（Mestia）以及欧洲海拔最高的村落乌树故里（Ushguli）。据说，这是格鲁吉亚高加索山脉中最孤独和神秘的地方，其不易之处在于：交通基础设施比较落后，目前进出此地只有一条路。

　　梅斯蒂亚是在格鲁吉亚体会独特高山民族风情的最佳选择之一。在群山环绕的山谷中，作为首要标志的塔楼形式传统建筑随处可见，也是对外来者最先造成视觉冲击的地域元素。如今，高塔在旧时的功能已经与时代错位，只是作为一种传统被保留下来。在远离国家核心地带的平原和城市地带，一些具有两三百年历史的山地特色建筑也被完好保留。对于国外访客而言，梅斯蒂亚是在格鲁吉亚感受高加索的首选地，壮美的自然风光和独特的高山民族风情是其主要特色。

回忆我在格鲁吉亚境内的第一次远行，在众多见闻中印象最为深刻的还是来自高加索山地的独特且不可复制的气息。能够做到比简单感知更进一步，着实需要感谢与我一路同行的当地向导。在共同相处的一周里，我从他那里得到的信息远超想象。在路途中时刻迸发的话题，毫不刻意地将采风之行填充满可被仔细利用的田野材料。

我的这位同行向导名叫罗马，46岁，格鲁吉亚族，出生在苏联时代俄罗斯北高加索五山城（Пятигорск，也译为"皮亚季戈尔斯克"，位于俄罗斯斯塔夫罗波尔边疆区），苏联解体之前定居在俄罗斯，直到20世纪80年代后期回到格鲁吉亚，一直生活至今。

图1-11 2016年10月，格鲁吉亚斯瓦涅季地区高加索高山村落建筑 koshki。

第一部分 自我与他者

苏联解体之后，他的父母以及两个姊妹仍然居住在俄罗斯，还有许多亲属也在俄罗斯，也有一部分与他同样选择定居在格鲁吉亚。通过交谈得知，他的父母年事已高，由于兄弟姐妹都有了自己的家庭，无法时刻照顾父母，作为儿子的他每两周就要跨过高加索山脉去俄罗斯探望父母。由于近年来俄格关系面临实际困难，签证等相关问题一度使简单的家人团聚也变得困难。

谈到俄罗斯，罗马的心情也很复杂。在逐渐熟络的对话中，我才得知关于在高加索山两侧另外发生的一些故事：外界或许根本无从知晓，有些虽然被媒体关注到，其立场和口径也并不与事实完全一致。回忆苏联解体以及随后爆发的内战，这位曾经的战士感慨自己这一代人的经历：正值青春却赶上了国家的重大变故，之后的生命轨迹因此受到影响。整个路途中，罗马会不时给我讲一些故事，比如指出他曾经战斗过的地方，又如在2008年战争笼罩下的真实情景……我在尽力脑补当初悲怆的场景，而事件经历者本人自是历历在目。我与他之间只有不超过一米的距离，但超越时间依旧深刻的记忆却是通过任何语言描述都无法完整传达的。

于我而言，这次外出走向"田野"的更深处着实是一个意外惊喜，沿途无意识的收获竟成为日后支撑我学理性研究的"闪光点"。但是，这些会"发光"的内容不仅仅是艰辛田野中的亮色，更是解答一些研究困惑中的基础线索。起初，首次开始田野旅程的我带着并不是很细致的研究问题去当地探索，被专业学科限制的思维却说服我，带有浓重社会学风格的田野调查似乎于我的研究话题并不十分适用。因而回头看来，首次无意识的采风的确有些辜负了自己，也并未善待田野的盛情。用学科去规范研究，并不意味着在研究工作中排斥跨学科以及通用的研究方法。地区研究包罗万象，跨学科的指向以及对当地情况准确把握的要求，需要每一个带着学科、带着研究问题的人走出办公室、走向所研究国家中更广阔的天地，摆脱更多精英决策的思维限制，在更广阔的人群中定会获得不一样的收获。

我至今仍然清晰地记得，自己在第一次与田野产生线条交集后进行了仔细思考，并似乎对田野的概念和意义有了更进一步的认识。经典国际关系理论将国家行为体的理性原则作为既定的研究起点，可是人的参与以及不理性因素的广泛存在产生了质疑，还有些造成了实质影响。田野的意义在于客观呈现问题所处环境的状况，它不限于个别或多个问题，而是在全维度空间中等待发现者进行探索。不论是专业人士还是普通的兴趣爱好者，田野总能提供所需，并且内容往往是体现深层逻辑关系的软性元素。这便是我亲临田野之后的思考以及在思维中呈现的变化。很庆幸田野的耐心和包容，曾认为理所应当的我在意识到所需的改变后，仍然来得及。

## 再次寻访"秘境"：回望高加索的山地记忆

自从2016年10月到访山地格鲁吉亚之后，高加索的山地记忆就成为我心中的一份挂念。但是由于之后的工作安排以及身体方面的特殊原因，我在第一次田野期间未能再次前往高加索山地。

的确，不同时节造访高加索的"秘境"，视觉接收到的景象是完全不同的。但是比景色更令我惊异的是，在秘境深处生活的居民仍然保持着特殊的生活习俗以及语言习惯。短暂收留我住宿的农家人几句话令我印象深刻："别看格鲁吉亚面积不大，全国的主要特色食物也都差不多，但这里（山区）的一些食物是在格鲁吉亚其他地方找不到的。不要看这里的条件有限,甚至,这里的一切都是在第比利斯买不到的。"

第二次前往高加索的行程,我没有选择聘请格鲁吉亚向导,希望能够为再次探索高加索的旅程增添更多的自主性,也希望在刻意选择独自行走的道路上能够遇到更多意外的惊喜和收获。据我所知,从第比利斯前往北部的格鲁吉亚山区,应该算是该国境内路途花费时间最长的行程之一,若不是驱车前往,则需自主更换不同的交通方式:首先需要从第比利斯乘坐5个多小时的火车到达中转站祖格迪迪,下火车时,会遇到早已等候在开放式站台上的拉客人员,他们通常会按时刻表守候在火车站附近,等待从第比利斯前来的外国人,做些拼车或包车的生意。我的第二次"秘境"之行就是采用这样的办法,完全不舒适,但是想试图做一名当地人。

当乘坐的火车进站减速时,隔着窗户我已经看到了典型的拉客司机。下车商量好价钱,我跟随着司机和其他乘客一起乘车出发了。通常,拉客司机之间是存在竞争关系的,但是在祖格迪迪以及格鲁吉亚的其他地方,同一地点的拉客司机之间却有着一种协作互利的关系。之所以不发生争抢客人或是压价、争执等问题的原因在于,不同的"下线"合作聚合至最终的统一出发点,再换车运送乘客至最终的目的地。我不确定对这种经营模式的理解是否存在偏差,以上解读完全来源于亲身经历以及获取的有限信息。当天中午我从祖格迪迪乘坐中巴,直到天黑才到达终点站梅斯蒂亚。

因为是第二次到访,我对山谷中一条不大的主街已经十分熟悉。冬日的高加索山脉已然白雪皑皑,夜幕降临下的小镇用星星点点的光亮温暖了山中的"白夜"。我不是一个擅长研究美食的人,所以可能也不太擅长发现。其实远在山中,除了或许懂行的人会特别选择个别"山货"和特有的但是略显粗犷的山地食物之外，格鲁吉亚人售卖的、游客们能点的食物，还是格鲁吉亚人特别喜爱和引以为傲的奶酪饼（Khachapuri，音译为"哈恰布里"）和水煮包子（Khinkali，音译为"亨卡利"）等等。印象特别深刻的是，我特意点的一瓶金兹玛拉乌利（Kindzmarauli）半甜红酒却并没有期待中的美味，也许是存放时间较长的原因，已经出现沉淀，理应是甜味的口感却被酸味遮住。热络的民宿室内，老板用粗壮木材点燃的火炉让旅客可以整夜保持温暖，甚至在游客有限的季节，他也毫不吝惜，尽可能地满足每一位住客的需求。都说格鲁吉亚人热情好客，山中的格鲁吉亚人分支更是如此：民宿老板、汽车司机、杂货店大姐早已熟悉了外国人往来的场面，但诚信为本的理念还是能够跨越语言的障碍传递给远道而来的客人。

第二天一早，我和其他访客拼车前往梅斯蒂亚的更深处——乌树故里。由于正值高加索的雪季，泥泞的土路并不好走，如果在狭窄的路上遇到会车，还真的得为司机捏一把汗，因为车辆的外侧可能就是深不见底的峡谷和湍急的河流。因为条件有限，乘车进出乌树故里目前仅有这样一条道路，鉴于特殊的路况，游客都必须乘坐当地人改装的越野车，特殊的轮胎以及被抬高的底盘才能使车辆在复杂的路况中前行。冬季山中层层积雪导致路况更加复杂，加之在前往乌树故里的途中遇到了强劲的风雪，原本两小时的路程被再次延长。好在每次遇到的司机师傅都是十分有经验的当地人，他们熟知山中的天气变化，甚至对于坎坷道路上的一些小细节都熟记于心，因而他们一路上都表现得成竹在胸。

格鲁吉亚常用的人名数量有限，选取的名字往往能体现出时代的特点。因为重名的现象较为常见，所以真的会发生一种情况：如

第一部分　自我与他者

果你在大街上大喊"乔治"（Giorgi），十个男人中会有一半儿多回头！这虽然是一个笑话，但事实也的确如此。名叫"乔治"的格鲁吉亚男性数量相当多，我数次前往高加索都遇到了名叫"乔治"的司机。虽然他们长相、年龄不同，但无一不带有格鲁吉亚人豪爽、坦荡的性格特点。回头来看，在格鲁吉亚的田野调研期间，最常打交道的人就是当地司机。通过和他们的对话交谈来了解一个真实的格鲁吉亚，如此特别的方式也被我称作"行进中的谈话"，它遍布第比利斯的大街小巷，也充斥在从城市到乡村、山野的丰富旅途之中。我着实需要感谢不定期与当地不计其数的名为"乔治"的司机的对话，这条认识高加索的特别渠道为我带来了诸多收获。

当司机乔治带我们抵达高加索深处，安静和毫无杂质的白色让我怀疑自己是否曾经到达过这里，因为眼前的一切已经完全换了模样。在静谧的村庄外围，凸显山地特点的塔楼是最高的建筑。或许，它们已经在山谷中耸立了许久，历经了不同时代的洗礼，也见证了世事变幻。在他的引领下，我爬上建设塔楼的山丘，近距离地观察这承载着厚重历史的建筑。进入塔楼内部，我发现并没有梯子通向顶部，我必须凭借身体的协调性，借助塔壁向上攀爬。站在塔楼顶端俯瞰静谧的山村，更远处是高加索山脉的环抱，这些都是田野传递给我的震撼。

## 欧亚边疆的山地元素：关于足行南方的思考

回望自己的田野总时长，发现与神秘的高加索的交集已经超过了不少我曾经驻留的地方。但由于研究课题的特点，我并没有长时间进行"驻村式"的田野实践，也暂时缺少与当地人长时间、全天

图 1-12 2018年2月，格鲁吉亚斯瓦涅季地区的村落。

候的生活体验。因而在呈现自己过往的田野经历时，我选取了令自己印象最为深刻、也是体现欧亚边疆特色的山地元素，通过不同时间的造访经历、感受及其对比，呈现出我对格鲁吉亚田野的认知变化，以及有关田野之于地区研究的思考。选取格鲁吉亚以及高加索作为研究的"他者"，正是因为这里丰富的历史过往和地域积淀。在研究课题推进过程中，我不止一次发现欧亚边疆的山地元素对于当代格鲁吉亚的影响，这些隐藏在认知、行为以及影响背后的丰富内容正是需要扎实的田野经历来补足的。

田野研究是人类学强调的基本方法之一，目前社会学、人类学的研究仍然体现出与其他学科研究不同的深厚田野因素。然而，不同学科的研究方法以及研究理论在当下的学术研究工作中是存在广泛交叉的，实际需要也要求打破学科壁垒实现交互联系，进而产出更多具备创新性质的研究成果。于我们而言，尽管在当前学历教育中嵌套设定好的学科培养方向，并强调地区研究方向的博士生需要有主要的学科坚守；然而，我们仍要在必要环节之外补足带有跨学科意味的田野经历，这体现了与传统研究生培养的鲜明区别。从个人经验来看，在田野中的生活只有经历了最初的摸索和适应阶段，经过自我努力不断地调试，才能不断思考田野之于地区研究的特殊意义以及实际贡献。过往的经历让我坚信，广大的"南方"田野是学术精进的动力源泉，也是需要坚持不变的方向。最后，我想用自己数年前的感悟和思考作为本文的结尾，作为始终启迪自己坚守"足行南方"的真挚初衷。

这是我的第一次高加索之行，更多的是带着全面了解的目的。回顾这一年的格鲁吉亚之行，除了在单位研习以及参加一些学术活动之外，大部分时间确实比较生活。剥去留学生活的一些共同特点，在格鲁吉亚的这一年我尽量排除自己经受的外在压力，想尽量实现一种本地化的生活。但回顾来说，最初设定的目标并不好达成，除了自己的一些心理因素需要克服之外，一系列客观方面的原因还是会成为我与当地社会真实一面的阻隔。当一个和当地格格不入的东方面孔出现在人群里，自己便是最吸引眼球的那一位。公共交通上当地人毫无顾忌地好奇张望，天真无邪的孩子们用中文向我大叫"你好"，始终被认为是游客的身份而被招揽推荐旅游项目……这些平日生活中常出现的瞬间，从不习惯到习以为常，我渐渐明白了真正的融入也许并不需过多考虑外界，生活在这里本来就是一个融入和本地化的过程。正是由于身临其境，或许有些甚至连自己也无法察觉。加上有心了解的内在动力支持，点滴的进步和积累既是成绩也是鼓励。

我相信"南方"田野带给我的还有很多，这段独一无二的经历设定有明确的学术目标，但认真体验之后会发现有很多暂时无法呈现的内容已经与自我融为一体。不论是外来者的在地化，还是异域田野因素被本体所吸纳，呈现出的都是带有融入特点的动态过程，我想这也许代表了当前我对南方田野的认知。我期待再次回到这片"秘境"。

# 江　源

江源，女，清华大学国际与地区研究院博士研究生，研究方向为人类学海外民族志，研究区域为埃塞俄比亚和厄立特里亚。2016年12月至2019年3月在埃塞俄比亚进行田野工作。

进入田野到融入田野的过程，是一个从意识到原生建构，到努力想要挣脱原生建构，再到获得主观情感与客观价值再平衡的过程，是涂尔干所说的"人性本质的、永恒的方面"。在这个意义上，成为那里的"人"、像当地人一样生活或许就是"田野"之所在。在江源眼中，田野同样充满涂尔干式的魅惑，三年田野经历并不是终点，而是"微不足道"的起点。

# 努力像当地人一样生活
## 初访埃塞俄比亚的那些年

马尔库斯（Marcus）在《作为文化批评的人类学》一书的序言中提到：民族志的核心在于描述，民族志写作富于敏感性，也因此将人类学的研究置于讲述社会现实问题的争论中心。我想任何一位民族志工作者，在进行田野工作时，无一不受到自身政治经济、意识形态和日常文化的影响和建构。

对我来说，进入田野到融入田野的过程，是一个从意识到原生建构，到努力想要挣脱原生建构，再到获得主观情感与客观价值再平衡的过程，我在这个过程里似乎体会到涂尔干所说的"人性本质的、永恒的方面"。在这个意义上，成为那里的"人"、像当地人一样生活或许就是田野工作之所在。

## 成为亚的斯亚贝巴大学的学生

2016年12月5日凌晨，我拽着两个托运箱赶往机场，暂别生活十年的北京，前往埃塞俄比亚亚的斯亚贝巴大学学习。回想起当时的心情，没有要开始新生活的紧张和兴奋，除了对未知世界的忐忑，更多的是担心自己能否坚持下去。为了不给自己留下打退堂鼓的机会，我退掉了在北京居住多年的住处，所有的家当或变卖或送给朋友。那时候很是带着一点义无反顾的悲壮，现在想来不禁哑然失笑。

我在第一次进入田野之前并未受过系统的人类学训练，除零零散散地读过几本著作外，大多也是抱着了解不同世界的好奇心态。比如，那时候刚读完项飙老师的《全球"猎身"》，受到了感召和鼓舞，觉得要做研究的话，就一定要做中国学者自己的"非中国"研究，要跳出西方发达国家理论视角；正如他所言为避免进一步陷入"我们挖煤,别人提炼"的恶性循环,贡献一点自己微薄的力量。

我当时的确是认为中国,还有作为中国学者的自己是"特殊"的,但这种"特殊",并非项飙所指出的"普遍世界"和"特殊中国"的既有二分思路,而是一方面,我们长期处于第三世界共同体中,另一方面又在各领域不断追赶发达国家,试图与全球化的主流文化秩序话语交流。我认为在这样的环境下,我们的视角必然是不同的。我不仅仅是要去寻找项飙老师眼中的"一个新世界",更是想要去了解,我所寻找的"新世界",与主流(西方)话语体系下的"新世界"有什么不同。

在2016年底第一次进入田野之前,我学了十年外语,从事的一直都是与语言相关的工作。有这样的目标和决心,却完全不知道应该从何处入手,只好从自己熟悉的领域打开突破口——学习语言,于是我申请了亚的斯亚贝巴大学语言学位,先攻读一年语言预科,再读一个语言学位。就这样,大学毕业多年以后,我踏进了一个"新的世界",成为了遥远的东非高原上一所大学中的一名学生。

## 努力像当地人一样生活

因为之前未受过系统的人类学训练,我对民族志中"参与式观察"的理解就是字面上的意义:要"参与",要"观察",要在"参与"中"观察"。所以我时时刻刻都在提醒自己,要像当地人一样去生活,或者至少要向着"像当地人一样生活"去努力。因此,现在再回头看自己走过的这三年田野,虽然在学术方面建树有限,但在生活上却时刻有新鲜领悟。要摆脱二十多年的生活习惯而去适应一个新的生活方式,远比想象中困难得多、复杂得多,生活的细节时时刻刻都在和我作对，嘲笑着我渺小的一厢情愿的决心。

## （一）安身

说到要安身立命，就是人之本能，首先要解决吃的问题。在亚的斯亚贝巴大学上课第一天，学完基本的字母发音后，我就跟老师见面寒暄，老师问我还想学点啥，我迫不及待地告诉他，要学数字。

"为什么？"

"因为这样就可以去和街边卖鸡蛋的小贩讨价还价了。"

尽管我的老师是一个非常正经的中年学者，但听了我的话后差点从椅子上笑到地上去。我看着他，心想，哪天我带你去国际超市看看价签，你大约就可以理解我现在的心情了。

在学会了数字之后，我的生活就容易了一半，终于可以和当地人一样买到大约10比尔（约合2元人民币）一公斤的辣椒、土豆和洋葱了。埃塞俄比亚的轻工业并不发达，日用品基本要靠进口，价格往往贵得吓死人。然而，在连吃了两天英吉拉卷生辣椒之后，我终于还是忍不住举手投降，一咬牙一狠心买了一口最小的锅回来——像当地人一样生活的第一道障碍，没有来自我的心，而是来自我的胃。

在吃饭问题解决了之后，因为没有热水，剩下一半的生活也不那么容易。虽然从纬度上看，亚的斯亚贝巴（简称"亚的斯"）靠近赤道（北纬9度），然而由于地处高原，每天太阳一落山，就冷得好像掉进了冰窖一样。每天早上起床，被洗脸水冰得龇牙咧嘴的我，眯着眼看着隔壁寝室的本地同学面不改色地洗冷水澡，心中都是无限的敬佩。

好在人的智慧无穷无尽，我很快就无师自通地想出了在太阳底

图1-13 2016年12月，埃塞俄比亚日常饮食。

下把水晒热来洗头的妙计。亚的斯明媚的阳光可以把水晒得很烫，唯一的不方便之处就是要算好时间在太阳变换角度之前赶紧把水取回来，趁热洗头。解决了这个问题之后，我为自己的聪明沾沾自喜了很多天，终于忍不住在有一天洗头的时候向同学炫耀。

"你看我这个办法好不好？"

"很不错，可是，你为什么不用你的锅烧了水洗头呢？"

## （二）洗澡

像当地人一样生活的第二道障碍来自洗澡，因为学校没有澡堂，洗手间也没有淋浴。于是有一天，我终于忍耐不住，在兢兢业业每天恨不得给我上八小时课的老师问我教学反馈，对系里还有没有什么要求的时候。我扭捏了半天，小心翼翼地说："都很好，不过，可不可以给我安排一个女老师？"老师一脸受伤的表情："我教的不好吗，为什么要换女老师？"我只能硬着头皮解释："想让她带

图1-14 2017年3月，亚的斯亚贝巴温泉澡堂和日常通勤巴士。

我去洗澡。"

于是我知道了，亚的斯城中闹市区，藏着一片小小的地热温泉。早在1886年，那位打退意大利入侵的埃塞俄比亚英雄皇帝孟尼利克二世筹建新都之初，泰图皇后在海拔3000米的恩坨坨山南面发现了一片繁花似锦的温泉胜地，并在那里建了一座小小行宫，以供王公贵胄沐浴游乐，便成为最早的亚的斯亚贝巴。温泉所在之地在阿姆哈拉语中被叫做"Filwoha"，意为沸腾之水。据当地埃塞俄比亚人所说，亚的斯地处高原，水的沸点相对较低，这一处温泉，一百多年来都是天然沸腾。

既然不能依赖女老师带领，只好硬着头皮自己探索。我做足了万全的准备，带齐了浴巾、拖鞋、吹风机等等一切想到的能用物件，选了一个没课的午后，换两次小巴车，终于找到了这个闻名已久的小小温泉澡堂。先在门口买票，卖票的"女郎"再三和我确认，只要洗澡吗？我点头如鸡啄米，引来身后排队的人一阵哄笑。又被问:"单身还是家庭?"虽然不明白为什么洗个澡还要分单身和家庭,我还是故作镇定地回答:"单身。"又引来一阵哄笑。她收钱之后,撕票给我,价钱出乎意料地便宜,只要 18 比尔(不到 4 元人民币)。

我拿着好不容易买到的票,拾级而上,顺着指示牌找地方,门口收票的老爷爷又再三跟我确认:"只要洗澡吗?单身?"在我忙不迭地拼命点头之后,他带我走进小小的浴室,发了浴巾和香皂。此刻,我才知道,所谓单身的意思,就是一个小单间浴室,只有一个一个的淋浴头。那么家庭的浴室,不会是有多个"花洒"的吧?

## (三)学语

"像当地人一样生活",真的是一句豪言壮语。怀揣着理想中美好的愿望,但真的到了实际操作的时候,融入一个完全陌生的社会,彼此双方的接纳与磨合,却是一个漫长持久的过程。于我,不得不非常失败地承认,直到三年之后我学完语言离开亚的斯亚贝巴,也没有完全实现当初的目标:真正像一个当地人一样生活。

刚到时,大家对彼此都充满好奇。初学吉兹字母的那两天,我在寝室床头贴了一张字母表。第二天来寝室修日光灯的大叔,站在我床边不厌其烦地考了我两个小时,直到我把两百多个字母全都记住,说对了,他才满意离开。

我会用阿姆哈拉语和提格雷语打招呼之后,更可随时随地收获很多热心的老师。校门口例行检查的大叔和大姐会拦下我唠嗑,问我天气好不好,功课做完了吗,鸡蛋多少钱一个;路上碰到的同学会陪我走到食堂,再走到图书馆,一路上好似在教"无知小妹妹",告诉我这是树,那是花。

第一部分 自我与他者

期间，我体会到每个人对自己民族的语言和文化都有着溢于言表的自豪感和自信，并固执地认为自己所说才为对。而事实是，每个人教我的或多或少都不太一样。因没有教材和书本可以参照，唯一的一本通用语法书是20世纪60年代一位以色列人在当地教堂的支持下编写的，我的老师们"非常骄傲"地对这些教材表示不屑。对于我这样习惯了照本宣科的中国人来说，真是一场灾难。在某天我与老师探讨了不规则词根变形一下午也无果之后，我终于放弃了对一切细节刨根问底，只能慢慢去体会那些细小的差别之处。

## （四）从老师到"哥哥"

像当地人一样生活的"计划"进展得并不像自己想象中那么顺利。在与自己的惯习打架屡屡受挫之后，我才意识到最初的自己有多"幼稚"，渐渐放平了心态，开始试着从社交中寻找新的突破口。

比如，我的语言老师海勒（Haile）就是位很有意思的人。他长得很高，非常瘦，十分符合我们对非洲人民外貌的刻板印象，我和他在一起的每天都充满欢乐。

亚的斯早上的天气很冷，有时候甚至接近零度，而海勒老师又很喜欢一大清早上课。每次上课我都裹着羊毛大衣前往，相比之下他总穿着一件单衬衫在办公室里瑟瑟发抖。几天下来我实在看不下去，请他多穿两件衣服，但他非常傲娇地表示，只有老年人才穿很多衣服。

我没见过比他更喜欢教书的人，恨不得所有的时间都在给人上课。不在给其他学生上课，就是在给我上课；不在上课的时候就在看书，在研究非洲女性的文学形象，而且每天会换一本神奇的"禁书"看。

他也会为了学生考试作弊而气到吃不下饭。我一边大快朵颐一边看他批试卷，他生气地自言自语，还很认真地在每个人的试卷上写批语："这里和××的答案一样……"

有一次，我们一起吃饭，我向他抱怨埃塞俄比亚的炒意面实在太难吃。他一脸不理解："你为什么要吃自己觉得不好吃的东西呢？"

"当然是因为我饿啊！"

"你应该不吃这个，然后换个别的吃。"

"我才不要浪费粮食，你知道埃塞俄比亚现在还有多少饥民吗？"

"你就是不吃饭，这些粮食也不会到饥民嘴里去的。"

在那天，我学到"瘦"这个词。我就跟他说："你要每天跟我去健身房，要练出肌肉来，才会有更多的姑娘喜欢。"他不屑一顾："我为什么需要有姑娘喜欢我，我也不需要健壮，我只要拿得动粉笔就可以了。"然而当天下午我就接到了他的电话。"你要去健身房了吗？"他问，"我也去看看吧，好像还挺好玩的。"

有一天他问我："孔子是中国的宗教吗？"于是我花了半个下午时间给他讲《论语》和儒家文化，讲到"善学者，师逸而功倍，又从而庸之"，我告诉他，因为他教给我知识，所以我要回报他。他想了一下说，等有一天他富了，他也要回报我，因为我善学，所以他很轻松。然而，他却用的是虚拟语气，"我永远也不可能富的"，他沮丧地说。

系里派给我的两个语言老师都是英美文学出身的博士，一方面受本地传统文化的规训，固执而羞涩，"脸皮极薄"；另一方面又受欧美小说的影响很深，满脑子不合时宜的浪漫主义。其中一位老

第一部分  自我与他者　　　　　　　　　　　　　　　　　　65

师有位自由恋爱的异地女朋友，两个人鹣鲽情深，却被双方父母百般阻挠。老师的父亲不满他私定终身，执意不肯去姑娘家上门提亲，姑娘家人又觉得没有三媒六聘是对自己的不尊重，面子上过不去，一怒之下把姑娘抓回了家，从此不得见面。此后，有次姑娘生病，他坐立不安却也无能为力，每隔四十分钟打一次电话，却多半得不到什么回应，把架子上的书从一本拿到另一本，沮丧地说："这么多的书都等着我去看，我却一个字也看不进去。"

另一位老师对一个姑娘一见钟情，默默地在远方看了她三年；看到现在姑娘都要研究生毕业离开学校了，他还没鼓起勇气问问姑娘的名字。每次上课前我都会问他："今天有去和姑娘表白吗？"他都笑得很灿烂，信誓旦旦地回答我："明天，明天我就去告诉她。"

有时候我们聊天，我会和他们抱怨中国生活成本高，一把年纪了买不起房结不起婚养不起孩子。但他们永远都对我的抱怨嗤之以鼻，在他们看来，我烦恼的这些事儿都不是事儿，那些爱而不得才是永恒而无解的煎熬。

而我，恨不得明天就去和姑娘搭讪："美女，你真漂亮，给我你的电话我们做朋友吧。"再拎了酒食鲜花，去到姑娘家里对他们说："拜托请把美丽的姑娘嫁给我哥哥（老师）吧。"

## （五）肉味

2017年10月，一个好朋友的妹妹出嫁。那是我第一次参加当地婚礼，朋友一家都很兴奋，新娘的妹妹还特意在头一天晚上花了两个小时，给我编了一头辫子。顶着一头小辫子，那天晚上我好容易才睡着，结果半夜3点钟就被喊醒，好友的父亲很神秘地让我出去看杀牛。

图 1-15 2017 年 10 月,埃塞俄比亚默克莱婚礼。

彼时的埃塞俄比亚,一头牛售价约 2 万比尔(约 4000 元人民币),哪怕相对富裕的人家,也是多年积蓄才买得起。如果不是结婚这样的大事,不会轻易宰牛。大家围着牛,大声唱歌跳舞,待牛宰好剥皮,他们还熟练地从牛背上割下一小条递给我。好友笑着解释,我是尊贵的客人,所以把最好的肉送给我。我沾着准备好的芥末和辣酱,细细嚼着还冒着热气的新鲜生牛肉,慢品牛肉的本味。

从清晨伊始,宾客就陆续到来,整个宴饮持续了一天,直到临近半夜将新郎新娘送走,宾客才渐渐散去。第二天上午,新郎带着新娘回到娘家,当众向娘家人展示带血的白布,而穿着传统服饰的新娘羞涩地在一旁笑。那个平日里戴着棒球帽和我一起看电影拼骨牌的姑娘，仿佛一夜之间又回到了"传统"。

从有意识地"努力像当地人一样生活"，到慢慢感觉不到生活中的种种不同，大约过了整整一年时间。而现在再回头去看，这一切的发生都非常自然，不过就是到了一个新的地方，认识了新的朋友，学习他们的语言，做他们日常里会做的事——平淡生活中一件件平淡的小事。我没有进退两难，也没有惊心动魄。

## "何不食肉糜"

埃塞俄比亚是非洲唯一一个从未被西方列强殖民过的国家，其知识分子，尤其是本土培养起来的青年知识分子，总有一种夹缝中生存的"拧巴"。一方面，他们觉得自身发展受到环境诸多桎梏，对于那些安于现状不思进取的普通同胞，无时无刻不在哀其不幸，怒其不争；另一方面，他们无法摆脱加之于身的贫穷落后的这一固有成见，而在证明自己的这条道路上常常用力过猛。比如说我的语言老师海勒。

我时常会脑补这样的场景：在很多年前，海勒追着自家的骆驼群漫山遍野疯跑的时候，大约不会想到自己以后的生活，是在大学里讲课，做古典文学研究吧。

他的英文真的很好，不仅日常交流没有障碍，文章写出来也是优美地道完全挑不出什么毛病，甚至还能在我模仿他的非洲口音取乐的时候，无缝切换到伦敦音。所以，在他第一次告诉我，他是直到去大学念书才第一次看到"电视"这种东西的时候，我真一直以为他是在开玩笑。

他总跟我说，他不喜欢"city girls"，她们太自以为是了。我笑他以偏概全，"你看，我就是'city girl'"，我这么对他说。他嗤之以鼻："你爸是干什么的？""工程师。"从那之后，"你爸是工程师"就变成了他嘲笑我的一个"梗"。

"你读过杰克·伦敦（Jack London）吗？"

"嗯，小时候读过。"

"哦，对，因为你爸是工程师。"

"你会开车吗？"

"会。"

"哦，对，因为你爸是工程师。"

"你还去过日本？"

"嗯，是啊。"

"哦，对，因为你爸是工程师。"

他对国家和国民的责任感常常让我汗颜。期末考试时，他不仅让班上一半学生挂科，还在办公室拍着桌子跟自己生气，把学生的试卷丢过来给我看："你看你看，这道题我出过三遍了，没一个人错了之后知道去图书馆查的。"我觉得好笑："你干吗这么认真，差不多就行了嘛。"他一脸震惊的表情："怎么能差不多就行了！让这些人就这样毕业了是'fail the country'（愧对国家）！"

有一次我俩坐迷你公交上街，卖票的小哥少找了我五毛钱，我不屑地跟他抱怨："你看，他们总是欺负我是外国人少找我钱。"他马上跑去跟人理论，要不是我拼命拉住他，差点就跟人动起手来。下车之后一路走，他还在一路喋喋不休地跟我解释："不是因为你是外国人才不找你钱的，他真的没有零钱，你不要误会。"

然而他的同胞有时候却不领他的情。那天我蹭他的车去办

第一部分  自我与他者　　　　　　　　　　　　　　　69

事，门卫大约以为他是我的司机，很不屑地对他说 "This is not the place for you."（这不是你待的地方），让他去外面停车等着。我震惊地无以复加，张口结舌不知道要如何缓解这个尴尬。

布尔迪厄（Bourdieu）在《区分：判断力的社会批判》中的观点一直让我印象非常深刻，他说一个社会产品被广大的阶层和群体所接受，这些群体使用该社会产品的用途的多样性就会被掩盖。在跟埃塞俄比亚的知识分子打交道的过程中，我更深的一个体会是，这个观点引申到不同社会群体中去似乎也适用。西方发达国家的知识分子在使用学术话语体系和大众媒体的时候大多充满绝对自信，这样的自信似乎是来自其话语主导地位，也来自他们有更多的机会行万里路，证实这些书本中的景象。

## 结　语

在完全像当地人一样生活的目标屡屡受挫时，价值体系碰撞和挣扎的过程却让我渐渐豁然开朗。这不正是我希望找到的"新世界"里的不同么？也正是这样，才让我对人类学"他者的眼光"有了更加实在的体会。一番挣扎之后，我无法放弃我的身份认同，这一定会影响到我的研究视角。在这三年的田野，除了语言学习之外，对我来说最大的收获，是在融入当地生活的过程中，会不自觉地回到我固有的生活习惯。我在看待很多现象的时候，不仅仅看到了当地独特的文化，也更多地看到了发展、剥削与不平等的问题。我会不自觉地带入自己的主观价值来进行评判，陷入不同价值体系碰撞所带来的挣扎中。但这三年的田野之后，我愈发平静地看待自己的挣扎，也算是向着"真正的研究"迈出了微小的一步。

一个精英阶层的叙述者，若是不能设身处地共情，那些高高在上的悲悯，想来终究是狭隘的。那些在每日生活的挣扎中，混着血泪开出的花，才是我们一步一步前行下去不灭的希望。参与式观察的生活，也是生活的本身，这是田野魅惑之处。三年的田野并不是终点，而是一个"微不足道"的起点；系统理论训练的缺乏，让我的田野经验和个体感受先行，又在这些微末的经验和感受当中，渐渐明晰了实现初心的路径。

# 李连星

李连星，男，清华大学国际关系学系和国际与地区研究院博士生，研究方向为尼日利亚政治。攻读博士学位期间，于2018年12月至2020年8月前往尼日利亚伊巴丹大学进行访问，并为博士论文展开田野调查。他曾于2009年3月和4月前往尼日利亚北部重镇卡诺进行田野调查，完成牛津大学非洲研究硕士学位的论文撰写。之后于2012年至2015年间作为中国日报驻非首席记者常驻肯尼亚内罗毕，前往非洲十余国进行采访调研。曾获得北京外国语大学豪萨语学士，牛津大学非洲研究硕士以及剑桥大学国际关系学硕士学位。

李连星看到了"结构性权力"在非洲本土知识生产和范式中具有的禁锢性特点,它在厚重历史与现实图景的交融中体现;与此同时,作者也感知到非洲本土学人重塑自我的努力与勇气。尽管道路艰难,但至少我们看到了"伊巴丹学派"的灵魂及其影响尤在。他更是基于自身亲历,通过参与观察反思中国在寻求对非洲本土知识研究、了解的特点,并强调在促进双边学术交流的过程中,应该警惕产生"不平等权力关系"及其对双方增进理解产生的损害。在文中作者再一次批判性地发出那个经典的疑问:"我是谁?"

# 在田野中寻求
# 中国非洲研究者的身份和意义
## 对"伊巴丹学派"沉浮史的思考

# 背 景

2008年，我在英国开始"非洲研究"硕士课程的学习，开学第一课的第一个问题就是问来自世界各地的学生"研究非洲道德吗？"。实话说，这是一个让当时的我有点摸不着头脑的问题，研究就是研究，只要论文写作时不剽窃，何来道德问题一说？于是，我只能作为一个看客，看着来自欧美和非洲的同学与老师展开激烈讨论。而当我把课程相关读物和课堂讨论都研读之后，这便成了我人生当中重要的一课。我对为何研究非洲以及如何研究非洲开始了漫长的思索。

这个问题来自于2006年尼日利亚裔英国学者阿米娜·玛玛（Amina Mama）在旧金山举行的美国非洲研究年会上发表的一个演讲，演讲内容是关于非洲研究学界如何针对彼时的社会环境来重新思考研究非洲时什么样的作品是称得上"道德的"，这涉及研究者的身份、认识论和方法论选择。她认为尽管研究者的身份，所处地区的制度无法改变，但是依旧可以在概念化研究的时候用一种批判和反思的精神去面对传统话题。比如说学者可以祛魅，质疑，甚至挑战全球霸权，而不是认为与己无关并否认自己的这种责任。所以这是一种道德选择。毫无疑问，这是一场旷日持久的关于非洲思想如何在西方中心主义和殖民历史背景下完成本土知识生产辩论的又一重要注脚。

作为一位来自中国的非洲问题研究者，我对这类问题的思考曾经既不主动，也不深刻。我时刻被"中国和非洲都曾经同属殖民地""中国从未殖民过非洲"这样的理念影响着，认为去殖民化是西方中心主义和非洲中心主义之争，与我们关系不大。那么，这是否就说明中国学者在研究非洲之时就拥有道德问题的天然豁免权？答案显然是否定的。只要是研究非洲社会的学者，事实上都逃不开讨论道德问题，包括非洲人自己。所以只要中国与非洲有相互往来的经验以及中国对非洲问题有所研究，那么就有着道德问题讨论的必要性。而这其中，最重要的问题就是研究者以什么样的身份来展开研究，而不同的身份又会对研究的对象带来什么样的影响。对于玛玛来说，不论是何种背景的学者，在研究非洲时都应该采取一种可以更积极地影响非洲人民的生活和斗争，以及能让非洲变得更好的议程和方法。

所以当我选择到清华大学攻读博士时，其实是选择去探索解读有关非洲的知识生产的中国视角，以及在研究非洲问题中"我是谁"的问题。在很多田野调查中，研究者都无法在一开始清晰自己的身份会在田野和研究中产生什么样的影响，或者研究本身会对自己的身份认同产生什么样的投射；研究者通常会在调查中逐渐去寻求和适应自我身份与研究本身和研究客体的关系。然而在我硕士毕业后从事国际和非洲新闻的实践中，我很清楚自己的中国人身份对于认识和研究非洲问题会有着非常清晰而有力的影响。所以我在博士期间的田野调查其实是在尝试向自己解答几个问题：非洲本土知识生产多大程度上依旧受到西方知识霸权的影响？作为中国学者，抛开我的具体研究课题，从广义上讲，我研究非洲，或者说中国学者研究非洲对非洲本土知识生产有多大的积极意义？我需要通过什么样的方法避免产生新的权力不平等，让我的研究变成"与非洲本土关切无关"的非洲研究？

# "伊巴丹学派"兴衰与
# 非洲本土知识生产的困境与挑战

> The Ibadan School of History was not territorially limited; its flame blazed across nations and continents.
>
> ——Michael Omolewa

在尼日利亚，恐怕没有比伊巴丹大学更合适的地方去探索非洲本土知识生产的前世今生了。早在20世纪50年代，历史学中的"伊巴丹学派"就逐步成为这个学校一张响亮的名片，展现了非洲本土学者在独立前后为了摆脱殖民时期知识霸权的影响，从而建立以非洲视角为中心的一种新史学观所做出的努力。而这种努力和影响又不仅仅是在历史学学科发光，更是鼓舞了其他学科去探索知识生产的独立性。

我到达伊巴丹大学的时候正值该学校建校70周年，校内外贴满了庆祝的条幅和海报，上面醒目地标注了校庆的主题"70年的卓越"（70 Years of Excellence）。对于这个学校在过去70年中所培养出来的各领域人才和有影响力的思想家自不必多说，但伊巴丹这个名字在尼日利亚，整个非洲，甚至整个学术界能有一席之地，与其在历史学中"伊巴丹学派"的建立和发展不无关系。我所在的系所是社会科学学院下的政治学系，与独立前建立起来影响深远的历史系不同，并没有所谓一个"学派"的诞生，但几乎我交流过的每一位学者都能清楚地阐述"伊巴丹学派"的内容和意义，可以说这个学派的存在和发展对于这个学校的学者来说有一种精神上的引导意义。

1848年以前，尼日利亚本土有少数学校在教授历史这门学科，然而几乎所有的学科内容都是关于英国人或者欧洲人探索非洲的故事，可以说当时的非洲史是一门事实上的"英国史"或者"欧洲史"。这些来自非洲的思想大家和历史学家就声称非洲是一个没有历史的大陆，他们认为只有有了文字的记载，历史才有了意义，而非洲在殖民时期之前相关的文字史料几乎是缺失的，所以这是一块历史空白和黑暗的大陆。当肯尼茨·戴克（Kenneth Onwuka Dike）教授在20世纪50年代接手伊巴丹大学历史系的时候，他强调非洲史应基于一种非洲人的视角来研究，并且在方法论上有重大突破，认为口头史在记录非洲历史的时候有着不可替代的重要作用。此外，戴克教授和其他第一代尼日利亚历史学人还积极投身于整个历史学科的结构建立工作中，创建历史学学会和学术刊

图1-16 2018年12月，伊巴丹大学70周年校庆的海报。

物，吸引更多年轻人投入到历史学习中。总体来说，"伊巴丹学派"的本质就是希望打破殖民时期在非洲历史学中知识生产的霸权，以非洲人的视角看待非洲，研究非洲。

"你知道的，这种现象不是只有历史学科里存在，每一个社会科学和人文学科都在这种枷锁之下。"政治系讲师阿罗沃塞切（Arowosegbe）在与我的第一次对话中，情绪高涨地给我解读完他眼中的"伊巴丹学派"之后，着重强调了这个观点。他的担忧并不只存于上个世纪，而是直至今日。正如非洲发展学学者科兰塞亚瓦（Michaela Krenceyova）所言，很多来自非洲的学者都在抱怨非洲研究一直以来都是西方利益、西方扩张、西方需求、西方标准、西方认识论和西方学者影响的结果，也一直受到这些因素的影响。一直到今天，西方非洲研究不仅依旧从非洲本身获取知识，而且还决定哪些非洲议题应该成为世界范围内的讨论对象的优先权。越来越多的非洲学者参与非洲研究的现象，在20世纪90年代还被一些学者认为会将这个学科"贫民窟化"。而现在非洲学者的身影也出于各种现实原因越来越少地出现在国际研讨会上，所以阿罗沃塞切激动地告诉我关于非洲问题研究的各种学科的"去殖民化"几乎从未实现过。

曾经对于非洲是否有历史问题的争论是西方知识生产霸权对非洲历史或者历史学科的一种否定，更是对非洲本身能够进行自我思想创造和知识生产的全盘否定，并通过殖民的方式来强化这种否定。因为殖民是一种非常有效的干预手段，能够让本土空间、时间和自我治理的概念完全瓦解，并再制造出一种新的传统，从而使西方概念神圣化，并保持绝对权威性和优越性。正如玛玛所言："所以在很多场景下，非洲本土思想和学术一直在殖民的束缚下被外部化，非洲思想几乎毫不批判地接受了外来范式、概念和方法论，而这些非本土产生的内容简单化并垄断了非洲学术。"虽然非洲学者清醒地意识到西方对世界的想象仅仅只是西方的想象，远非普世性想象，但他们依旧对曾经和现在的知识殖民无可奈何。

对此，阿罗沃塞切遗憾地说到，与独立后第一代和第二代学者不同，现在的很多本土学者已经不再把以非洲为中心的知识生产当作自己的首要任务，而是产生了更多的"咨询文化"。即他们不是为了知识生产本身而研究，也不为了经济发展和工业转型研究，而是为了获取证书和寻求不同岗位的任命而研究。与面对来自西方这种外部权力结构不平衡引起的威胁不同，现在的非洲学者也面临着来自国家内部的压力，不论是经济的衰落，亦或是政治层面的压力，都已经导致大量人才流失，力量开始变得分散。更为严重的是学术界内部也出现了明显的身份政治，非洲国家学者也拥有着较为复杂的社会身份，如民族、宗教、语言和地区等，在一些重要的国家安全、发展、贫困及平等等问题上，研究者甚至会丢弃更宽泛的也更重要的国家公民身份而以狭窄的个人身份研究发声。

阿罗沃塞切指了指伊巴丹大学校园中心的清真寺和教堂。这些场所本该是体现这个国家宗教和平相处、人民融合的标志，但他告诉我在尼日利亚，各个地区的大学逐渐被本土学者控制，对非本地、非本民族或非本宗教的学生和学者不再包容，相关政策也严重倾斜，知识生产成为封闭的政治进程。而讽刺的是，清真寺和教堂的旁边就是当年戴克教授为了更好地研究尼日利亚史而推动建立的国家档案馆。此次提及的本土学者，他们主要指国家层面以下的地方学者，在尼日利亚，这种学者身份并不固定于地理、宗教或者民族，而是该地区冲突较为明显的那个身份，所以这个本土对应的是该地区的

图 1-17 2019年1月,位于伊巴丹大学中心的清真寺和教堂,为表示宗教平等,二者从规模、地段和大小方面相比都比较均衡。

特色。

失去自我身份定位和初心在阿罗沃塞切看来,是一个悲伤却不可避免的结局。因为非洲的知识生产仿佛进入了一个无法破除的死循环,不论对于基于非洲视角看非洲和研究非洲的渴求有多么热烈,所使用的方法和理论却又来自外部世界,这好像就是用禁锢住你的枷锁来破除枷锁本身,使得整个过程无力且无效。

面对此种困境,我对我来到伊巴丹大学的意义,以及我作为一名中国研究非洲的学生的价值何在则有了更积极的看法。在主动寻找自我身份的过程中,我又明朗了许多。所以当阿罗沃塞切和系里的很多其他老师和我对话时,我对他们问我的第一个问题,也就是作为该系接待的第一个中国博士生,我为何来到伊巴丹大学政治系学习的问题,我的答案也逐渐清晰起来。我希望我能够更加以非洲的视角和非洲的关切为出发点,通过对我自身身份、认识论和方法论的审视,来完成我的研究。更重要的是,希望通过与当地学术机构和人员建立联系，在现在或者未来，创造更多的能够产生合作研究的机会，去破除这种知识生产范式的枷锁。

## 作为来自中国的非洲问题研究者

对于研究中自我身份的探索，我作为来自中国的学者应该要被放到一个更大的框架中去讨论，不仅仅要看我如何面对自己手上的课题，更要从广义程度上看，如何能把中国学者的身份在研究中放到合适的位置。在我与很多当地学者的对话中，几乎没有例外，他们都告诉我中国非常重要，中非合作，包括学术合作也非常关键，但是具体如何重要和关键，他们好像没有做过更深的思考。

正如我之前所提到的，很多中国的非洲研究学者很少会去研究中国与非洲学术合作中的去殖民化问题，因为我们并没有殖民过非洲，只不过是有共同的被殖民经历，我们认为非洲的去殖民化还需非洲人自己的努力。然而当非洲思想面对逃不出的死循环时，中国经验恰恰可以通过共同经历和遭遇，为其提供突破口。当然，这种"中国经验"或者"中国模式"绝不是将中国自身的发展写成公式，创造另一种知识霸权让非洲全盘照搬，而是希望通过中国自身在知识生产探索中的经验，与非洲学者分享坚持寻找本土视角和创造更多适合本土实际情况的理论之可能与可行，正如南非非洲研究学者蒙亚拉兹·姆洛夫（Munyaradzi Felix Murove）指出："知识和西方文化的全球化不断地强调西方的观点才是合法的知识，才是判断何为知识以及何为文明知识的合法来源的标准。这种知识被认为是普适性知识。"然而，经验和理论知识的普遍性只是一个"阴谋"，它必须被放置在各自的文化领域和社会背景下进行讨论，所谓对知识和真相的寻找必须尊重当地的背景、经验和历史。

在这个意义上说，中国学术界在过去一个世纪中对西方知识的吸纳和祛魅，并艰难地探索适合自身发展的各种理论的过程，才是真正值得与非洲学者分享的"中国经验"。在当地学者陷入知识生产死循环的迷茫中时，我们的经验与价值应当是告诉他们本土理论生产不是死胡同，虽然代价不小，但是总有突破禁锢的时机和领域。

我的上述观点在与当地学者交流时，几乎都得到了他们的认可，但遗憾的是，绝大多数当地学者根本无法通过有效途径去了解和认识中国，更不用说了解中国的学术发展。他们认识中国的机会只能从西方教科书中的刻板化介绍或者西方媒体的报道中获取，而对此，他们也承认是片面和充满偏见的，因为非洲就是西方媒体刻板印象的牺牲品。有意思的是，中国与非洲的交往虽可以说全面开花，然而在教育领域——现在每年有大量的非洲学生前往中国——却没有一个完整的项目支持非洲学者长期前往中国高校进行交流；在中国的高校中，除了浙江师范大学、北京大学和厦门大学等外，几乎难以见到有来自非洲的学者担任教职。这不仅是学术思想多元化的缺失，长期来看更是堵塞了中非知识生产合作打破西方知识霸权的可能通道。

文化相互依存是打破知识生产垄断的一个重要方法。本土知识的理论化和知识的发展应该寻求一种相互依存和合作的方法。假如说为真正的非洲而产生一种真正的非洲学问的话，多元化一定会撼动现存的学术霸权。在一个多元文化的世界中，知识领域也应该是多元的。通过建立本土知识系统来完成知识本土化，不仅仅是为了改变殖民时期西方学者所描述的错误非洲形象，也是为了去除在知识生产过程中客观性和中立性中存在的错误概念，从而使非洲相关

图 1-18　2018 年 12 月，伊巴丹大学社会科学系，该系作为尼日利亚政治思想进程推动者，与非西方国家的学术联系并不紧密。

的知识能够符合实际，并完成自我认知和自我实现。在中国与非洲的交往中，这种影响和目的又是互为镜像的，即中国研究非洲需要寻求中国视角，而非洲认识中国也应当破除西方偏见和禁锢。当双方都能根据自身经验来进行理论提炼时，这些理论可以填补仅仅是从欧美经验得来的理论化空白，完成一种超越国界，不同却互补的责任。

很显然，中非之间的学术合作还停留在非常有限的范围内，当我尝试去理解非洲本土学者的想法时，我以为西方塑造出来的中国形象会动摇他们合作的决心，我甚至特地在问题中强调了中国的意识形态和政治制度是否是一个影响双方合作的重要因素。结果不论是在政治系、新闻传播系或是历史系，大部分学者都未将这个问题作为影响合作的核心障碍,并表示在知识生产的过程中,这些问题通过方法论和认识论的设计,几乎不会对真正的理论产生实质性影响。对于大多数本土学者来说,真正影响合作的因素简单又直接,那就是资金。简单来说,非洲学者有心无力投入到中国研究或者中非合作研究中,而如果单纯依赖中方资金,一种潜在的权力不对等关系也有可能会影响到知识生产的纯粹性。

他们的担忧并非空穴来风,20世纪八九十年代,来自北美和欧洲的非洲研究受到了非洲援助资金的直接影响,援助的多少直接决定了研究内容的产量和内容。当援助领域对非洲的未来发展很有信心时,这些地区的非洲研究也会有同样的研究内容产出,而当发展援助出现悲观情绪时,也会被直接体现在非洲研究的内容中。非洲国家几乎无法出版任何有影响力的学术刊物或者杂志,导致本土学术辩论和交流被大大稀释,质量也日趋衰落。到进一步加深的全球化时代,这种状况并没有得到好转,除了越来越紧张的制度限制,资金和公共资源都成为压制非洲学界发展的重要束缚。

这种担忧给了我非常重要的警醒。与本土学者的合作将会是调整非洲相关知识生产的重要方法和手段,但是不论是在论文的田野中,还是未来与本土学者的合作中,都要时刻提防权力关系的不对等而产生的对合作对象的霸权现象,从而产生出远离本土视角的知识理论。

## 田野调查作为一种方法

当我逐渐清晰了自己作为中国学者研究非洲问题的身份和价值以后,我满怀期待希望在尼日利亚能够开展一个高质量的田野调查。

毕竟清华大学的发展中国家项目是中国乃至世界范围内，少有的能够给予我们充分信任和支持，能让我们花大量时间浸泡在田野中的学术项目。这种长时期扎根田野的方法就是给研究者一个机会，让我们把研究放在非洲当地背景中考量，让它变得更加非洲化。

西方学界最早开始对于非洲的探索和田野调查，奠定了现阶段其非洲研究的实力，随着定量研究在西方学界的兴起，越来越多的西方学者选择不做田野调查，而仅仅依靠数据和理论来研究非洲，这促使很多学者反思这种新的定量方法的使用是否会加大非洲学界与西方学界的力量结构对比。而中国的非洲研究刚刚或正在迈出田野调查的第一步，其过程和程序还未完全建立。但总体上来说，深入非洲国家进行实地调研或者田野调查是避免二手材料减损学科研究价值的必然选择。田野调查中的参与式观察受到欢迎，甚至中国学生和学者在非洲大学获取学位也受到鼓励，这样可以更有效地与当地现实、本土思想有最直接的交流和汲取。

作为邻国的日本，同样在20世纪60年代开始了大规模的非洲研究。在几十年的实践探索中，他们依旧坚持以田野调查为导向，甚至是偏远山村和深山老林，创造日本认为与非洲息息相关的主题，如环境发展和援助发展等课题，虽然数量不多，却有着自己的解读理念和日非关系相关性。

在我看来，是否有深度的田野调查涉及两个重要的环节：一是总体上能够有机会接触非洲丰富的思想和研究内容，二是能够深度感受当地研究对象的细节。但我在两年的田野中，喜忧参半。

喜的是我在尼日利亚搜集了大量本土学者在当地发表的文章和书籍，看到了他们在做相关研究时的本土关切和本土视角，而这一切如果不到田野，是无法获取的。北欧非洲研究所的赫宁·摩尔伯

图 1-19　2018 年 12 月，伊巴丹大学校园书店，在其中能找到许多当地学者的著作。

（Henning Melber）教授的研究提到非洲国家在科研上的投入只有不到 GDP0.5% 的比例，导致每年全球范围内的学术发表非洲仅占 1.5%。在国际学术刊物上也越来越少有非洲本土学者的作品出现，这是否会导致外界无法了解这个大陆丰富的精神资源和本土关切是一个值得探讨的问题。所以，只有在田野调查中才有机会收集、聆听和研究非洲本土思想，最终在研究中使用在非洲本土外难以获得的资源。但使用非洲资源并不等于真正为非洲人说话，只不过是有了能够阻止霸权产生的可能性。

而令人遗憾的是，由于新冠肺炎疫情的影响，我在本该展开大规模深度访谈的第二年却因为健康考虑，无法展开，只能继续加大对本土文本素材的阅读和积累，或者通过邮件、电话和视频通话等方式完成部分访谈。但即使在这样的非面对面访谈中，我依旧非常注意去体会和感受访谈对象的表达细节，更加警醒自己在对话中避免出现不平等的权力关系。毕竟外来者在研究非洲时，方法论的正确不一定代表认识论就没有问题，然而如果有对研究者身份和认识论的严肃反思，再加上方法论的得当使用，中国非洲知识的生产将会至少比现在更加贴近非洲现实。

## 结　语

时至今日，来自非洲学者和媒体的声音依旧在批判非洲研究的"乡绅化"和西方白人研究者对非洲问题的垄断。他们认为所谓权威和有影响力的非洲研究会议大多在西方举办，而非洲学者由于签证和资金等问题无法前往参与发表自己的思想言论，导致非洲本土知识和观点依旧被边缘化。如果说这种批判是对知识霸权的一种控诉的话，那么中国作为一股可以联合的打破这种霸权的力量，却没有得到非洲学界和非洲思想的足够重视，这不得不说是一种遗憾，但也是一个机会。

但是必须指出的是，打破西方知识生产霸权并不是全盘否定和批判西方社会科学的分支和方法，而是质问当这些理论运用到非洲的时候所暗含的帝国主义特性、意识形态定位，以及价值构想。因为他们对非洲现在的依附状态和非洲在知识领域的次级地位起着重要作用。而中国和非洲在这个领域都有相同的遭遇，如果说真的有什么中国模式存在的话，那一定不是所谓的发展和政治模式，而是对符合自身现实的发展道理和理论创新的探索。正如李安山指出的那样，中国学界不乏一种中国经验优越论，认为中国过去迅猛的发展是值得非洲学习的。这就要求不论何种背景的学者在研究非洲发展的问题时，一定要记住在一个概念中反映出来的双重偏见——由非洲问题中的学术霸权，以及相关学科问题中的学术霸权所产生的偏见。而作为解决方法，可通过概念化"非洲论述"，以及相应的方法论来自省，作为一种反抗不平等的学术策略。

在田野中，我时刻提醒自己在研究的每一个阶段——选题、资源获取、研究设计、田野调查方法、翻译、分析和信息传播——都要认识到自己的身份是否会与研究课题和研究对象之间构建出一种权力不对等的结构关系，从而产生脱离地面的研究内容。如果说上述讨论的中国身份和认识论存在一种潜在的权力不平等，甚至危险的理论优越论的话，除了不断反思，通过选取适当的方法论，可能会很大程度上控制好这个天平的倾斜。总之，于我而言，博士阶段的田野调查是学术生涯的一个起点，但是田野中所追寻和感悟的问题将持续影响我的研究及对研究意义的追溯。也许任何时候开始新的研究课题时，都应该严肃认真地问自己一句：我是谁？

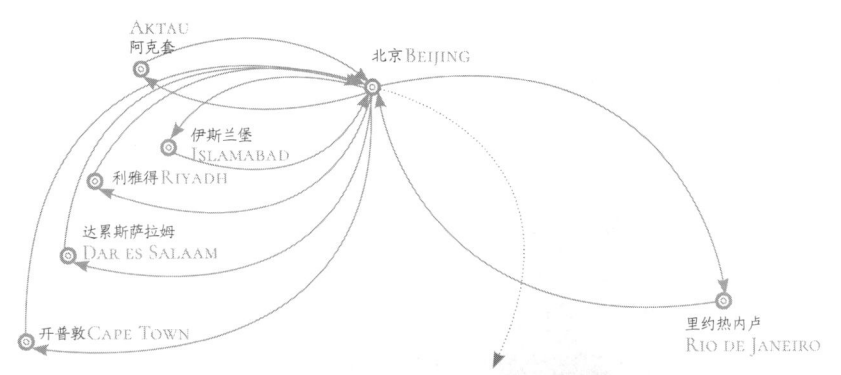

Aktau 阿克套
北京 Beijing
伊斯兰堡 Islamabad
利雅得 Riyadh
达累斯萨拉姆 Dar es Salaam
开普敦 Cape Town
里约热内卢 Rio de Janeiro

巴西里约热内卢市中心街角的行人、壁画及建筑。

刘博宇 摄

# 第二部分
# 想象与现实

# 郑　楠

郑楠，男，清华大学国际与地区研究院助理研究员。2013年考入清华大学发展中国家研究博士项目，研究地区为中亚、哈萨克斯坦。2015年9月至2017年7月赴哈萨克斯坦进行田野调查，当前主要研究方向包括中亚部族政治、比较政治和社会问题等。

一次"朝圣之旅"彻底推翻了郑楠进入田野前对哈萨克斯坦伊斯兰教的想象。田野过程中一个个有血有肉的人使他对这个穆斯林占七成的世俗国家有了全新的认知，这个国家中的大部分人对忠于自我智识这件事抱有绝对清醒的态度，而这也是最让他着迷的特点之一。

# 寻踪曼吉斯套
## 哈萨克斯坦伊斯兰教再认知

2015年9月,我第一次以访问学者的身份前往哈萨克斯坦(简称"哈国")首都阿斯塔纳进行长期的生活学习。在此之前我虽然以其他身份到访过哈国,但对该国政治、社会、宗教和文化等方面的认知主要来自于外人视角,完全称不上一个地区研究学者或国别研究人员。因此在正式开始之前心中不免有所顾虑,而最主要的顾虑来源于生活方面。

我的身边出现其他少数民族的朋友是从小学时期开始的,订午餐的经历让我有一种概念,即回族朋友吃的东西和汉族人不一样,有的人会听从家长的建议选择前往一个单独教室进餐。那时候对其他民族和其他宗教的认知尚浅,只知道他们与我们有着不同的生活习惯。后来逐渐了解到,不同的生活习惯主要源于不同的宗教信仰,回族、维吾尔族等民族的宗教信仰不允许他们吃一些我们可以吃的食物。在大学前往俄罗斯之后,身边开始出现一些来自俄罗斯南部、高加索和中亚地区的当地朋友,我才开始逐渐了解到更多细节。在不够深入的交流中得知,他们大多数人有着较为严格的行为准则,而这也主要来源于从小根植的宗教信仰与文化习俗。

书本上的知识告诉我,哈萨克族是天生的穆斯林,信仰伊斯兰教。我来自新疆伊犁的前女友也告诉我,同其他少数民族朋友交往的过程中要尽量注意一些他们的禁忌。这以上所有的经历都对我产生了一些影响,在我还没有完全进入哈萨克社会之前,首先在脑中自动形成了一道屏障,而这道屏障在没多久后就"咔嗒"一声碎了。

## 阿斯塔纳

到达阿斯塔纳三周后,生活开始逐渐步入正轨。恰逢中秋时节,馋虫也慢慢被勾起来。由于无暇刻意寻找，前三周一直在吃牛羊肉，按捺不住的我给学校外边前两天刚认识的俄罗斯族小姑娘打了个电话，不好意思地问哪里能够买到猪肉，并表达了心中的顾虑。"你住的地方上边两条街就有一个市场，首都巴扎（市场），"小姑娘笑着回答我，"好好感受一下。"放下电话我几乎是跳跃着来到了巴扎，小心翼翼地找了一个俄罗斯族大妈问具体摊位位置，却愣在了当场——卖肉的是一个哈萨克族小伙子。两人互相盯着看了半天，谁也没说话，最后竟然还是他先张口："是不是想买猪肉？嗨，你说呀！"然后熟练地切肉、称重、打包递给我。"能不能给我个黑色塑料袋，"我摸了摸头继续道，"我一会儿要坐公共汽车。"他哈哈大笑，我则抓起肉夹在腋下奔了出去。

回去的路上恰逢下班高峰，我夹着一个黑色塑料袋在人满为患的公车里紧张得浑身是汗。上楼的时候遇到了住在楼下的阿姨阿依达，她热情地招呼我："科里亚（作者俄语小名），天也不热，怎么满头是汗？"在我道出原委后，阿依达微笑道："你刚来到我们这，有这种觉悟是很好的。但是你慢慢地多观察一下，我们国家的伊斯兰教与其他中亚和阿拉伯国家还是有挺大区别的。"

阿依达是一个不到六十岁的哈萨克族阿姨，有两个儿子。大儿子在一家汽车修理厂工作，小儿子刚刚入伍，在总统府做卫兵，一家四口挤在十七层一套不到四十平方米的一居室里。我们所在的小区在我刚搬来不久后电梯频繁出故障停运，人们只能步行上楼。在两次帮她提菜爬楼后，她邀请我去家里做客，并为我烹制了哈国国菜"别什巴尔马克（手抓肉面片）"，随后向老伴儿提起了我的这次经历。

老爷子先是跟我干了一大杯伏特加，然后开始给我讲述他的理解。老两口都出生在苏联时期，当时哈国的伊斯兰教的确受到了一定程度上的压制。人们的思维中对自己的认知除了家族之外，首要的就是苏联人的概念。苏联解体后，民族主义的复兴带动了宗教的发展，人们开始重新正视自己的信仰，恢复了礼拜并且开始大规模修建清真寺。但哈萨克斯坦仍然是一个世俗国家，并非一个教权国家。

"我们当然承认自己是穆斯林，真主赋予我们生命的意义，但是除此之外人们还需要对这个社会负责。""那伊斯兰的教义对您来说重要吗？"我盯着他手中接近一两的伏特加酒杯。"当然重要，但是你一定没有好好读过古兰经，里边虽然有很多规定，但是最重要的是善良、宽容和自由。"两只杯子又碰在了一起。"但愿真主让你的肝也能够自由。"阿依达在边上笑道，"科里亚，你刚来这里，未来时间还很久，多走一走就能感受到我们所说的这些了。也许还能带一个哈萨克族老婆回中国。"老两口哈哈大笑。

在之后的一段时间里，定期去清真寺成了我的习惯。中亚最大的清真寺哈兹拉特苏丹2012年在阿斯塔纳落成，在清真寺外，前来祷告的人会来同我攀谈，大家都对"一个戴眼镜的亚洲人"感到很好奇。在他们的印象里，这种形象只有中国人最为普遍，而第一个问题往往都是"你是共产党员吗"，因为"共产党员应该是无神论者"。在我简短介绍自己的身份、目的和我国宗教自由的立场后，通常都会收获一个大拇指和更多的信息。他们有的是附近居住的市民，有的是在阿斯塔纳上学的大学生，也有举家出游的外地游客。针对几个固定的问题给出的回答中，最让我感兴趣的是绝大多数人都并非每周坚持固定时间礼拜，因为"心中对真主保持崇敬，用教义要求自己真诚对待身边的人才是最重要的，而真主也并不会因为

图 2-1  2015 年 10 月，阿斯塔纳的哈兹拉特苏丹清真寺。

没按时礼拜就降罪于我们"。

  2015 年年末，阿拉木图地方电视台进行了一项社会实验，在该市最大的步行街阿尔巴特大街上安排年轻女演员身着全黑的传统伊斯兰罩袍和希贾布（Hijab）行走，并观察市民反应。人们从窃窃私语变成指指点点，慢慢地开始有人上前进行询问和劝导。上前的人男女老少都有，并不固定为某一人群；沟通的方式也都很温柔，主要以询问缘由、讲道理为主，大多数人认为如果没有触碰底线的话，即使必须穿着希贾布也并非一定要选择黑色。

  结合上述见闻，我对于哈萨克斯坦宗教的认识已经较行前和初到时有了较大的转变。为了进一步满足自己的好奇心，我决定前往哈萨克斯坦宗教传统浓厚的西部地区更深层次地发掘体验。

## 阿克套

  曼吉斯套州（Mangystau）位于哈萨克斯坦西部的曼吉什拉克

半岛，濒临里海。此区域在历史上有很大一部分土地曾经被里海冲刷，又在岁月更迭之中逐渐干涸，形成沙漠、戈壁和白灰岩。哈萨克斯坦三分之一的历史古迹都在该地区被发掘，因此有很多传说和故事流传下来。其中就包括12世纪伊斯兰教苏菲派圣人、著名哲学家和诗人艾哈迈德·亚萨维（Ahmed Yasawi）的362名门徒前往曼吉斯套传播教义，并在死后埋葬于此的故事。这使得当今在曼吉斯套存在大量宗教墓群，也使曼吉斯套成为哈国国内宗教传统最为浓厚的地区之一。

2016年4月1日，在权衡票价后我购买了廉价航空B公司的机票，踏上了飞往曼州首府阿克套（Aktau）的飞机。在此前的3月27日，该公司刚经历过一次起落架故障迫降事件，因此在起飞前，坐在我邻座的阿姨一直紧张地闭着眼睛祷告。在颠簸了三个小时后，飞机总算有惊无险地落地，滑行中一路缄默无语的阿姨脸上总算恢复了血色，开始和我攀谈起来。在得知身份和来意后，她表示在阿克套我一定能够感受到同首都阿斯塔纳完全不一样的宗教氛围，最明显的就是虽然不常见，但还是有女子身着黑色罩袍和头巾上街。从下飞机到取行李的路上，我被告知她的女儿就是由于未婚夫家里要求结婚后恪守妇道、不准外出工作等原因最终未能成婚，而她本人也对此无可奈何。"我们全家都不知道穿着和工作与不守妇道为什么能够联系起来，但是乡下确实仍有很多人这样认为，尽管他们很多甚至连中学都没有上过！"她愤愤地说道，"可是那又能怎样呢，我可不希望自己漂亮的女儿一直被藏在她婆婆家里。"但同时她也提到，即使在最重视传统的西部地区和南部地区，这种情况也属于少数，越来越多的人开始重新解读古兰经中对妇女的相关约束，她也正准备通过全家移居首都让自己的女儿过上更好的日子。

图 2-2 2016 年 4 月，阿克套城区一瞥。

前往旅店的路上能够看到遍布全城的石油运输管道，黑车司机将我误认成中国能源公司的员工，跟我大肆抱怨政府将里海沿岸的石油、天然气出售给外国人，当地老百姓的生活却并没有得到实质性提升。我知道情况确实如他所说，因此不置可否，一路附和。为哈萨克斯坦 GDP 贡献最大的地区就是西部产油的曼吉斯套和阿克托别州，但是两地的实际发展和生活水平着实与其贡献不匹配，这一点在后边的行程中也得到充分验证。如果不是苏联时期遗留至今的大量"赫鲁晓夫楼"将城市填满，阿克套市的发展水平甚至比不上我国一些地方县乡。

阿克套城区面积不大，从里海海滨至城区边缘直线距离不足八公里，因此放下行李后，我选择用步行的方式对城市进行观察。从

第二部分　想象与现实

图 2-3 2016 年 4 月，阿克套长明火、胜利大道。

表面上看，不论是街上行人的装束、俄罗斯族人比例、交流语言，还是交流方式，这个西部小城同阿斯塔纳并没有很明显的差别。居民区以老旧的苏式板楼为主，从建筑风格和喷涂标识来看大多建于 20 世纪 60 年代前后。楼与楼之间的水泥路早已年久失修，露出下方的黄土和砂石杂草。一片破旧的住宅楼斜对面不到二百米就是原苏联国家的特色地标：长明火。

在哈萨克斯坦，几乎所有城市市中心都有一处长明火，用于纪念苏联卫国战争中牺牲的当地战士。阿克套市的长明火呈哈萨克毡房形状，由五面屏风包围，每个屏风上皆雕塑一女性形象代表母亲，寓意对孩子的送别；长明火后面是一条名为"胜利大道"的步行街，两侧为卫国战争英雄石碑；胜利大道中部位置矗立着一座阿富汗战争纪念碑，碑身刻有"英特纳雄耐尔"标语。恰逢一对新人结婚来此拍照，新人着西式婚纱礼服，被朋友们簇拥着跳起来拍照，丝纱和鲜花飞到空中，留下一片欢声笑语。活力四射的青年男女、满耳充斥的俄语以及大量俄罗斯族人、建筑上的苏联风格浮雕或是跳房子的儿童都使我不禁走神，仿佛又纵身跃入那个红色国家之中。

但毫无疑问，以上的一切都和我预想中宗教传统浓厚的地区不能匹配，这种内心的迷惑一直延续到我穿过步行街抵达里海海滨。

阿克套市的海岸都未经过修整，几乎没有像样的沙滩和休息区，大多是乱石堆砌在海边。胜利大道尽头距离海岸线还有三十米左右，面朝里海有一左一右两条长凳摆放在街边。晴朗的天气下，街左边的长凳上一身黑色长袍、头戴希贾布、推着婴儿车休息的年轻母亲显得格外惹眼。这也是七个月来我在哈萨克斯坦见到的第一位全身着黑色袍子的女性，不由得紧张起来。

我不知道贸然地坐在距离她三米不到的另外一张长凳上是否会使其感到冒犯，脑袋空空地从她面前经过又踱回来，正在踌躇该不该站住或者该不该坐下之时反而是她先说话了："你忘了什么吗？"我一怔，她笑了笑："没关系，你坐下吧。"我尴尬地道谢，坐了下来，看向海平线发呆。大约五分钟后，竟然是她先打破沉默向我搭话："你不是本地人吧？""不是，我从阿斯塔纳来。"她略显得意："我猜就是，一般有刚才那种反应的不是北方人，就是阿斯塔纳或者阿拉木图人。"我脸一红，连忙道歉："对不起，希望刚才我过于明显的表现不会显得不礼貌。""你竟然不是哈萨克斯坦

第二部分　想象与现实　99

人!"她听出了我的口音,"蒙古人吗?"我的脸型和颧骨已经让我习惯了被认为是哈萨克斯坦本国人或蒙古人,于是淡淡地回答她我来自北京。"好的,中国阿斯塔纳[①]的人,你好。"她哈哈大笑。

在后边的聊天中,我们谈到了今天碰面时的场景,她也回答了我对于此的困惑。她叫古丽努尔,只有26岁,已经是一个两岁女孩的母亲了。古丽努尔是阿克托别人,在阿克托别市读完本科和研究生,然后嫁给了大学同学,来到婆家阿克套生活。"也许你不相信,我和我丈夫都是从研究生阶段才开始每天做乃玛子(礼拜)的,在那之前我冬天甚至都不戴帽子,怕会压坏头发。"她顿了顿,"直到现在我每次回到自己家都会被我爸爸要求摘掉头巾,他们还是不能理解我突然戴头巾的决定。"

在大四结束之后的暑假,古丽努尔和她后来的丈夫在一个朋友的影响下开始深入接触宗教,两人都觉得在古兰经中找到了很多之前遇到的问题的答案,随后价值观开始逐渐发生转变,并决定在生活中尽量遵守一些之前并不在意的东西。"我丈夫的父母对我们的决定都没有什么意见,他们平时也不会按时做礼拜。我的妈妈很支持我,但我的爸爸始终反对。我理解,他们出生和成长的环境使他们不能很好地接受伊斯兰教的一些传统。"古丽努尔说,"你也不用担心你的反应会不礼貌,事实上在哈萨克斯坦,对于戴头巾尤其是穿黑袍戴黑头巾的人,社会上是有很大成见的,更何况你还是一个外国人。"

从她的话中我得知,在哈萨克斯坦这个穆斯林占大多数的国家,日常生活中戴头巾的女性群体反而是受到排斥的。而她作为一个后

---

① 哈萨克语中"阿斯塔纳"意为首都。

图 2-4　2016 年 4 月，阿克套市"别克特阿塔"清真寺。

天主动进入这个群体的、接受过高等教育的人，对这种情况了然于胸。从小生活在世俗家庭和世俗社会中的人们普遍不知道如何同虔诚的穆斯林沟通，因此会刻意疏远他们。古丽努尔作为曾经世俗社会的一员也经历过对别人的疏远，因此能够坦然面对，才有了今天和我的这次谈话。但相反地，她也表示，虽然自己已经在心中成为了虔诚的穆斯林，并不代表可以对别人的不虔诚行为指指点点："我很感激我生在哈萨克斯坦，因为我身边的人可以自己选择是否成为虔诚的穆斯林，可以自由决定是否严格遵守教义，是否戴头巾，而不是被立法规定必须戴或必须不能。在这一点上，哈萨克斯坦要比很多阿拉伯国家好太多。""那你的女儿呢？你会要求她像你一样吗？"我问道。"当然不会，现实一点地说我不希望她在成长的过程中受到太多挫折，是否戴头巾还要等到她能够自我判断的时候自己决定。"

"你的朋友之中像你一样的人很多吗？"我进一步问道。"有一些，但不确定。因为有些人不是天天戴头巾，有些人是以前不戴后来戴了，也有一些人是以前戴但后来逐渐不戴了。我前边说过，在哈萨克斯坦最好的一点就是这样，她们可以很自由地选择戴或者不戴。而且你也看到了，我们和阿拉伯国家的女性还是有区别的吧？至少你能看到我的脸和一些头发。"她指着自己的鬓角笑着说。我看着她仍然清秀的面庞，她看着海边穿着泳衣拍照的女孩子们，脸上始终挂着微笑，坚定且自信。

分别前，我提出能否为她拍一张照片，她委婉地拒绝了，因为考虑到自己有孩子，并且同意让陌生人拍照确实与"将美丽留给丈夫"的原则不符。互道好运后，我目送她推着孩子的背影走远。

阿克套城内最大的清真寺名为"别克特阿塔"（Beket-Ata），坐落于距海岸线不到两公里的市中心。别克特阿塔是18世纪哈萨克最为著名的伊斯兰教苏菲派宗教人物、教育家和巴特尔。他曾前往花剌子模学习，回到哈萨克后在阿特劳地区和曼吉斯套地区大规模开办伊斯兰学校并修建清真寺。别克特阿塔的形象在哈萨克族的很多神话和传说中出现，因此也被冠以圣人之名。哈萨克有句古话："麦加的穆罕默德先知、突厥斯坦的艾哈迈德·亚萨维、曼吉斯套的别克特阿塔。"他的名字同先知放在一起，可见其在哈萨克人心目中的地位。而我此次西行最主要的目的地之一也是别克特阿塔晚年的主要讲授地，亦是其埋骨之处——位于曼吉斯套深处的别克特阿塔地下清真寺。

## 深入曼吉斯套

第二天早上七点，阿克套市的天空尚见不到一丝光亮。前天通过报纸广告预约的小巴司机给我打电话："赶紧准备一下，15分钟后到你旅馆的马路对面。"匆忙起身洗漱出门，车已经停在路边等我了。这是一辆老旧的丰田面包车，车上包括我在内挤了男女老少近15人。我是司机接的最后一个人，然后车就一路向东开出了城。乘客都在低着头冲盹儿，我看了一下导航，路途280公里总共需要四个半小时。瞥了一眼窗外，已经进入了一望无际的平原地区，于是按熄手机昏昏沉沉地睡了过去。

不知过了多久，车停在了一个小镇模样的加油站。身边的大叔告诉我到扎瑙津了。对于扎瑙津这个名字很多中国人都有所耳闻。"我知道这里，2011年的事件在很大程度上就是由于中资企业与哈国员工之间的冲突。"我看着窗外和邻座大叔有一句没一句地聊着，哪知大叔一听我是中国人顿时来了精神，"嗷"一嗓子喊醒了车上大部分乘客，从此时开始我便成为车里乘客聊天的主要话题，也瞬间成为"车宠"。男女老少的各种问题从四面八方抛过来，我无暇接招的样子让车里一下子其乐融融起来。司机也应景地放起了他珍藏多年的舞曲，小巴就这样欢快地开进了一片白色的石灰岩戈壁滩。

在破碎不堪的柏油马路上开了40分钟左右，我们来到了此次行程中的第一个目的地：绍潘阿塔（Shopan-Ata）墓地。绍潘阿塔于13—14世纪来到曼吉斯套地区宣讲苏菲派教义并传授当地牧民畜牧业知识，是前文中提到的亚萨维门徒之一，也是很多哈萨克人心中的宗教导师。他死后埋葬的地方成为后世苏菲派著名人物、传教者乃至附近哈萨克人首选的墓地之一，以他的墓为中心形成了很大的一片墓葬群。传说中，别克特阿塔就是受孩童时期在绍潘阿塔墓地目睹的神迹所感召，走上了之后的成圣之路。

在距离墓地入口约500米的位置修建着一个祭祀处，供人们在

第二部分  想象与现实　　　　　　　　　　　　　　　　　　　103

图 2-5　2016 年 4 月，曼吉斯套绍潘阿塔入口的祭祀处、祈祷仪式。

里边进行祈祷仪式。祭祀处是由石块堆砌而成的露天场所，内置圣木、火盆等物。人们在这里围绕祭祀火祈祷，由同行中最为德高望重的人来念诵祈祷词，并将手帕绑在圣木上用以祈福，祈祷逝去的祖先平安，也寻求祖先对在世之人的庇佑。我忽然注意到，所有女性都自觉地在进入之前戴上了头巾，但是佩戴方式都较为随意，且五颜六色。仪式结束后，有人将全新的衣物、方巾等物品压在中间的石头下。上车后身边的大叔解释道，干净的布料是他们特有的一种祭祀品，有时候宗教人士也会来此收回这些物品并分发给当地有需要的人。

上车后，同行乘客对我"有样学样"的举动大加赞赏。大叔说，我虽然不是穆斯林，可能也并不懂得这之中的深奥意义，但是这种朝圣之旅本身也不是被穆斯林独占的行为。在他的数次行程中，时常有俄罗斯族人甚至来自伏尔加格勒和奥伦堡等地的俄罗斯人一同前往，人们主要是寻求一种心灵的洗涤，而洗涤的对象并没有严格的宗教分别。

图 2-6 2016 年 4 月，曼吉斯套绍潘阿塔。

  我们将在绍潘阿塔设置的休息处停留一个半小时，在此期间除了饮用圣水和食用午餐，人们还可以对墓地进行参观，凭吊其他苏菲派历史上的著名人物、灵魂导师。朝圣之旅中的午餐形式亦是独特的，几支碰到一起的队伍会结伴进入一个大厅，互不相识的一群人围坐在长桌上互相攀谈；墓地休息处提供开水供人们煮制奶茶，几乎所有同行的女性都自带各类食物，以糖油饼、糖果和水果为主；人们各自贡献出自己的食物置于桌上，年轻女性争相服务桌上的人们就餐，一次途中的偶遇，就这样在顷刻间变化为一场丰盛的筵席。

  身边一个不认识的大哥低着头撕了半个油饼递给我，然后把一碗热腾腾的奶茶接过来放在我面前。我丝毫没有准备，被许多人服务着并且没有任何贡献，不免有些不自在。同行的人们还在远处讨

第二部分　想象与现实　　　　　　　　　　　　　　　　　　　　105

论一个来朝圣的中国人,终于惊动了墓地管理处里常住的最年长的一位老奶奶。老人托人将我叫到房间,握着我的手叨念许久,哈萨克语水平严重不足的我不明白是什么意思,服侍老人的阿姨为我解释道:"奶奶为你颂念了祝福词,大意是希望你平平安安。她是我们这辈分最高的长辈,得到她的祝福一定会灵验的!"感动之余,我对穆斯林的这种"哈萨克化"突然有了模糊但更为深刻的认知,即相较于严苛的宗教礼法,哈萨克人民更注重宗教所带来的精神力量,并且在这之中祖先也占据重要地位。

重新驶入戈壁约一小时后,汽车轮胎终于没能承受住一路上碎石的折磨爆胎了。司机熟练地下车更换轮胎,似乎这一切都在他的预料之中,而我们所交的车费也包含了轮胎的折损费似的。下车之后,完整的曼吉什拉克半岛地貌迅速呈现在眼前:一望无际的戈壁滩,远处是连绵的石灰岩山。站在崖边眺望远方,阿达伊部落和土库曼部落马匹的嘶鸣声仿佛就藏在空气中,随时会钻入耳朵里。

途中又经过两位亚萨维门徒墓,均停车进行了祭拜。下午两点半,历经七个多小时我们终于抵达了此行目的地别克特阿塔。停车场位于一处石灰岩山顶,后方是一个场院,设有休息处和礼拜堂,乍看起来平平无奇。然而走到场院尽头的栏杆处,我瞬间被眼前的景象惊呆了:从山顶向下蜿蜒近两公里的小路通向一处石灰岩壁的中间位置,别克特阿塔地下清真寺就位于一片岩洞之中。

稍作休息后,人们开始陆续从入口踏上小径向山下行进。入口处的盘羊雕塑代表此处为神圣之地,我也被告知如果运气好的话能够见到野生盘羊和狐狸。中国人来朝圣的消息迅速传遍整个山坳,我一路上被很多同方向和反方向的人叫住攀谈。所有人都很友善,一位阿姨甚至开始给我当起了义务向导。"正在遭受苦难的人们为

图2-7　2016年4月，爆胎在曼吉什拉克。

了寻求帮助而来，信徒为了诚心祭拜而来，这个世界上任何国家、任何宗教的人都可以为了净化心灵而来。"阿姨一路解释道，"先知不会为任何人设限，只要怀着纯粹善良的愿望，都可以在这里得到满足。"

　　人群中不乏年龄很大的老人和走路不方便的病人，山路虽然修缮较好但毕竟蜿蜒曲折。然而所有人都在向着一个方向执着前行，在我看来这已经不单是宗教的力量，而是苏菲派所崇尚的"精神"之力在支撑着所有人，也使我受到极大的震撼。抵达岩洞门口后，已经有数十人等在门口准备排队进入接受赐福。岩洞内的毛拉几乎不间断地诵读经文。听到里边一开口，哪怕尚等在台阶下方的人们都会自觉地或蹲下、或跪下，双手手心向上，手掌小指一侧并拢，同里边的人一起闭目祈祷。我生平第一次感受到如此场面，也学着其他人一并做起，与此同时在内心为家人祈福。

　　地下清真寺内部由4个岩室组成：我们所在之处的较大岩室是平时接待信徒和访客的主要地点，可以容纳10人左右，上方有一个垂直的通风口；入口左手边的一个祈祷室主要供毛拉祈祷所用；右侧还有两个岩室，其中一个存放着别克特阿塔的灵棺。我们在岩

图 2-8 2016 年 4 月，曼吉斯套别克特阿塔。

室墙边席地而坐，摆出祷告的手势听毛拉进行诵经和解惑，在这个过程中头顶垂直的通风口中有较强的风力直冲而下。也可能是风的作用，刹那间确实有一种神清气爽之感从头至脚蔓延开来。

从祈祷室出来后，所有人双手拂面，好似之前的一切厄运和不快都随着这一拂甩至脑后，迎接所有人的又是崭新的人生。回到山顶的时候天色已经逐渐暗下来了，休息室里已经躺满了朝拜回来的人。同行来的大叔在角落中的铺盖上向我招手，递上来半根徹子："科里亚，感受怎么样？"

"感受非常好，叔叔，受益匪浅。但我有一种感觉说不出来，苏菲派和哈萨克斯坦其他穆斯林的区别大吗？"

"我也不是宗教专家，你知道我年轻的时候没有条件深入感受宗教。但是在今天的哈萨克斯坦，不论什么派别的穆斯林都可以被统称为哈萨克斯坦穆斯林。你看，我回来的这半个小时里和人们聊天，大家来自全国各地，巴甫洛达尔的、奇姆肯特的，还有我来自克孜勒奥尔达，三个玉兹①的人都有。这些人也不全都是苏菲派信徒，但还是有很大一部分人定时来到这里进行朝圣。"他回答我。

"因为我在来哈萨克斯坦之前其实是有一些顾虑的，怕生活习惯上和大家不能融入到一起。但是到了阿斯塔纳之后有完全不一样的体验，来到西部之后又有更加奇特的感受，总的来说是非常开放的感觉。比如头巾的问题。"我向他讲述了之前由于女性穿着问题引起的种种思考和观察。

"是这样的。"他肯定了我的说法，"就我个人来说，我的妻子、女儿在日常生活中怎么穿衣，怎么做事应该由她们自己决定，不论是古兰经还是宪法都不应该对这些事情横加指责。但社会中确实出现了某种强制声音，这是很不好的趋势。"

"您认为造就哈萨克人这种不同于其他穆斯林国家的生活处事方式的原因是什么？是苏联吗？但是只在中亚国家中比较，哈萨克斯坦也是最世俗的国家了。"

"民族性格。"大叔斩钉截铁，"我们和吉尔吉斯人、土库曼

---

① 玉兹，哈萨克历史传统中按地理划分的部族，分为大、中、小三部分，可以理解为部落联盟。

图 2-9　2016 年 4 月，曼吉斯套的圣地落日余晖。

人更为相近，有人说我们和土耳其人是亲戚，我对这个观点坚决不认同。相较于土耳其人，我认为我们的性格更像蒙古人。我说的这几个国家都是很世俗的，只要是价值观内认定的事情，没有任何外部因素可以动摇我们，哪怕是宗教。"

　　我对大叔的话表示认同。聊了一会儿后他被旅途的疲乏席卷，睡了过去，我则走出休息室准备看一眼戈壁滩上一天中的最后一缕阳光。

## 结　语

　　2017 年 7 月，我结束了在哈萨克斯坦的两年田野时光回到北京。
　　2017 年底，哈萨克斯坦颁布法律，禁止除外交使团以外的其他外国人以及全体哈萨克斯坦人在公共场所穿戴包括罩袍、布尔卡、尼卡布等遮挡面部的一切服饰，违者将被处以超过人民币两千元的罚款。对于希贾布，哈萨克斯坦穆斯林宗教管理局给予了正名，认为希贾布是"维护穆斯林妇女荣誉和尊严的头饰"，不应被社会所排斥。

两年的田野经验让我对这个穆斯林占比七成以上的世俗国家有了全新的认识。抛开宗教问题本身不谈，这个国家中的大部分人对忠于自我智识这件事抱有绝对清醒的态度，这也是最让我着迷的特点之一。

我想起了里海边的古丽努尔。

# 杨崇圣

杨崇圣,男,清华大学国际与地区研究院助理研究员,研究国别为南非,研究区域为撒哈拉以南非洲地区,研究兴趣主要集中在园区经济、市场和政府关系、非洲经济史和国别区域研究教学方法四个方面。本硕求学于澳大利亚,博士考入清华大学发展中国家研究博士项目,并在读博期间前往南非进行了近三年的田野调研,完成博士论文《南非园区发展和转型研究》。

对于杨崇圣而言，想象与现实的关系张力嵌入到其漫长的南半球求学生涯之中。从大洋洲"SA"到非洲"SA"，南半球犹如"幽灵"，萦绕伴随。他捕捉了南非独特的"种族隔离"问题和广大发展中国家工业化进程中的普遍性问题，以及常碰到的外来"语言"与本土化语意互动的问题。他嵌入的田野故事或图景都很好地在叙述一个"理"，这个"理"是共情，也是理性。发乎于日常，而最终却得以"返景入深林"，可谓"方寸之念，山海之间"。

# 方寸之念，山海之间
## 记南非田野三年

# 南半球之"幽灵":从大洋洲"SA"到非洲"SA"

地区研究到底是什么?可能让我滔滔不绝一天也说不完,可能一百个地区研究学者有一千种不同理念,可谓见仁见智。但不管怎样,"田野"始终是个绕不开的话题。在有田野经验的地区研究者眼中,那些真实、微小且生动的场景,最能引起学人在说他乡时的共鸣。于我而言,在海外"游荡"多年后的小小感悟,可谓"方寸之念,山海之间"。

2012年,我在澳大利亚获硕士学位后,回国参加清华大学发展中国家研究博士项目的考试,并有幸成为该项目第二届的博士生。由于彼时项目处于起步阶段,可选择国家较多,但因我没有小语种背景,只能在印度或者南非两者之间择其一。其实两个国家于我都较为陌生,所以抱着"无所谓"的心态,选择了南非。在博士一年级结束后,该准备动身前往发展中国家进行田野了。相较到发达国家的访学路径,去发展中国家访学没有既定的流程,一切只能靠自身摸索。而做什么研究成为前往田野之前的首问,选什么样的本地指导老师成为首事。

因为我在博士一年级就和导师商定把"园区经济"作为研究方向,所以在寻找合适的南非本地指导学者时,尽可能聚焦有相关研究背景的学者。我搜索本地指导学者时,真的验证了何为好事多磨。我发现研究南非园区经济的专家凤毛麟角,即使有也与经济学或管理学关联较少。于是拓展他们的研究背景进行再搜索,在"产业经济"和"区域经济"两个领域下寻找有建树的学者。我通过其他专家推荐和成果概览等方式,把可能对我的研究感兴趣的二十位学者简历

——打印，再和导师一起进行了二次讨论，最终把范围缩小到五位教授。然后便是"套瓷"环节，先分别发邮件询问意向；在此基础上，再发送研究计划。在几经波折之后，我与南非开普敦大学经济系教授安东尼·布莱克（Anthony Black）成功对接，于2014年8月21日，飞往未知的非洲大陆。

我从本科到博士，从大洋洲到非洲，绝大部分时间都在南半球度过。本科所在城市是南澳大利亚州首府阿德莱德，南澳英文South Australia，简写SA；南非英文South Africa，简写也是SA。求学之路的起点和终点都是这两个字母组合，可谓机缘巧合，也注定我的半生经历和南半球密不可分。

从大洋洲"SA"到非洲"SA"，南半球犹如"幽灵"，萦绕伴随。而非洲"SA"，于我的记忆里，不仅有趣味，有触动，还有悲悯，更有莫奈何；在寻求"理"的道路上，充斥着"情"的田野历程。始于感知到文化差异的田野，嵌入共情后的反思，一步一步，田野之"味"堪比宝贵财富。何谓田野之"味"？从小到"求学问路"之糗事，大到具身感悟"种族隔离后遗症"，深到田野中渗透的"情与理"之共鸣。

## "请问机器人在哪？"：<br>在开普敦大学的"求学问路"

就文化差异而言，得益于长期海外求学的背景，它对我的影响，其实并不明显。尽管几乎感受不到那种所谓的"环境冲击"（environmental shock）痕迹，但依旧有些田野糗事值得一提。比如，我在开普敦大学的"求学问路"。

图 2-10　2014 年 12 月 9 日，南非开普敦大学上校区（Upper Campus）。

我所进行访学交流的机构是南非的开普敦大学，撒哈拉以南非洲最好的综合性大学，1967 年，世界第一例心外科移植手术就在此完成。在该校国际处办完手续后，我还需到经济系报到，于是拦住了一名学生，产生了如下对话：

我：Hi, could you please tell me where the building of School of Economics is?（你好，请问经济系大楼在哪？）

学生：Sure, just keep going until you see the robot, and then take the right turn, it's very near, only a hundred meters.（直走直到你看到一个机器人，然后右转，很近，只有一百米。）

我：Thanks so much.（非常感谢。）

当时我非常简单地认为，机器人嘛，要么是个地标要么是个店面摆设，看见右转就成。然而我走了好几个路口，大概一公里，还没有看到。然后，我停下再拉住一个学生问道："Hi, do you know where is the robot？"（请问机器人在哪？）

他指着交通信号灯说："Yo, this is robot."（这就是红绿灯啊。）

好嘛，我已经走过好几个红绿灯了。

这是我在英语语言环境还不错的南非，第一次感受到的不同英语语言国家的文化差异。随后我查了词典，发现只有南非把信号灯（traffic signal / traffic light）叫 robot，属于南非有别于其词本意的衍生用法。据说，这是因为在南非还没有交通灯之前，通常是警察在十字路口亲自指挥交通，而交通信号灯被推广后，警察的身影渐渐消失，给人造成了一种"人类的工作被机器所取代"的印象，因此红绿灯被称为"机器人"。

此外，另一个与语言相关的深刻印象来自种族隔离及其各种表述。种族隔离的英文是 apartheid，但种族隔离时期，为了掩盖这一非人道政策的丑恶本质，在各种文字表述中，出现了大量该词的类似表达，比如 separate development（分别发展）、parallel development（并行发展）、independent development（独立发展）、self-determination（民族自决）等。这些表达如单看基本词义，并不能联想到与种族隔离相关，只有在对象国经过大量的学习和深度田野实践，才能逐步累积相应表达，并体会字里行间的语言区别及其深意。

作为在国外待了好些年的"老司机"，我也马失前蹄。未曾想到"求学问路"之糗事、种族隔离的各种英文表述都蕴含着当地语言的特有用法及其隐喻，甚至指向了"进入田野"的充要条件。

# "因为我也是种族隔离的受害者"：
# 课堂上的种族隔离后遗症

随着在南非文化体验、开普敦大学学习的深入，南非长期凸显的种族隔离的问题不经意间进入我的视野。由于在去南非前，我在不同物料中能深刻感受种族隔离给整个南非社会和人民造成的巨大悲怆和毁灭性的结构灾难，便自然而然"共情"在种族隔离之恶的氛围中，以至于但凡接收到任何相关信息便对受害者表现出无限度悲悯，而没有跳出"本我"同情的范畴，尝试以"他者"的视角观察思考后种族隔离时期的各种社会现状和问题。在旁听了开普敦大学荣誉学士学位攻读者的一堂经济史课后，我对此的探究也陷入再思考。

这门课程是我的南非指导老师安东尼·布莱克教授推荐，属于开普敦大学经济系和历史系合授的一门课程，主要讨论后种族隔离时期的经济发展与变革给南非经济发展所带来的一系列新问题。该课程跨度 12 周，每周 2 小时，学生需要阅读大量文本，并在每次课前提交 5 页 A4 纸阅读心得。在这门课上，老师和学生会围绕南非经济发展探讨各种不同的概念、观点和发展问题，比如，如何理解"发展型国家"这个概念？种族隔离是否是发展型国家的一种形式？进口技术、技术创新和经济制裁在南非的工业化过程中扮演了什么角色？本土农业的崩溃和环境恶化带来了什么经济后果？1994 年以来建立了哪些发展模式？

前面两次课非常精彩，每位同学都积极参与讨论，作业提交情况也不错。但是从第三节课开始，课程节奏似乎开始偏离轨道驶向另一方向。这次课的讨论问题是：解释种族隔离后期失业率上升的原因，并评估国家设法解决这一问题的方法。失业率的升高在多大程度上可以被视为种族隔离经济失败的最重要标志？

按照前两次课的模式，讨论者需要先从史料和文献中找到各种证据，比如数据、案例、研究报告、政策解读、权威或专家意见等，然后再针对讨论的问题进行自我观点的输出。这样做的理由是，即使论述的观点与既有素材中相悖，也能让受众从前后对比中明确两方观点，并对观点的价值做出评价。但是，这次课的开端，由一个未做任何前沿阅读的同学开始，他直接说了由于出去旅行，没有时间进行阅读，但是对这周要讨论的问题有非常深的认知，理由是他也是种族隔离的受害者，所以有强大的发言权。

接着他基于"因为我也是种族隔离的受害者"这一前提，开始了长达 15 分钟的观点输出，但未提供任何的客观证据，几乎所有的论证都依于"受害者前提"。出乎意料的是，单从课堂氛围来说，这次课引起了广泛的共鸣。大家滔滔不绝，口若悬河，似乎忘记了这是一门历史课程，转而用基于个人共情完成的自由心证，对南非经济发展大为批判。

就一个旁观者而言，那堂课的信息量其实非常有限。大家都聚焦在"动之以情"，而忘了"晓之以理"。尤其在历史这个极其考究和严肃的学科中，大量基于旁人无从考证的个人经历，很容易让这些未来大概率从事历史研究的学生犯以偏概全谬误（hasty generalization fallacy）。在讨论历史或现实问题上，如果都下意识归因到"种族隔离"，并以"受害者"身份来进行论证，其实并不利于更深和更广维度的学术思考。

在那之后，笔者开始留心观察不同场合中——尤其是学术讨论——是否会有人不自觉代入"受害者"身份进行讨论,并使讨论重点失衡。果然不出所料,观察的结果比较让人沮丧,确实有大量类似情况发生。甚至在某些讨论中,一旦黑人或者有色人亮出"受害者"身份,其他肤色人群无非两种反应:一是表示同情,绕开话题不谈;二是表示赞同,停止话题。

诚然,种族隔离带来的社会层面和个体层面的广泛性悲痛,像一道狰狞的伤疤刻在所有人的心房,时刻提醒着南非数个族群长达半个多世纪的"颠沛流离"。但是,后种族隔离时期,如果青年一代把种族隔离遗毒作为其不努力和不上进的借口,一味地陷入"逻辑自我"的苦楚旋涡,显然对国家发展百害而无一利。

## 从"情"到"理":库哈经开区的参与观察

提及国家发展,经济开发区是南非政府正在大力推行的一个重大举措,也是我的主要研究内容。我选择了库哈经开区(Coega Special Economic Zone)为主要调研对象,并时常开展田野调研。之所以选择库哈作为主要研究对象,是因为它是南非建立最早的园区,于1999年成立,也是南非目前最大的园区。2012年南非政府启动经济特区项目后,改名为库哈经济特区。库哈是按集群理念设置的园区,旨在把核心产业和其供应链紧密镶嵌在一起,创造经济价值,刺激区域经济发展。

在两次进入库哈园区管委会区域中,我都发现有一群本地人(黑人和有色人为主)在入口道闸处举牌唱歌跳舞进行抗议。库哈园区管理人员对此的解释是,一些中小企业与当地工人签约了短期合同,但项目完成施工后,合同到期,也意味着工人失业。为了抗议雇主终止短期合同,工人聚集在库哈园区总部入口处,以歌舞聚集等形式表示抗议。同时,园区管理人员也指出这些抗议对园区运营有消极影响。

面对此情此景,我始终对于抗议的当地居民怀有莫大的理解和同情,认为他们背负贫困的原罪,为基本温饱而惶惶不可终日,即使失去工作也只能用相对乐观的方法进行申诉,反抗这一南非社会的结构性问题。彼时的这种同理心让我对园区企业的社会责任和企业精神产生了质疑,并不自觉判断园区管理方和园区企业为这种现象的缔造者。

但在随后园区企业访谈中,我开始逐渐意识到上述先入为主且非理性的"共情"之幼稚和可怕。入驻园区的企业代表反馈,园区相关政策要求他们必须雇佣当地员工,但是当地劳工整体质量不高。以库哈园区所在的东开普省2016年的数据为例,初中及以下学历人数占全省人口的66%,且高中及以上学历的人口占比低于全国平均值。受教育程度普遍不高带来的直接影响是在就业选择上面极其有限,其能力和技术满足不了雇主的招聘需求。这对库哈园区和企业的影响是,雇主在招聘当地员工时,除了库哈园区提供的人员外,并未有足够的选择余地。再者,有园区企业反映,员工的缺勤率每月大概在7%左右,2013年到2016年平均出勤率也不高,在91%左右。这些缺勤往往是突发的,比如临时告知相关负责人身体不适或有急事需要离开。有时企业负责人明知这些都是借口,却只能接受。对于企业,一旦核心生产线的任何一个环节有人缺勤,意味着整条生产线产能都会受到影响。

若从园区企业视角来看,劳工质量和受教育程度,以及部分劳工"有恃无恐"的工作态度,对企业发展带来了巨大阻碍。这也意味着我前期的"一边倒"式共情只看到了当地失业或下岗工人们的生计窘境,却未从另一方参与者——园区企业角度进行思考。带着这些思索,我尝试探究为什么在南非园区发展中,园区企业员工会有种"有恃无恐"的心理。

原来,南非劳动法律法规比较严格,对雇员保护力度较大,同时工会势力强劲,导致劳资关系紧张,罢工事件时有发生。南非与劳工相关的法律法规众多,比较有代表性的有《劳工关系法》（Labor Relations Act）、《平等雇佣法》（Employment Equity Act）和《基本雇佣条件法》（Basic Conditions of Employment Act）等。这些法律在保护劳工权益、促进就业公平、保障员工收入等方面发挥了积极作用。但需要指出,这些法律赋予了南非各工会组织很大权力,且对雇员有明显倾斜,具有保护主义色彩。如果在立法层面一味强调劳工的权益和强化对他们的保护,则有可能会导致"矫枉过正"。

南非劳动法对雇员的工作时长、最低薪酬和休假机制都有明确规定,导致雇主和雇员之间的议价空间极其有限,甚至处于被动地位。比如雇主无特殊原因,不得随意解雇雇员;雇主不得在无协议的条件下要求员工在公共假日工作或加班。在企业实际运营活动中,雇主难以解雇任何人,在轮班调休制度的推行上也受到相当多阻碍。员工被法律过度保护的后果是,如果和雇主方有冲突,就向工会寻求帮助,工会也会一味纵容,让部分有投机思想的员工肆无忌惮,甚至利用工会将其当作从事不法活动的"保护伞"。长此以往,不仅会挫败投资者热情,更无利于南非就业竞争力的发展。而在库哈园区,南非并未有针对园区劳工的专门立法,而沿袭了南非全国通用的劳动法律法规,使得库哈从园区管委会到园区企业对劳动力的议价能力极其有限,在和员工谈判薪资时处于被动地位。劳工法限制以及工会权力过大等相关问题,让库哈园区现有入驻企业在处理劳资关系和员工工作弹性问题,以及谈判薪资时,感觉寸步难行,这种情况甚至会拖拽企业发展。

可以说,在对库哈经开区的田野调研中,我从"单边共情"拓展到"情境参与者"的"多边共情",也促使我对"本我"和"他我"的研究视角有了进一步反思。同时,共情中出现的疑虑也不断刺激我从更多角度去思考问题,不让思维局限在某一个定式模态中,力求去寻求更多深层次的成因。这些成因或许离我的所学所熟专业领域相差甚远,却像拼图一样,在田野和不同学科间不断完善着对一个问题的思考,最后拼成完整的画卷。

## 田野反思:摸爬滚打下的田野路径生产

从"求学问路"到库哈经开区的田野调研,我这近三年在对象国田野调研的经历,偶有步步惊心,也遇山穷水尽,但又柳暗花明,最终风平浪静。不管是何种记忆,回首都能让我真切体会到田野之不易。于我而言,田野调研启发着我的一系列思考。

第一,语言学习的重要性。作为区域研究的学者,掌握对象国和田野点的本土语言是有效融入当地环境的重要前提。语言是承载思想的必要工具,但要尝试理解不同国家的细微差别,背后往往有更深层次的历史渊源。这些细微差别在语言中很可能在词汇、俚语和不同语境中有所体现,但未被记录进词典文本,只能嵌入本土语言和具体语境中方知其味。除了上述提及的"机器人""种族隔离"词语外,南非大地还盛行多种语言,据不完全统计,在民间使用的语言至少有35种,其中11种为南非的官方用语。比如,除英语外,阿菲利加语（南非荷兰语，Afrikaans）、祖鲁语（Zulu）、科萨语（Xhosa）、文达语（Venda）和聪加语（Tsonga）等。不同语系在同一块土地上长期交织和融合，构建出南非语言图景的独特性。上述都源于笔者的田野，颇有趣味之处。又如，南非本地最常听到的一个本土表达是"Mzansi"，意为"南非及各族人民"，是一个常用于口头表达的集体名词，也可以作形容词使用，出了南非语境便很难了解其意。这和澳大利亚人对自己的称呼为"Aussie"有异曲同工之处。总之，在我看来，对这些带有本土特色语言的了解，可以帮助研究者更好融入当地语境，了解其文化多样性和曲折历史。

第二，在田野沟通中，存在一种隐藏的"柔性博弈"，可以简单理解成知识阶次的博弈。比如，交流前做好充分准备。对于研究者来说，在交流前做好充分准备，当交谈者发现研究者对于所谈论事物的认知特别深入后，便会自主不断深入话题，尝试在知识阶次上更上一个等级，这样研究者所获得的信息质量可能会越有价值。又如，对地方性泛知识的深度了解。笔者在南非的指导老师也建议，要对研究对象国加深了解，获取更多有效信息的前提是关注各个大领域，比如对政治、经济、文化、历史等认知比大部分一般群众要懂得多，且和每个人都能聊起来。当他们发现一个非南非人对南非的泛知识了解得比他们还要透彻时，双方的交流便会进入一个新的阶段，大量宝贵信息都会在这个阶段产生。

上述准备在南非的诸多田野访谈和日常交流中行之有效。在南非的几年，刚好碰上南非全国性断电频发，各区分时段供电的情形。因此，交谈中大量话题都是基于该现象展开。一次在办公室刚断电后，我和一个以往在南非国家电力公司（Eskom）的在读MBA学员聊天，从黑人经济振兴法案（Black Economy Empowerment,

BEE）的具体内容对当下电荒的影响，到 Eskom 多年未更新设立设备和贪腐问题，再到发展经济学中一篇讨论南非某个社区用电和受教育程度之间关系的论文。当他发现我们就断电现象的交谈到了一定程度后，忽然神秘兮兮地跟我说："你知道吗，现在学校学生抗议的一个头儿是 Eskom 总裁的儿子，也在开普敦大学读书。"接着，我自动基于此信息脑补了"南非学生抗议中领头者家庭背景分析"的研究话题，虽然很惭愧到现在都没有任何进展，但是这种有来有往启迪式的交流确实迸发出很多有意思的信息，对随后的深度学术思考大有裨益。

第三，书面文字不能代表所有声音和反映所有现象，需要广闻深思和共情，但共情中需要理性区分和梳理其内在可靠性较高的信息，不能在一层层的情感激荡中失去主观判断，迷失在过度共情中。由于我本硕都是商科背景，比较侧重于用数据和案例来论证自己的研究思路，对逻辑闭环的论证也侧重于非共情的理性思考。但在清华读博第一年选修了景军老师的"文化人类学"课程，其中的"主位"（emic）和"客位"（etic）让我在田野中受益颇多。结合自身的实际，我更倾向于用本位视角来体验当地人的喜怒哀乐，但在分析这些事件和现象背后的隐形逻辑和发展脉络时，则需要更多地回归他者视角，这样做出的研究才能既有血肉骨架，有精神灵魂，也有理性分析，更有感性共鸣。

这和我读大一的时候，学术写作的老师提及的亚里士多德的三种演讲修辞可以联系起来。亚里士多德认为，修辞的目的是让劝说效果最大化，基于此，提出了三类可操作的说服受众的手段：情感诉求（pathos）、人品诉求（ethos）以及理性诉求（logos）。情感诉求可以简单理解成"动之以情"，即通过不同的方式让受众产生

图 2-11　2016 年 12 月 5 日，非洲大陆最南端——厄加勒斯角。

情感波动和共鸣，进而加深对发言者的信任。人品诉求则是通过自身权威、引用其他权威或采取显性社会共识来增加语言可信度的方法。理性诉求可以理解为"晓之以理"，即用缜密的思维、理性的视角、详实的事据和严格的推理来完成逻辑自洽，使其发言者被信服。在田野中，情感诉求的灵活运用可以获得更多有趣或有价值的观点，而回归学术本身，基于情感诉求采集的信息，需要进行理性思考，成品则更应该回归理性，用人品诉求和理性诉求交织完成观点的输出。

# 结　语

纵观我的田野历程，经历了"语言—观察—共情—理性"四个阶段，虽然可能贻笑大方，但确实是在近三年的田野中摸爬滚打建立的属于自己的田野路径。回顾田野，自我身份不断在"旁观者""参与人"和"理中客"三个角色中游离，对不同身份的认知和思考落差也几经挑战，但这些历练都为接下来的研究累积了更多经验。从这一意义上讲，跨学科训练能帮助地区研究者在思考问题时具备更多视角，从深度共情到理性思考，从经验描述到学理分析，都是不断塑造其自身区域研究体系的必经阶段。

  我们笔下的战场铺展于方寸大小的书桌,在这里记载心中累积的游历,有欢声笑语,也有颠沛流离;我们脑中的念想则翱翔在广袤的山海之间,在未知的田野中收集一个个故事,有浪漫童话,也有苦难留遗。地区研究于我而言,可谓"方寸之念,山海之间"。

# 涂华忠

涂华忠，男，清华大学发展中国家研究博士项目博士生，西南政法大学刑事侦查学院/国家安全学院、国际恐怖主义问题研究中心研究员；中国（昆明）南亚东南亚研究院/云南省社会科学院南亚研究所研究员、巴基斯坦研究中心副主任。研究方向：国际安全研究、巴基斯坦研究。2013—2014年赴美国詹姆斯马丁防扩散研究中心学习。2014—2016年赴巴基斯坦国立科技大学、巴基斯坦国立现代语言大学学习。

作为第一届清华大学发展中国家研究博士项目的博士生，2012年入学的涂华忠通过在巴基斯坦求学的感知，认为如果在能够理解当地人的价值评判顺序之后，求同存异地进行交流与合作，则会事半功倍。这其中，对发展中国家的语言、价值观、宗教信仰、生活方式与风俗习惯等知识的学习和理解尤为重要。他以自己在巴基斯坦开展的研究工作及其中的价值判断为案例，现身说法，希望以此鼓励更多的年轻人加入到地区研究之中。正如他的真切实感——"物质财富其实都是过眼云烟，唯有精神的传承才会永恒"。

# 不一样的伊斯兰文明，如何理解巴基斯坦

# 双向选择与自我理想的追求

我是清华大学发展中国家研究博士项目2012年招收的第一届6名博士生中的一员，研究对象国是巴基斯坦。在我的认知中，发展中国家研究项目，是中国发展到现阶段，正面临着历史上前所未有的机遇和挑战时所必要的准备。过去的一百多年历史里，中国与世界上绝大多数发展中国家一样，经历了太多的屈辱与压迫，通过近几十年的努力，逐渐走上了一条独立自主的发展道路，成为世界上少数建立起完整工业体系的国家。部分观察家认为，中国已经摆脱了发展中国家的身份和地位，然而，各种数据和指标都显示，中国仍然处于崛起和尚未崛起、复兴和尚未完全复兴的道路之上。那么，未来几十年支持中国持续发展的动力和伙伴，究竟应该怎样去定义？怎样去寻找？这一系列问题都需要我们对发展中国家有一个全新的再认识，并在此基础之上深化与发展中国家的交流与合作，才能持续推动中国的可持续发展。所以需要一批年轻人勇于承担这个责任，去认识和探索更加广袤而又陌生的发展中国家，促进中国与占世界人口80%的发展中国家之间的交流与合作。毫无疑问，清华大学成为替国家承担起这个重任的主要高校之一：在全国范围内最先选拔一批年轻人，向着其他同龄人追求发达国家富裕、舒适的求学环境完全相反的方向前行，去贫穷落后、物质匮乏，甚至有着生命危险的国家和地区实现自己的人生理想。

作为项目招收的第一届博士生，自己并非小语种专业出身，之所以能够得到阎学通教授等招生专家组的认可，我认为原因应有两个方面：一方面，自己杂七杂八学了几门外语，其中包括南亚国家的印地语和尼泊尔语，有一定的语言天赋，加上在科研上有一些积累，有进一步培养的潜力。另一方面，自己有长期从事发展中国家研究的志向。我比较老实，愿意吃苦和"坐冷板凳"，愿意进入这个看似光芒万丈，实则前路荆棘的项目。进入项目之后，当时只是初步选择了南亚研究方向，第一志愿希望能够研究的对象国是物质生活条件相对好的印度。然而，与我的导师李彬教授商量之后，导师认为目前国内关注印度的学者较多，关注巴基斯坦的学者较少。巴基斯坦是一个对中国十分重要的邻国，却没有多少人愿意去巴基斯坦学习和工作。更甚的是，现有的研究成果不仅缺乏第一手资料，也缺乏真实的感受。从这些方面考虑，从事巴基斯坦研究更容易取得成绩。我经过再三思考之后，最终选择了巴基斯坦作为我的研究对象国。

## 在巴基斯坦求学的感知

我自认为经历还算较为丰富，在国内就刻意长期去接触不同国家和文化背景的人群，走出国门之后，也到过不少国家，对不同文化始终保持着开放和包容的态度。然而，巴基斯坦是一个与我之前接触到的社会环境、文明形态完全迥异的国家，作为南亚最大的穆斯林国家，巴基斯坦于我而言，既熟悉又陌生，熟悉是因为媒体对巴基斯坦广泛的赞誉；陌生是因为我对巴基斯坦的了解十分浅薄。虽然进入项目之前，我从事南亚研究也有三年的时间，然而，在中国的日常生活中与巴基斯坦基本上没有接触的机会，我也没有到过巴基斯坦。对其的了解，大多来源于媒体渠道及他人转述，印象也主要来源于外在的影响及其塑造。与中国其他的周边邻国日本、韩国、泰国等相比，巴基斯坦可谓是一个存在感十分低的国家。通常情况下，国内对巴基斯坦的认知存在两个极端：一种观点认为巴基斯坦非常好，是中国的战略盟友，中巴两国关系"比山高、比海深、比蜜甜、比钢硬"，应进一步加强与巴基斯坦的战略伙伴关系；另一种观点则认为，巴基斯坦是一个穆斯林国家，国内恐怖主义肆虐，需要警惕其恐怖主义给中国带来负面影响。的确，巴基斯坦是与我之前接触到的价值观、宗教信仰、生活方式及风俗习惯完全不同的国家，这种感受与我在美国、日本、韩国、斯里兰卡和尼泊尔等其他国家的感受完全不一样。

2014年初次去巴基斯坦之前，我心里满是不安和恐惧。生于改革开放之后，长期生活在和平环境下，我因此对改革开放之前祖国贫穷和落后的痕迹并无深刻印象，对战争和恐怖袭击的认知也仅停留在电视剧和世界新闻的报道之中。于是，去巴基斯坦求学，我不仅担心卫生条件落后染病，还担心遇到盗窃、抢劫、绑架和恐怖袭击。怀着种种不安与恐惧，我踏上了前往巴基斯坦求学的道路。在抵达巴基斯坦之后，接触到的巴基斯坦环境、人及事物对我的冲击仍十分强烈。在伊斯兰堡、拉瓦尔品第、拉合尔等巴基斯坦最为现代化的城市，映入眼帘的却大都是低矮的楼房——被凹凸不平、满是缝隙的水泥街道分开。街道上覆盖着杂草和稀疏的垃圾，时而扬起的灰尘下，则是满大街到处穿梭、戴着小白帽、满脸络腮胡子、神情琢磨不透的巴基斯坦人。这些巴基斯坦人不仅分属于不同民族，还讲着不同腔调的语言。原以为掌握巴基斯坦国语乌尔都语之后，就能够感知和理解所有巴基斯坦人的内心世界，然而到了巴基斯坦才知道，把乌尔都语作为母语的巴基斯坦人不足9%；除此之外，满大街还流行着连教材都买不到的旁遮普语、普什图语、信德语和

图 2-12　2014 年 11 月 5 日，在巴基斯坦国立科技大学学习的场景。

俾路支语，以及在这些民族语言之上又衍生出来的数百种方言。如果按照我原来的学习进度，大体掌握一门语言需要花两年的时间，那么估计我这一辈子也学不完巴基斯坦的全部语言。

不论如何，语言是打开一个陌生世界的钥匙，只有掌握了研究对象的语言，才能够更好地理解他们的思维方式和逻辑。比如，对于巴基斯坦人而言，他们讨厌的对象为什么是美国人，而不是土耳其人、沙特阿拉伯人和中国人，这背后一定有他们的逻辑。所以，理解巴基斯坦人的思维方式和逻辑成为我深入理解对象国的重中之重。在赴巴基斯坦求学之前，我原本以为只需要掌握英语和乌尔都语，就能够与所有的巴基斯坦人交流，这样的观点其实并不正确，只有掌握更多的巴基斯坦民族语言，学会他们的思维方式，才算是真正融入到巴基斯坦人的生活之中。与学习传统的大语种英语相比,学习发展中国家的一门小语种,尤其是一门罕见语种,是一件非常困难的事情,大多数情况下不仅缺指导老师、志同道合的同伴,甚至连合适的教材都很难找到。为了能够快速掌握一门语言,必须摒弃为了考试而学习外语的模式。首先,需要给自己营造一个语言环境,这样才能快速掌握一门新的语言。在国内学习日语、韩语的时候,我的朋友圈里基本上都是日本留学生和学日语的同学。正是因为刻意营造了这样一种语言环境,我用了差不多两年的时间就熟练掌握了日语,在硕士期间担任过日本国家游泳队、日本筑波大学的日语口译;在巴基斯坦学习新的语言,我采用了同样的方法,尽量减少与在巴基斯坦中国人的交流频率,屏蔽使用母语的环境,才逐步融入当地的语言环境之中。不论是上课,还是平时与人交流,我都尽量尝试运用乌尔都语。此外,在巴基斯坦还有一个较大的普什图人群体,我为了能够快速掌握普什图语,就刻意地营造了普什图语的环境,经常到普什图人开的简易茶店里面去喝茶,尽管是冒着脏兮兮白沫的奶茶,被端到一群苍蝇飞舞的桌子上,我仍然要用蹩脚的普什图语开着玩笑喝下去。因为我知道,如果不这样做,根本不可能交到普什图人朋友,也不可能掌握他们的语言,更不用说理解巴基斯坦民族之间的关系和国情。

在学习语言的同时,我还需要与巴基斯坦人交流、理解他们的生活环境和生活习惯。对此,我尝试着用国内的方式与巴基斯坦人交流,也时常邀请巴基斯坦同学和朋友出去聚餐,希望用这种方式扩大自己的朋友圈,这种看似在国内简单得不能再简单的人际交往方式,在巴基斯坦实际上并不管用。很快我就发现大多数巴基斯坦人并不重视聚餐,或者根本就不把聚餐当作社交方式。我好不容易约到了几位巴基斯坦同学和朋友出去吃饭，到点餐的时候，他们这也不吃、那也不吃，甚至有人连牛羊肉、蔬菜也不吃，席间还时常冒出一些抹黑中国人蟑螂、蜥蜴什么都吃的话语，让我浑身不自在。从学校的食堂来看，就能比较容易理解巴基斯坦人的饮食习惯，食堂大多数时候只供应一个简单的菜和一张饼，这就构成一个巴基斯坦学生的一顿饭，他们的食量非常小，学校食堂的收费也十分便宜，每个月大概是 5000 卢比（不到 300 元人民币）。对比我们中国学生的饮食量和习惯，确实很难拉近与他们之间的心理距离。

从物质条件和收入来看，巴基斯坦是一个物质生活极度匮乏、收入低下的发展中国家。大多数巴基斯坦家庭并不富裕，他们的人均月收入在 900—3000 元人民币；部分家庭甚至只有一个劳动力，即男主人负责挣钱养家，高达 80% 的妇女实际上并没有全职工作；他们的家庭通常会有 3—5 个孩子，有些家庭的小孩甚至更多，全家人都只能通过男主人一人微薄的工资来生活。这样的收入水平不足以支撑他们多样化饮食，再加上历史传统和伊斯兰教反对铺张浪费的教义，巴基斯坦人就养成了一种较为简单的餐饮方式。大多数巴基斯坦人到中国之后，对于中国人的餐饮习惯——喜欢点一桌子菜、不实行分餐制，再加上禁忌较少——实际上很难适应，甚至是厌恶。经常听到和见到身边一些中国人与巴基斯坦人相处久了之后，关系越来越糟糕，甚至反目成仇的例子。究其原因，中巴两国的民间交流，必然绕不开饮食、衣着和价值观这些细节，如果双方都不愿意理解对方，为对方而改变，那么必然会出现交流停留在表面、交流不下去的尴尬局面。巴基斯坦人与中国人之间的差异，从某些微小的细节上反映出来，甚至被一些人恶意放大，成为两国人民相互理解和交流的障碍。

中国和巴基斯坦分属两种不同的文明,中国属于儒家文明,而巴基斯坦属于伊斯兰文明,不同文明之间如何相处成为困扰许多国际关系学者的难题。美国学者塞缪尔·亨廷顿(Samuel Huntington)提出"文明冲突论",强调不同文明之间的差异、冲突和对抗。部分国内学者也受到这种观点的影响,认为巴基斯坦人反西方的情绪来源于文明冲突,并不自觉地认为他们针对西方国家的排斥情绪,同时也会针对中国。实际上我到巴基斯坦之后发现,这种情绪并非针对所有外来文明,"文明的冲突"不是普世的或必然的。虽然两种文明之间的交流并不能消除和弥补差异,然而,如果文明之间不交流,那么差异必然会扩大而不是缩小,甚至引发误解和冲突。

图 2-13 2014 年 11 月 5 日,在学校宿舍学习的场景。

如何理解巴基斯坦人的价值观,对我而言至关重要。巴基斯坦人与中国人有完全不一样的价值观。在巴基斯坦求学期间,我慢慢地融入了巴基斯坦人的生活里面,也逐渐理解了他们的价值观,我给巴基斯坦人的价值观初步进行了排序,依次是:宗教、家庭、家族、村落、社区,然后才是民族、地区和国家。与巴基斯坦人交流与合作,巴基斯坦人通常会把交流与合作的内容,依次从他们价值观排序里面过一遍,然后才能做出他们的判断和选择。比如:讨论一个话题,他们通常会先考虑是否符合宗教的教义和规定,再考虑对他们的家庭、家族有什么样的收益和影响,然后才会上升到村落、社区,最后才是民族、地区和国家。从这一点来看,巴基斯坦人与中国人的价值观排序并不相同,中国人的价值观通常会强调集体主义,将国家、民族和地区排在前面。然而,如果用我们的价值观与巴基斯坦进行交流与合作,会发现困难重重,甚至是毫无进展。我曾经参加过一些中方与巴方的合作谈判,当中方代表谈及某一项目对巴基斯坦整个国家、民族和地区有什么样的帮助,带来多大的收益时,大多数情况下对方基本上只是礼貌性互动,有时候甚至毫不感兴趣,无动于衷。中方代表用物质金钱作为筹码,与巴基斯坦人进行沟通交流,不仅会引起他们的反感,甚至会招来部分巴基斯坦人强烈的敌意。反之,如果能够理解巴基斯坦人的价值观顺序,并在此基础之上求同存异地进行交流与合作,则会取得事半功倍的效果。中国未来的发展和"走出去",都需要加强对其他国家和地区,尤其是我们不太熟悉的发展中国家的语言、价值观、宗教信仰、生活方式与风俗习惯等的学习和理解。

## 在巴基斯坦开展的研究工作及其价值

从事政治学研究,强调的是普遍性、规律性和基础性;从事地区研究,强调的是特殊性、独立性和反差性。对于我们项目的大多数同学而言,每一个人的研究领域和研究方向,都存在一定的特殊性、独立性和反差性。对于我个人而言,我的研究方向是军备控制与国际安全,与国际关系学系的同学,甚至与项目其他同学的研究方向相比，存在着更多、更微妙的特殊性。我博士论文研究的选题是《巴基斯坦"以核慑常"核战略学说研究》，主要关注巴基斯坦核战略中的"先发制人"和在常规战争中首先想到核武器的思维方式。我个人希望通过这一研究，能够掌握巴基斯坦核战略的来源，巴基斯坦精英对于核战略的观点和逻辑思维方式，以及核武器在其国家安全中的地位和作用，并对地区的安全形势进行分析。

　　作为全球一个中等大小的国家，由于与印度存在着历史和现实纠纷，为抵御来自印度的威胁，巴基斯坦弱小的经济实力不得不支撑其庞大的军备开支，年度军备开支甚至高达其国家预算的四分之一。巴基斯坦弱小的经济实力和强大的军备力量，衬托出其自尊、敏感而又封闭的核战略。为了维护自己的生存，巴基斯坦发展出了自己的核打击力量，但与世界上其他核武器国家相比，其核力量又显得十分弱小和脆弱，不仅没有受国际社会认可，甚至遭到了部分国家强烈的敌意。虽然巴基斯坦核力量的发展并不为国际社会所乐见，也没有得到任何一个国际条约认可，却是一个难以忽略、不能不去关注的事实。1998年之后，巴基斯坦已成功跨过核门槛，成为一个事实上核武器国家。印度和巴基斯坦时而爆发的常规战争冲突，都极有可能引发印度次大陆的核战争，甚至威胁到中国的稳定和安全。在巴基斯坦调研期间，我积极参加了巴基斯坦国立科技大学、真纳大学、国立现代语言大学、伊斯兰大学、穆斯林研究院、政策研究所等相关机构组织的国际会议和工作坊，并与巴基斯坦相关领域的学者进行了交流，建立了良好的学术联系，进行了多次访谈，顺利完成了自己的博士学位论文，也为今后自己进一步开展研究工作奠定了坚实的基础。

　　当前，中国的周边安全环境处于极为复杂的状态，也是世界上被核武器国家以及核保护伞国家包围最多的国家。需要指出的是，围绕核战略，中国与美国、俄罗斯、朝鲜都有着较多的沟通渠道和协商方式；与处于核保护伞之下的日本、韩国等国也有着不少的沟通渠道。然而，在西南方向，中国与印度、巴基斯坦这个三角区之间，却缺乏一个交流的机制和平台。理论上而言，可以携带核弹头的导弹留给发射对象国的预警时间极为短暂，根据地理位置划分，仅有几分钟到半小时。如果仅仅依靠单边的技术手段来保障中国、印度和巴基斯坦之间的核安全，既不安全也不可靠，并不能预防核武器落入恐怖分子和战争狂人的手中，需要建立更加可靠的多边核安全机制来维护三个国家之间的和平。由于巴基斯坦对于核战略的极其敏感和不开放的心态，研究巴基斯坦的核战略及其背后的核政策，实际上是一个人迹罕至而又举步维艰的领域。我个人的博士学位论文研究并非完美无瑕，但希望能够起到一个抛砖引玉的作用，鼓励更多的年轻人加入到这个研究领域之中。

## 巴基斯坦研究工作的积累、展望和感悟

即使是中巴两国建交了 70 多年，国内熟悉巴基斯坦国情，同时能够熟练掌握乌尔都语的学者仍然十分稀少。因此，在进入清华大学发展中国家研究博士项目之前，我基本上没有太多的机会接触到巴基斯坦，更遑论研究。与大多数同龄人一样，我热衷于关注发达国家，对巴基斯坦了解不多，甚至对其怀有严重的偏见，认为巴基斯坦贫穷、落后，不值得浪费时间研究。从事巴基斯坦研究之后，我逐渐转变了观念，认识到巴基斯坦对中国的重要性。正如伊斯兰教经典圣训强调："知识虽远在中国，亦当求之。"得益于中国

持续繁荣发展，今天有数万巴基斯坦留学生在中国求学；然而受生活条件落后、恐怖主义威胁等阻碍，较少有中国留学生前往巴基斯坦求学。我们对穆斯林国家，特别是对巴基斯坦的了解，仍远远赶不上国家发展需要。受国家留学基金委和学校的资助，我在巴基斯坦有近两年留学经历，我非常珍惜这段光阴，不仅大体掌握了乌尔都语和印地语，还学习了旁遮普语和普什图语，更坚定了长期从事巴基斯坦研究的信心和信念。对于个人而言，选择巴基斯坦作为自己的研究方向，不仅关系到今后的喜怒哀乐，也关系到未来几十年的人生起伏；对于学校而言，选择我这样一位普通的学生去研究巴基斯坦，需要许多纳税人血汗钱的投入，以及众多老师数年的精力和心血。如果毕业之后我不再研究巴基斯坦，转而从事其他的职业，可能没有做出任何贡献，那么显而易见，前期的投入就是竹篮打水一场空，这不仅对于国家和民族没有益处，对于学校而言也是巨大的损失，我还白白浪费了时间。

但值得庆幸的是，我一直很珍惜在项目中的学习机会，也把巴基斯坦作为自己事业的重要起点和领域努力耕耘，在校期间多次获得奖学金；2019年博士论文也获得了4个A的评级，并全票顺利通过博士学位论文答辩，同时获得了"北京市普通高等学校优秀毕业生"称号。2019年1月毕业之后，我大有时不我待的紧迫感，于同年6月在巴基斯坦驻成都总领事馆的协助之下，在现在的工作单位建立了巴基斯坦研究中心，并担任主要负责人。在研究成果方面，目前，个人已经完成1部英文专著，数十篇中英文论著，其中多篇被中国人文社会科学期刊A刊、CSSCI、SSCI、KCI收录；主持了2个国家社科基金项目，十余个省部级项目；各类研究成果发表在中国、巴基斯坦、孟加拉国、尼泊尔、韩国、阿富汗和

图 2-14 2015 年 5 月 13 日，我在巴基斯坦国立科技大学指导当地学生学习汉语。

新加坡等国家的主流期刊和媒体之上，获得了国内外相关部门的转载和关注。毕业至今，也算是没有辜负学校对我的选拔和培养，自己仍然从事巴基斯坦研究，学校对我的投入和产出目前看仍然成正比。

　　展望未来，如何开展我的研究工作，不辜负学校的培养，成为我心中时时刻刻都在思考的重要课题。我在巴基斯坦不仅经历过孤独、寂寞、无助与消沉，也经历过恐怖袭击等危险事件，然而这些经历并未造成我的心理障碍，反而成为我人生中最大的精神财富。如果有再一次选择的机会，我仍然会选择去巴基斯坦求学，我这一辈子注定要与巴基斯坦打交道，我对这一选择从不后悔。当然，我也意识到，如果有一天我发生意外，突然失去了生命，那么我花费不少心血掌握的语言、学习到的专业知识和对这个世界的认识，都将会化为尘埃，我也将会留下许多尚未完成的工作。因此，回国之

第二部分　想象与现实

后，尤其是毕业之后，我更加迫切地想去做更多的事情。一方面，我认识到仅仅依靠自己的力量很难对国家的发展和进步做出贡献，需要培养和鼓励更多的年轻人加入我们的事业；另一方面，我要将自己能够争取的资源集中到更加有需要的地方，这样才能物尽其用，用最少的资源实现最大的效益。

对于社会科学而言，我们现在所从事的工作，也需要大科学、大工程和系统性的规划，而不是单兵作战。喜欢独立完成科研工作的人，无法回答以下问题：社会科学需要连续性——如果遇到意外，谁会来接着完成你认为有意义的工作，从而不辜负国家和学校的投入？基于上面的认识，我们应该做的是：一方面，尽快成长起来，变得更加优秀，整合更多的资源；另一方面，需要尽快发掘、培养一些年轻、踏实而且有抱负的人，形成团队，让自己的事业和国家的事业薪火相传。对于未来的规划，我希望在有生之年，能够为国家健康工作50年，培养更多的年轻人，播撒到全国乃至全球各地，服务于国家未来的战略。

## 后　语

一个人的生命非常短暂，除去日常各种繁琐事务，实际上留给我们的时间并不太多。如果我们仅仅沉溺于每天吃喝玩乐、户口指标、买房买车、更多的工资等无穷无尽的现实，我们将会被欲望绑架、被生活所累，随着时间流逝，无法实现自己的人生价值。以前许多达官贵人精心为子孙修建的鳞次栉比、层台累榭的房屋，现在要么成为公园，要么成为荒野丘陵，可见物质财富其实都是过眼云烟，唯有精神的传承才会永恒。于我而言，在短暂的一生中，选择志同道合的人，一起做一些对国家、对民族有益的事情，会使自己的人生更加有意义，更充实，生活也会更开心。

# 肖齐家

肖齐家，男，清华大学国际与地区研究院、社会科学学院国际关系学系2016级博士研究生，研究对象国为坦桑尼亚，主要研究领域为国际发展与全球治理，重点关注东非国家公共卫生治理领域的政策过程与实践。本科就读于北京外国语大学亚非学院斯瓦希里语专业，曾赴美国哈佛大学非洲与非裔美国人研究系访问学习，于联合国儿童基金会坦桑尼亚国家办公室实习，并多次赴坦桑尼亚访问学习和调研。

肖齐家的田野感悟在于深入反思田野之前形塑的对当地社会与文化的先验性想象如何被冲击乃至推翻。对此，他由浅入深地从亲属称谓、借词现象以及非洲社会主义概念几方面入手，探讨先验想象和实地情景嵌入之间的对于语言意义理解的转变。随后，他通过进入田野现实世界中体悟的语言实践，认为"变化才是他者所在的现实世界的常态"，唯有怀着敬畏与开放的心态，才能更多地在田野中探索和学习。因此在他的眼中，田野成为地区研究中除了"理论"和"地区"之外的第三维度。

# 从先验想象到语言实践：
# "斯瓦希里社会"的认知与构建

# 前　言

在正式从事所谓"非洲研究"之前，我曾有幸受过较为系统的非洲语言文化训练，并有过一些田野经历。2012年，我考入北京外国语大学（简称"北外"），在原亚非学院学习斯瓦希里语（简称"斯语"）。和其他许多"小语种"专业一样，斯语专业有着鲜明的"北外特色"。首先为采用小班化教学模式，即在招生规模上保持相当数量的控制，每四年仅招一届学生。虽每届人数很少，如我所在的那届仅有15名学生，但有三位极为优秀的中国教师全程负责培养。其次是重视语言技能。在培养方案中，专业课程学时占比非常高，课程门类也多种多样，涵盖了外语教育的许多方面。此外，依托北外的全球校际合作网络，成绩靠前的高年级学生还有机会在国家留学基金委员会的支持下前往"语言对象国"交换学习。

如果单纯从制度层面考虑的话，这样做的好处是显而易见的。理论上，学生可以在课堂上得到大量的练习机会，较高的师生比例能够保证每名学生得到充足的指导和关怀；在对象国的学习和生活经历也会进一步加深我们对当地语言和文化的体会和认知，从而达到本专业对学生语言水准的期望和要求，等等。但除了这些结构性的优势之外，我还有一项意外收获，那就是在正式开始田野调查之前即形成了对当地社会与文化的先验性想象。

## 亲属称谓、借词现象与非洲社会主义：
## 从先验想象到情景嵌入

人们常说，"语言是文化的载体"。这句话也同样适用于描述斯瓦希里语和将其作为生活语言的东非社会关系文化。以最简单的社会关系称谓为例，记得在刚入学不久后的语音课上，老师在讲授一些亲属称谓时，特意向我们普及了一些背景知识。斯语中 mama（妈妈）一词在东部非洲以斯瓦希里语为主要生活语言的地区或人群（简称"斯瓦希里社会"）中不仅可用来称呼自己的生母，亦可用于称呼其他年长女性，是一种尊称。而这种现象在当前以核心家庭为主的中国较为罕见。同理，还有 baba（爸爸）、kaka（兄弟）及 dada（姐妹）等。这些知识成为了我们最初观察和了解当地社会的窗口。

相比之下，在实践中使用范围同样广泛的 ndugu（同志、伙伴）一词，则多了历史与政治维度的意涵。根据牛津在线词典的释义，该词最早出现于 20 世纪 70 年代的坦桑尼亚。从历史上看，当时正值开国总统尼雷尔（Julius Nyerere）在全国范围内推行乌贾马（Ujamaa）社会主义村庄化运动的关键时期。考虑到这一时代背景，也就不难理解，为什么彰显着"平等互助"与"集体劳动"等非洲社会主义价值观念的"同志"会成为当时的主流称谓了。然而，随着乌贾马运动未达预期目标，以及坦桑尼亚八九十年代以来经历的经济市场化与政治民主化转型，尽管 ndugu 作为语言文化的延续仍经常出现在日常交流、书面文字乃至政府高层的政治演讲中，但其"同志"意涵无疑已让位于表示广义上的同辈亲近关系的"伙伴"。这也在一定程度上体现了坦桑尼亚社会中非洲社会主义意识形态和政治文化的式微。而填补了它们留下的意识形态与政治文化空缺的因素，则包括相对静止的亲属关系结构、家庭文化观念，以及与之相对应的、不断处于动态变化之中的斯瓦希里语词汇和概念体系。

随着课程的深入，当我们渐渐积累起一定的词汇量和语法知识后，斯语词汇中的另一个结构性特征引起了我的注意，那就是"借词"现象。借词本身并不稀奇，比如人们较为熟悉的英语中就有为数不少的法语、拉丁语和古英语借词。但有趣的是，斯瓦希里语中的借词往往需要经过一个"斯语化"过程。简单来说，就是一个以被借词在原语言中的发音为基准，从斯语中选择最为接近的辅音和元音，通过重组其音节和书写方式将其纳入当代斯语体系中的过程。再加上斯语的发音与书写体系亦存在十分严格的对应关系，这些借词很容易在这门语言中扎下根来，随着斯语本身的发展扩张到斯瓦希里社会的各个角落，并在书面语言和口头语言之间自由穿梭。借词不仅为斯语增添了无穷的生命力，也在全球化背景下，将斯瓦希里社会与世界其他社会的文化紧密连结在一起。

这么说可能有点抽象，让我来举个例子。2014 年，我在坦桑尼亚达累斯萨拉姆大学（University of Dar es Salaam，简称"达大"）斯瓦希里语研究院（Institute of Kiswahili Studies）访问学习时，有天晚上去学校山下的购物中心 Mlimani City（意为"山城"）里一家西式快餐店吃便饭。当我用斯语问起服务员，是否有可以推荐的菜肴时，对方欣然答道："Baga！"如果有其他熟悉 20 世纪上半叶东亚地区国际政治局势的朋友在场，一定也会和我一样，惊讶于服务员"伤害中国人民民族感情"式的回答。但由于此前有过一定语言上的积累，我很快反应过来，一定是因为斯语元音体系中没有英语 /ə(r)/ 的发音，对方才习惯性地用斯语化的借词告诉我，他们这里的 burger（汉堡）值得尝试。显然，汉堡本身并不是斯瓦希里社会的传统食物，但它和它的先行者一样，不仅在坦桑尼亚的经济活动中站稳了脚跟，更在当地的社会文化中生根发芽。

其实类似的借词还有很多，如源于印度摩托车生产企业 Bajaj

Auto Limited 后用来指代所有三轮客运摩托车的 bajaji；源于英语"自行车"（bicycle）一词的 baiskeli；甚至还有来自中文的借词，比如在老辈坦桑尼亚人的用语中偶尔会听到的、源自中国与坦桑尼亚早期军事训练合作关系下中方教官口头语的 shushi（即"休息"）。

除了文化领域的碰撞与交融外，斯语中借词的分布与变化特征也在某种程度上反映了不同殖民者的语言政策偏好及其影响。以经历过德、英两国殖民的坦桑尼亚为例，在国家斯瓦希里语委员会（Baraza la Kiswahili la Taifa，BAKITA）倡导使用的标准斯语中，来自多个东非国家的官方语言之一的"英语"的借词不胜枚举。但令人意外的是，同为坦桑尼亚的前"殖民宗主国"语言，由于德国殖民者出于种种考虑，并未将其大力推广，德语对斯语的影响则非常小。据我所知，可能只有 shule 一个。它借自德语词 schule，意为"学校"。更加"不幸"的是，这个词语也并没有得到坦桑尼亚全境的正式"承认"。事实上，当描述学校时，在原属德属东非（German East Africa）的坦噶尼喀（现坦桑尼亚大陆地区），人们普遍使用 shule；而曾为英国殖民者控制的桑给巴尔（Zanzibar）地区，人们往往会使用英语中 school 的借词 skuli。

关于德国和英国殖民者在选择统治语言时的偏好差异，以及相应的政策后果对坦桑尼亚不同地区和时段的语言与教育发展的影响，学界早有定论，我在这里就不再赘述。但透过借词，我们可以很清晰地看到这样一个历史事实：殖民时期权力因素对社会文化的结构性影响十分深远。即使是在坦桑尼亚联合共和国成立五十余年后的今天，政治上民族与国家双重构建的成就、经济上大陆与桑给巴尔地区的贸易和投资往来、社会上广泛的跨海峡关系网络以及密集而频繁的人员流动，以及文化上斯瓦希里语作为国语的流动与扩散，也未能彻底消解这些根植于地方历史中的殖民印记和文化分歧。

到了高年级时，对斯语文学作品的深入研读和学习也令我对田野中社会变迁与人的生活有了更加深入的认识。在授业恩师冯玉培教授带领我们阅读和讨论过的各类作品中，给我留下最深印象的当属坦桑尼亚作家恩西库（T. Nshiku）于20世纪70年代创作的剧本和小说《弱者的法宝》（*Fimbo ya Mnyonge*）。尽管这是一部宣传建设乌贾马社会主义村庄化运动的小说，但作者并没有将政治性较强的宣传话语生硬地灌输给读者，反倒是通过文学化的语言，为我们展现了一个动态的生活世界。

小说中的故事其实并不复杂。好吃懒做的主人翁约姆贝（Yombayomba）因生活所迫来到大城市达累斯萨拉姆（Dar es Salaam）讨生活。起初，城市曾一度是让他赞叹不已的"天堂"，一座繁华喧嚣、铺着柏油马路、到处闪烁着霓虹灯的"不夜城"（jiji lisilolala）。但当他真正开始尝试谋生时，却发现城市生活中艰辛而现实的一面。作为初到城里的农村人，约姆贝迅速经历了社会学意义上的"失范"过程：他发现自己既不能像以往那样从传统社会以血缘为纽带的关系网络中获得情感和资源的支撑，也无法在缺乏制度约束的市场中信任那些为逐利的工具理性所支配的生意"伙伴"，更不用说小说文本中甚至都没有提到的政治参与和社会流动的机会了。约姆贝原本对城市生活的向往与想象，就这样被现实的苦难消磨殆尽。正是在这样的历史进程与个人经历下，约姆贝带着"城市套路深，我要回农村"的感慨，结束了短暂的城市生活，过上了颠沛流离的日子。后来，约姆贝在流浪途中幸运地来到了一个"乌贾马"村。在村长与村民的引领和帮助下，他最终找到了弱者致富的"法宝",也就是"乌贾马"非洲社会主义的发展道路。

值得注意的是,这种情节上的转折,不仅来自作者的想象,也在一定程度上凸显了历史上坦桑尼亚建国初期城乡社会之间经济与文化领域的矛盾与对立,以及由此造成的大量农村人口涌入城市谋生的局面和他们普遍面临的迷茫和困难。而约姆贝最终在乌贾马村寻得生活希望时所产生的情感变化,更是突出了"乌贾马"村所倡导的以村庄化、集体劳动与平等分配等为特征的非洲社会主义经济制度,以及作为一种发展理论与政策实践,为农村社会带来共同福利的价值和意义。这些价值之所以没有在小说中沦为空洞的符号,则是因为它以文学的形式将读者带入了和主人翁同样的情感体验,并引导读者和主人翁一起逐渐认识到城市社会与城镇化发展模式的局限性。读罢约姆贝的故事,也就不难理解,为什么在经济增长效率上天生不占优势的非洲社会主义运动,能一度为以农业为主的坦桑尼亚社会所接受了。

和语言本身一样,文学的作用也是多元的。好的文学作品在供给端并不仅是作家宣泄情感的场所,或是政治宣传的工具;在需求侧也不单是一般读者丰富精神生活的途径。它对地区研究者的价值同样不可估量。

## 田野中的语言实践:进入他者的现实世界

我当然可以心安理得地在常驻北京的"自我"与远在东非的"他者"间划出一条清晰的界限,继而可以"大言不惭"地向读者表述一种单向度建构的关系。也就是说,在我第一次进入田野之前,正是这些与语言文学相关的知识形塑了我对斯瓦希里社会历史、政治与文化的认知与想象。但真实的经历告诉我,这并非语言学习者或研究者与田野之间复杂而动态关系的全部。相反,从开始学习这门语言起,研究者与田野便进入一种不断的互动与互相建构的过程。

我以为,田野的意义不只是——也不应当只是功利地为学术界的知识生产充当经验数据与资料的来源——事实上,它在被研究者建构的同时,也在丰富着语言学习者的知识体系,并建构着研究者的情感与智识世界。在这一互构过程中,语言学习者往往会对田野有着更多非功利性的向往和需求。

与英语、日语等许多有着广泛影响的语种不同,因为来自语言对象国的人员规模有限,在国内学习斯语时,我们起初并没有太多和当地人直接沟通和交流的机会。所以在入学后不久,我就产生了一个困惑:对于斯语这样于现实社会活动中产生、变化和发展的语言,如果没有机会在现实生活中练习和使用,那么学习它的意义又在哪里呢?这种困惑很快演变成了一种动力,驱动着我寻找各种各样的语言实践机会,避免在脱离语境和田野的条件下单纯地积累书面上的语言知识。

好在情况在二年级时发生了转变。得益于北京高校的开放氛围和北外在海淀的区位优势,在专业课学习之余,我开始和同班好友混入其他学校旁听学习。为了赶上午后的上课时间,那时的我们常常顾不得吃午饭,一下课便小跑到北外东校区大门外,在为公桥站乘上运通110路公交车,一路向北去数站之遥的清华大学蹭课。

根据我们事先的了解,跟北外比起来,清华大学有规模更大的非洲留学生群体。因此,除了旁听课程之外,我们二人也希望能遇上来自语言对象国的留学生,这样就可以拿出平时所背的课文与短语练上一练。那么问题来了,即便能够从外表上分辨出来自非洲的留学生，怎么判断出对方的国别和使用的语言呢？我俩一合计，既然要学语言，那么干脆"脸皮厚一点"，多找人搭搭讪，没准就能碰到合适的留学生做语伴了。这个伎俩还真的挺管用，凭借"厚脸皮"的精神，加上在最初沟通中对对方外貌和口音的判断，我们很快便上了道，认识了几位碰巧一同上课的坦桑尼亚与肯尼亚留学生。

最有趣的是一次在"清青快餐"排队的经历。这家快餐店是清华校内为数不多的可供校外人员以现金购餐的场所，也是我们听完课后常去解决晚饭的地方。有天我们进去时，刚好排在一位非洲大叔的后面。想起之前成功搭讪的经历，我的胆子突然变得很大。见他正在"毫无防备"地发送短信，我便偷偷把脑袋凑过去瞄了一眼——好巧，刚好看到几个斯语单词！确认完毕后，我很快鼓起勇气，开始跟他打招呼——结果自然把人家吓了一跳。

幸运的是，当我为自己的唐突向他道歉之后，他非但没有责怪我们，反倒觉得十分亲切和有趣，就和我们一起边吃边聊了起来。原来他叫尤素福（Yusuf），来自桑给巴尔岛，是经商务部援外人力资源项目来清华培训的地方政府官员。他友好地向我们介绍了桑给巴尔岛的风土人情，我们则在熟练地介绍了斯语班的情况之后，努力回忆起前不久才刚学过的有关当地香料文化的课文知识，接着又磕磕绊绊地和他确认课文中的知识是否属实。短暂的晚餐结束后，他还邀请我们到他的留学生公寓做客，向我们展示了从桑给巴尔家中带来的丁香等香料。从那时起，清华也就成了我们学习、演练非洲语言的"人造田野"。

但到了2014年，也就是我第一次来到"真正的田野"——书中的"不夜城"达累斯萨拉姆的时候，我才真正意识到，原来我们此前学习的其实很多都是较为正式的、书面的语言，而这些语言本身有着时代和形式的限制。有的用词上比较古朴,有的语句有着鲜明的时代特征。更重要的是,如果仅靠课本来学习的话,就会陷入语法意义上的"正确性"和"标准性"的陷阱,而忽略了语言本身的发展,以及田野中的人以其真实的生活留下的文化印记。这也是我日后在我的导师唐晓阳教授的指导与帮助下来到哈佛大学访问学习时,从非洲语言项目主任穆加内(John Mugane)教授那里得到的最为重要的启示。但另一方面,在北外接受的标准语法训练给我打下了扎实的语言功底,使我能够"以不变应万变",应对田野生活中的意外与难处。

2019年10月,我应外方导师、达累斯萨拉姆大学经济学系副教授汉弗莱·莫什(Humphrey Moshi)邀请,以访问学者的身份来到该系学习。

国内学者到非洲国家短期访学,在签证办理阶段的一个公开秘密是隐去研究者的身份,和其他游客一样办理旅游签证。包括坦桑尼亚在内的东非国家,旅行签证的期限一般为90天,到期之后很难直接续签。如果逗留期限超过90天,或是临时需要出境考察,人们常常以"飞签"的方式处理,即在签证到期前几日出境,在邻国逗留至签证过期,再回程办理新的签证。而"飞签"唯一的风险则是有可能被拒签或不得已临时调整行程,但对于计划长期驻扎在某一国家开展田野考察的学生或学者来说,由于行李辎重无法随身携带,租房安排也很难灵活更改,而且在严格意义上也不符合当地移民法律规定,因此我从未将"飞签"视作在对象国居留的可选路径。

那么,合法的手续是什么样的呢?根据坦桑尼亚移民局的规定,研究者需至少提前三个月向坦桑尼亚科学技术委员会(Tanzania Commission for Science and Technology, COSTECH)提交研究许可

图 2-15　2019 年 10 月，达累斯萨拉姆大学校园学位树一景。

（research permit）的网上申请，最好也能通过邮寄或在当地合作部门相关人员的协助下提交纸质版材料，之后等待回复即可。但由于审核程序较为复杂，COSTECH 的工作效率也并不高，研究者通常很难在 3 个月内获得研究许可，申请提交后半年仍杳无音讯的例子比比皆是。即使有紧急需要，研究者也只能通过写邮件或打电话的方式询问办理进度。在拿到研究许可后，研究者方能开始申请赴坦桑尼亚开展工作所需的居住证（residence permit），并以此作为入境的依据。

而在实践中，达大的国际化评议和促进局（简称"国际办公室"）则有着自己的一套处理方式。一般情况下，国际办公室会向来坦桑尼亚攻读学位或短期学习的学生发放录取通知书（admission letter），学生在入境时可凭录取通知书申请为期 90 天的入境许可（entry pass），而后国际办公室将负责收取居住证的办理费用，并在入境许可到期前协助学生完成整个申请过程。当然，实际的办理时间往往会超过这一期限，学生们也不得不在国际办公室的指导下做一段时间"黑户"。但对于访问学者，学校的界定则比较模糊。据我出发之前的了解，只要相关院系的教授同意邀请，并通过院系开具加盖公章的邀请信（invitation letter），国际办公室也将一视同仁地提供支持。但到了坦桑尼亚之后，我和莫什教授才发现，我们刚好赶上了外国学者邀请制度变革的时期。发放邀请函的权力收归校长办公室，邀请函需要有校长亲笔签名才能生效，并获得国际办公室的认可和执行。这是令我和莫什教授都始料未及的。情急之下，莫什教授建议我先去校长办公室询问最新政策，之后再一起想办法，并请同在办公室工作的齐亚（Kija）先生陪我先去经济学系打印材料，然后到位于行政楼四楼的校长办公室说明情况。

齐亚先生在经济学系工作多年，和系里的教授与行政人员都十分熟络。在他的引介下，我得到了系里老师们的热情帮助，系办秘书露丝（Rose）女士很快帮我打印好了邀请信和简历等证明材料。在等待的过程中，我还有了一项意外收获。因为我的名字"齐家"在当地人的发音中和"Kija"十分接近，我在系里迅速有了新的名号——"Kija Mchina"（中国 Kija）。拥有一个地道的当地名字，在语言实践意义上是进入田野的重要环节，这意味着我开始被经济学系接纳为"自己人"。在斯语的词法中，名词被划分为不同的类别，单复数、形容词以及句子的主语前缀变化则要从属于名词词类的变化。由于指涉人与动物的名词属于 M-Wa 类，用来修饰人名的形容词前自然被加上了表示"某国人"的大写 M-Wa 类单数主语前缀"M"。而恰恰由于斯语形容词后置的特征，标志着我的国籍与民族的"Mchina"（中国人）被放在了姓氏的位置——这也暗合斯瓦希里社会中姓氏的民族内涵，即通过对方的姓氏，往往可以初步判断对方所属的族群和大致的居住范围。

然而，成功进入经济学系并不意味着我在学校的其他部门同样畅通无阻。面对现代化的科层制，哪怕是当地"Kija"也要遵循一定的规则。离开系办之前，我看到齐亚先生特意取了几件印有经济学系标志和联系方式的薄牛皮纸信封。我开始还不太理解，向他表示自己已经带了质量更好的塑料文件袋，似乎没有取用的必要。他则笑着说，"Inatisha.（用来吓唬人的）"。"吓人"只是一句玩笑话。我立刻明白，他的潜台词是提醒我要将文件的包装打造得足够正式或官方（-rasmi），以增加办事成功的几率。

在校长办公室前台，接待我的是一位女秘书。见我初次拜访，她十分客气，并提示我需要准备一些其他证明材料，可以第二天再过来。可当再次见面时，她却突然"变脸"，很不客气地质问我说："Hama hakuna barua ya mwaliko kutoka kwetu, kwa nini umekuja hapa?"（既然你没有我们开具的邀请信，你怎么来这里的？）

面对这位秘书态度上的剧烈转变，连陪同我前去的齐亚先生都大惑不解。我想为自己辩解一番，却又担心影响办事的结果，而不回应又略显心虚，只能寻找一个巧妙点儿的办法。从语法和逻辑上看，这句话其实是有漏洞的。在斯瓦希里语中，hapa 是用作地点状语的副词，意为"这里"。而"这里"用来指涉地点时，本身就是模糊不清的。作为情急之下的辩论策略，我壮着胆子抢来了这个词语的解释权，作为回复的突破口："Nimekuja Tanzania tu, sijaingia hapa chuoni!"（我只是来到了坦桑尼亚而已，还没有进入学校这里！）听罢之后，这位秘书似乎听进了其中的道理，语气有所缓和，但并没有为我提供任何实质性的帮助。最后只把我们打发回去，让我请教授亲自过来说明情况。

第二部分　想象与现实

图 2-16 2019 年 11 月 12 日，达累斯萨拉姆大学经济学系信箱。

回去的路上，我问齐亚事情何以至此，他无奈地表示："Ni urasimu tu!"（都是官僚主义！）敏锐的读者或许已经注意到，urasimu 和前文提及的 -rasmi——前者为名词"官僚主义"，后者为表"正式／官方"的形容词——在形态上十分相近。事实上，-rasmi 正是阿拉伯语形容词 رسمي（读作 rasmi，意为"正式／官方／法定的"）的借词。原来，齐亚为了应付办事人员的官僚主义态度，而不得不打磨文件包装正式程度的行为，其逻辑早已体现在了词与词的关联之中。

眼见我们铩羽而归，莫什教授倒是很有信心。齐亚告诉我，如果按入学时间来看，校长还得算他的学生。既然自下而上的"正规"程序走不通，我也只能将希望寄托在教授身上，打打"人情牌"。令人欣慰的是，教授的努力果然收到了成效，不久之后我便收到了来自学校副校长办公室的回复函件。只可惜结果并不如我想得那般顺利。校方表示，很欢迎我再次来到达累斯萨拉姆大学学习，但不希望我以免费的访问学者的身份加入，而建议我重新申请经济学系的短期付费博士项目。

短期博士项目并非我的最优选择。一是我已经通过了博士生资格考试，修习更多学分没有太多意义；二是访问学者只是一个身份，更重要的是在田野中收集与自身研究相关的数据资料；三是学费较为昂贵。但为了拿到研究许可和居住证，实现在坦桑尼亚合法居留和研究的目的，我只得按部就班地填表，缴纳报名费，耐心等待，希望能够早日拿到两个证件，让研究工作走上正轨。

然而，在由经济学系审核的时候，系里又拒绝了我的申请，连缴纳学费的机会都没有给我。原因是我的专业背景与经济学不甚符合，并建议我与政治学与行政学系联系。我应经济学系的邀请而来，却又被经济学系拒绝入学，说来无疑有些讽刺。没办法，我只得预约了政治学与行政学系主任、高级讲师恩格旺扎·卡玛塔（Ng'wanza Kamata），希望从他那里获得一些建议。有趣的是，这位教授的姓氏在斯语中意为"抓住"（-kamata）。路上我对齐亚说道，咱们此行不知能否"抓住 Kamata"（-kamata Kamata），对方听到这对叠词，也不禁莞尔。

与其他校领导一样，Kamata 教授对我的到来表示欢迎，对我的研究方向和斯语技能也表现出相当大的兴趣。但当我问及是否对我的情况有所建议时，他则表示院系的老师只负责教学与研究工作，入学的事还是要问国际办公室。我顿时眼前一黑："难道绕了这么一圈，又要回到起点？"好在教授最终给我指了条"明路"——移民局官员一般不会在达大校园内活动,暗示我不必拘泥于正式制度。但对我来说，更有帮助的是另一条建议，即我可以在莫什教授的帮助下，绕开学校而直接在坦桑境内联系 COSTECH 申请研究许可。所幸齐亚先生从经济学系拿到了足够多的信封，我稍微安下心来，一边尝试办理手续，一边继续学习和研究。

在田野中，变化才是他者所在的现实世界的常态。与鲜活的、变化的田野现实相比，既有的、成型的理论与知识，或多或少都会有其片面、过时和不当的地方。正因如此，我们才要怀着敬畏与开放的心态，尽可能多地在田野中探索和学习，书写田野中的真实故事。

## 结　语

在当前的学籍管理制度与学科建制化背景下，作为"专业"的外国语言与文学很容易成为一个定义学习者自身价值的符号。也就是说，如果不考虑彻底舍弃原专业，转而寻找其他就业途径，而是选择从事相关研究工作，那么研究者的学术成长乃至人生发展路线，自然都会和这门语言以及其在现实世界中所覆盖的时空范围紧密地联系在一起。"自我"与"他者"由此休戚与共，前者无法将后者视作单纯对立的存在，而是或主动或被动地接受其成为"我们"的一部分。

而如果以后行为主义阶段社会科学领域的主流方法论取向为参照，语言学和文学素养的打磨或许只能算得上是一项"出力不讨好"的工作。在以构建与检验理论为主要追求的社会科学界，语言技能常常被视作获取质性或量化数据的工具或手段。或许没有人会立场坚定地否认语言技能对于社会研究的重要性，但在实践中，这种工具常常只要"够用"就可以了。若退一步，还可以参照英国伦敦大学东方与非洲研究学院名誉教授弗尼斯（Graham Furniss）曾提出的折中方法，即通过组建地区研究团队的方式，将需要相关技能的工作分包给能够熟练掌握相关语言的团队成员。即使是那些由于没能全面掌握语言技能而丢失的对关键田野细节的理解，也被"正当化"为在概念与理论的抽象过程中不得不舍弃的"细枝末节"的问题。同样，通常以非实证主义的方式创作的文学作品，其文本本身既不能提供可供经验检验的理论,也不能作为真实可靠的田野数据。更重要的是,暗含作者价值倾向的写作过程也势必与提倡"价值中立"的社会科学理论相去甚远。如果这些都成立,那么我们不禁要问,在地区研究中,语言学习与实践究竟还是否有必要呢?

事实上,语言学、文学与社会科学学科之间的张力,已经给从事地区研究的学者提出了一个欧博文(Kevin O'Brien)式的问题:地区研究究竟是要回应理论,还是回应地区议题本身?我以为,在这一问题上简单地作"理论"与"地区"的二分其实并不全面。在学术维度上,"回应理论"的表述可以被视作方法论层面的探索,即如何处理"地区知识"与"理论"间的关系。在实证主义的研究范式下,只有建立在其上、并可通过地区知识检验或证伪的社会理论才可被接纳为科学理论。与此同时,只有在理论与概念工具的指引下,我们才能在复杂的田野现实中辨别、抽象出地区性知识,继而构建或证伪科学的社会理论。

实际上,对弥合二者分野的尝试和期待也是许多地区研究者的愿望。但在田野中,研究者又不可避免地会带着先验性想象,卷入与他者互相建构的过程之中。这部分经验与知识或许并不能直接抽象为具有某种程度的普遍性的理论,或是直接转化为深刻而广博的地区知识,但总能滋养着研究者的思考与写作。因而在地区研究中,它们足以构成"理论"和"地区"之外的第三维度。而像 Kija Mchina、inatisha、hapa、-rasmi / urasimu 与 -kamata Kamata 等等这些难以体现在政治学学术文本之中的细微而"无用"的知识,却也是田野中语言实践的乐趣所在。

显然,对语言与文化知识的精深掌握,是我们探索这一维度所不可缺少的技能。

# 王霆懿

王霆懿,男,清华大学国际与地区研究院助理研究员、牛津大学博士后研究员,从事沙特、阿联酋等海湾国家的王室政治、对外政策、家族史等研究。本科毕业于北京大学阿拉伯语系,曾赴埃及开罗大学留学一年(2008—2009年)。2012年就读于清华大学发展中国家研究博士项目,先后在清华大学、剑桥大学(2013—2014年)、阿联酋沙迦美国大学(2014—2015年)、沙特费萨尔国王研究中心(2015—2016年)、牛津大学圣安东尼学院(2020—2021年)等机构学习交流,并多次赴巴林王国、阿曼王国调研考察。

在海湾地区进行田野调查的王霆懿，一开始就提出"封闭与开放、保守与现代、神秘与祛魅、贫穷与奢华"等诸多二元对立、并立的概念，它们被"国王到乞丐"这一具像化的人物身份对比所承载。全文以他自身经历为线索，田野中的困难和曲折渗入其间，在这个过程中，他对当地的理解也由"似是而非""想象与现实对立""再次深入反思"走向最后具有深层次意义的提炼。整体上，他通过极具反差的社会层级的叙述，给我们带来了一个立体的海湾富国图景。

# 从国王到"乞丐"
## 海湾田野的多重镜像

大漠黄沙上的石油气井、驼峰弯月下的黑色面纱……是人们谈及海湾地区阿拉伯王国时脑海中常常浮现的影像。与此同时，有关这些国家"挥金如土"的传闻不绝于耳。在他们神秘的面纱下，当地社会的真实形态究竟是什么样？是否如外界传言，还是另有实情？

环顾全球，西亚海湾地区汇聚六个阿拉伯君主制国家，是世界上罕见的绝对君主国群落，富集油气能源、伊斯兰教、部落传统和现代城市等多种元素，呈现别具一格的风土人情和社会生态。由于这些国家文化风俗迥异、社会结构封闭，外界对于当地的观察和理解难以深入细致。因此，无论将其定义为富丽华贵的石油富国，还是脱胎于游牧部落的现代化君主国，都难以概述其全貌，洞见其本质。

本文基于我多年行走沙特王国、阿联酋（亦称"阿拉伯联合酋长国"）和巴林王国等国的所见所闻，尝试通过描述所亲历的人物、事件、景象等田野经历，管窥上述三国的社会百态，凸显其内在的共性与差异。基于田野前后的时间顺序，我将对海湾国家的理解逐次分为以下三个阶段：首先是"田野前的镜像：似是而非"（中国2012—2013年、英国2013—2014年），然后以阿联酋、巴林、沙特三国的调研感知，阐述田野中的想象与现实（2014—2016年），最后为"田野反思：具化到提炼"（2016年至今）。本文试图通过步步深入的田野调研，勾勒海湾国家传统与现代、封闭与开放、守旧与变革、贫穷与奢华共存的多维图景和多重镜像，为理解海湾地区提供一个观察视角。

## 田野前的镜像：似是而非

我对海湾阿拉伯国家的研究兴趣始于2012年，主要源于因中国对这些国家缺乏了解而激起的求学志趣。在踏足海湾国家之前，我先后在国内和英国进行了两年的课程学习和学术训练。

坦言之，国内学界和社会对海湾君主国的理解相对片面，主要因为只有少数学者曾在当地长期生活学习，缺乏扎实深入的实地调研和一手资料，以致人们事实上难以"验伪"或"验真"。相比而言，西方社会已在中东涉足数百年之久，如海湾研究大家、英国学者蒂姆·尼布洛克（Tim Niblock）教授在其《过去的经验，未来的远景》（"Lessons from the Past, Perspective for the Future"）一文中提到，18世纪的英国学者威廉·琼斯（William Jones）精通波斯语、阿拉伯语和希伯来语，并广泛涉猎中东的文化、历史、法律和社会等各个方面。西方主导的殖民时代对中东国家的影响深远，自16世纪始，海湾地区先后被葡萄牙、荷兰和法国入侵，直至1971年英国终止保护条约，阿布扎比等六个酋长国才宣布独立组成阿联酋联邦。1935年，英国在巴林成立英国人俱乐部（The British Club），至今仍然保留。当前，海湾国家依旧与西方各国保持着千丝万缕的联系，许多王室成员选择在西方接受教育或军事培训。

在明确研究区域后，我即着手广泛涉猎与海湾国家相关的中文著作，实现了从无到有的认知转变。但较为遗憾的是，这些文献大多转译引用自英文文献，缺乏实地考证，因此其真实性、准确性和时效性都存在一定缺陷。由于缺乏直接的联系和学术交流，国内的学术话语体系与真实的海湾国家相距较远。我在此阶段难以接触一手的资料，也欠缺与海湾国家当地人士的沟通渠道。

2013年至2014年，我远赴英国学习，开始直接或间接地接触海湾地区的人和事。作为剑桥大学瓦利德亲王伊斯兰研究中心（Prince Alwaleed Bin Talal Centre of Islamic Studies，该中心由沙特王室成员瓦利德·本·塔拉勒亲王于2008年捐赠设立）的访问学者，我开始接触来自海湾的学者和"重要人士"。中心主任亚希尔·苏莱曼（Yasir Suleiman）教授是离散海外的巴勒斯坦人，他不仅是沙特首富瓦利德·本·塔拉勒亲王的顾问之一，也是阿曼卡布斯国王讲席教授，时常为海湾政府和王室成员提供建议。

彼时，剑桥有一个小范围的中东研讨会，每月举行学术讲座和讨论，与会者多是资深外交官和学者。作为资历最浅的参会者，我通常安静地坐在桌角听大家高谈阔论。有一次我循例参加讲座，却意外发现一位衣着讲究、目光犀利的阿拉伯青年，坐在一群衣着朴实的年长学者当中，略显突兀。会议间隙，亚希尔教授特意走到这位阿拉伯青年身边与之交谈，但令人诧异的是这位青年只是坐着，并未起身。在教授略显不悦，抬手示意他站起后，他才起身与教授寒暄。谈话完毕，亚希尔教授来到我的身边，意味深长地说了一句"你应该多和他聊聊"。那段时间，我正与教授探讨如何赴巴林王国开展调研。尽管不明所以，我还是心领神会地趁着茶歇与这位年轻人攀谈起来。通过交谈，我得知这位青年竟然是巴林国王的孙子、驻英使馆的三秘，虽然年轻却经历丰富，甚至曾受邀赴中国培训参观。这是我首次近距离地接触海湾国家人士，虽然最终他并未向我提供帮助。但在此之后，我还在不同场合多次遇到在英国访问的海湾国家政商要人。由于身处异国，他们的举止较之在本国更为低调，也更容易接近。

除了讲座和见闻之外，英国汗牛充栋的中东文献和历史档案也令我耳目一新，大大拓展了我对海湾国家的认知边界。宏伟的剑桥大学图书馆的中东藏书区灯光昏黄晦暗，一排排文献宛如密林，一眼望不到头。伦敦大学亚非学院有关海湾地区研究的珍藏源自上世纪五六十年代，当时就已经覆盖了大部分重要议题，如政教关系、王权政治、威权稳定性等等。以至于如果仅看书名，忽略出版年份和陈旧封皮，这些书和近期出版的新作大同小异。大英图书馆则收藏了海湾地区主要家族的谱系表和80年代重要政商家族的成员简介，其中甚至包括一些外界难以接触的女性成员，研究如此细致深入让人惊叹。

总之，无论是学术训练、文献阅读，还是零散接触的海湾各界人士，都使我对海湾地区有了真切的感受和学术思考。但这些仍属田野前的臆想、猜测和准备，究竟这些国家是否如我所想？这些国家的人和事是否如我所见？都仍需要当地田野的"试金"考验。

## 田野中的阿联酋——"外松内紧"的联邦

经过前期两年的学术准备，涵盖阿联酋、巴林、阿曼、沙特四个国家，历时两年的海湾地区田野调研正式开启。尽管在开始时，由于海湾各国对访问学者设置了极为严苛的限制，我未能制定一个清晰完备的田野设计和路线图。但从最终的效果来看，此次田野工作在时间维度和空间维度都取得了突破性进展。在时间维度上，此次调研的首站为阿联酋，第二站为沙特，其间对巴林和阿曼进行了短期的嵌入式访问，田野整体时间较长，经历了两个斋月。从横向对比视角，同属王权体制的阿联酋、沙特、巴林和阿曼四国各有千秋，甚至在政治体制、社会氛围、国民情感等方面存在较大的差异，集聚成一个有趣的案例对比研究。

2015年，经过暑期的短暂休整，阿联酋成为我的首个田野调研国家。选择阿联酋的首要原因是相对容易进入，尽管我联系了许多沙特高校和科研机构,但都杳无音讯,没有机构和学者愿意接纳我。一筹莫展之际,我获得了阿联酋沙迦美国大学的邀请,并得到了该校汪昱廷副教授的大力帮助。不同于沙特对外"闭关锁国",阿联酋对外国学者的访问限制略显宽松,但我的申请仍经过多层级的院系签字、学校批准和政府审核,最终才获准访问。与沙特"外紧内松"相反,阿联酋实际上是一个"外松内紧"的国家。我在临近离开时才得知,多位外籍和阿联酋本地学者当时被捕监禁。2018年,英国学者马修·赫奇斯(Matthew Hedges)访问阿联酋时被捕并被判处终身监禁,最后英国外交介入才获释放。

阿联酋的"双面"镜像,不仅体现在对外管控方面,也展现在日常生活中。我在阿联酋既经历了"世外桃源"式的校园生活,也体验了辛苦辗转该国各城邦和徒步田野的"苦行僧式"调研,这样的经历实际是阿联酋两个阶层的生活缩影。

我所在的沙迦美国大学由阿联酋第三大城邦的统治者——沙迦酋长创建,坐落于沙迦的大学城内,是一个与世隔绝的"沙漠绿洲"。因为拥有许多美籍教师,学校为防止恐怖袭击,安检极为严格,由沙迦酋长的王室卫队直接掌管。校园遍布植被,在一片荒漠中显得极为独特,甚至形成小小的湿润气候。如一位久居校园的学者所言:"校园绿化颇有成效,尽管沙漠罕见下雨,但每逢下雨,校区的降雨都会久一些。"每每步入校园,我都能感受到空气的温润,这与荒漠的干涩形成鲜明对比。学校富丽堂皇,建筑分散各地,显得十分开阔,远远望去宛如王宫。事实上,学校正是仿照酋长的王宫修建,偶尔在园中还会遇到酋长开着高尔夫球车闲逛游玩。我在学校的日子颇为安逸,每天读书研究,听闻鸟语花香。闲暇时,我常与校内师生、工人交谈,发现他们来自许多国家,如巴勒斯坦、沙特、阿曼、巴基斯坦等国。作为一所设立在阿拉伯国家的美国大学,学生对美国的情感十分复杂,他们既仰慕兴盛蓬勃的美式文化,又痛恨美国对阿拉伯国家的无理蛮横,可谓五味杂陈。我曾和同楼的巴勒斯坦学生艾哈迈德闲聊,询问他对美国的观感,他的回答恰好体现了这种纠结:"我想去美国读书,很喜欢美国的电影和音乐。但是美国人肆意发动战争,导致中东尸横遍野,太可恶了。"有趣的是,艾哈迈德读着美国书本,却并未去过美国。他们对于中国的观感也很复杂。尽管他们未曾来过中国,但长期耳濡目染西方宣传,对中国的曲解比某些西方人有过之而无不及。一位虔诚信教的约旦宿管小哥喜欢与我攀谈,时常"满怀悲悯"地询问:"中国人什么都吃吗?中国人都不信宗教吗?"还有一些人偏信西方报道而对中国的行为横加指责。这实际是双方交流中存在的"双重误解"现象,即双方缺乏直接沟通产生第一重误解,又由于第三方强势文化的介入而产生更深层的第二重误解。由于缺乏直接有效的沟通渠道,这种"双重误解"在中国与阿拉伯国家乃至与更多发展中国家之间普遍存在,不仅没有消弭,甚至愈加严重。

  离开舒适安逸的校园,我时常需要奔走于迪拜、阿布扎比和沙迦等城市之间,进而目睹了土豪国另一面的"辛劳"镜像。由于城际之间缺乏公共交通,人们大多自己开车出行。自大学城去迪拜的进城之路特别拥堵,为此我没少吃苦头。由于回国需要中国大使馆发放的留学证明,我两次顶着炎炎烈日和近50摄氏度的高温,往返于学校、迪拜和阿布扎比三地。彼时正值斋月,在公共场合不能饮水饮食,我只能饥肠辘辘地奔波一整天,晚上到家才能吃点东西。奔波之际,除了领略每个城邦的特色,如迪拜的高楼林立、繁华高调,阿布扎比的奢华低调,沙迦的传统气息,也常常看到载着满满的印巴劳工、没有空调的破败小巴穿梭于各城市之间。对于阿联酋，很多人并不清楚声名在外的迪拜既非首都，也非最富庶的城邦。事实上，首都阿布扎比占据了87%的国土面积，拥有该国大部分的石油资源和财富，才是名副其实的政治、权力和财富中心。阿联酋也并非外界所想的土豪国度，除了富庶的本地人和少数外籍高管外，还有构成人口主体的几百万贫苦印巴劳工，是真正的"印巴联邦"。这些劳工省吃俭用，拿着每月最低千余元的微薄薪水，像工蚁一样供养维系着"土豪国"的日常运转。显然，上述图景不同于外界所见的摩登建筑下传统与现代完美结合的阿联酋，但却是阿联酋大多数外籍劳工的生活常态。除了这些辛劳的外籍工人，在阿联酋的地铁站旁和大厦出入口，常常能见到席地而坐的乞讨者，他们多为想不劳而获的外国人。由于一些阿联酋的富人出手阔绰，这些乞讨者往往会有所得，甚至聚集成患。为此，阿联酋政府不得不多次大规模地清理乞讨现象，逮捕和驱逐非法居留的乞讨者。相反，阿联酋公民却享有很高的福利补贴。因此，阿联酋的贫富人群泾渭分明，形成了截然不同的两个世界。

  此外，在学术研究领域，对于探究该国政治、社会和文化内核的一系列一手文献资料往往极难获取。比如，历史文献、政治档案和家族部落史往往罕见于图书馆和各机构，更多只是官方宣传和"正统"文献，以至于我很长时间都一无所获。一筹莫展之际，却出现了意外的收获。在即将离开阿联酋前的一个月，我仍心有不甘，于是怀着试一试的心态筹划去学校后面的一座传闻许久的"荒废"图书馆一探究竟。这座图书馆在地图上并无明确标识，我只是听其他老师说其不对外开放。清早，我趁着气温还不是很高，戴着白色的阿拉伯头巾，沿着一排棕榈树绿茵圈，"蛙跳"般接近这个荒漠中的神秘图书馆。但为了抵挡当地5月份中午40多摄氏度的高温和阳光直晒，我不得不时而躲在棕榈树荫下休息，短短的几公里，往往要走近1个小时。

虽然图书馆明令不对外开放，但我百折不挠地与看门人申辩，并将所有证件一一罗列，最终得偿所愿地进入。出人意料的是，这并非一所遗弃的图书馆，而是沙迦酋长的私人博物馆和图书珍藏，不仅收藏了这位统治者所获的各种勋章和礼物，还有大量海湾其他国家的部落史、家族志和地理图谱。这或许是我在阿联酋所能见到的最深入该地区政治内核的馆藏，然而这些珍稀之物却被荒凉的沙漠所阻隔，外人难以觉察或接近。而于我则如获至宝，并成为我在阿联酋田野工作的一个注脚和完美诠释。

我在阿联酋的田野生活可作为该国各阶层的一个纵切面，映射了该国统治者、精英、劳工甚至乞丐的不同生活镜像。土豪国"富与穷"的写照，隐藏在高耸入云的哈利法塔顶与破旧小巴的印巴劳工身上。这一强烈的反差写照让我思考海湾中的"暴风眼"巴林是否也会出现如此图景呢？

## 田野中的巴林——海湾的"暴风眼"

巴林作为唯一在"阿拉伯之春"中经历严重动荡和面临政权倾覆的海湾君主国，是我一直想调研的国度。正如剑桥大学亚希尔教授所言，该国是海湾一切症结的"暴风眼"。作为最小的海湾国家，巴林有深层次的教派矛盾、悬殊的贫富差异、激烈的政治冲突、严重的社会分裂和深度的地区大国干涉，这些促使我多次赴巴林体验"暴风眼"。

但是，我第一次去巴林就遭遇到了重重意外。由于刚经历"阿拉伯之春"，巴林仍风声鹤唳、草木皆兵，对入境的外籍人士层层盘查。为了方便调研，我轻装简从，背着单包直奔阿联酋沙迦机场，却未曾想在机场就被扣押盘查。因反恐警戒需要，警卫往往多留意单身的男性背包客，这导致我在安检时被反复询问。考虑到警卫的英文不好，为避免耽误航班，我情急之下用阿拉伯语进行交流，但事情却骤然急转

图 2-17 2015 年 2 月 2 日，巴林法塔赫大清真寺宣礼塔。

直下。其实，英语交流不畅尚能解决问题，可一旦用阿拉伯语，事情就变得很麻烦。警卫对于一个会讲阿拉伯语、从事学术研究、要去巴林访问的外国人非常警戒，将我围了起来并扣押在安检处，不停地审问此行目的、工作身份以及行程安排等。甚至，我的护照和工作证件都被收走，还在电脑上进行检索，直到核实我在阿联酋高校的访学身份、明确是假期出行并调出我一周后的回程机票才放行，导致整班飞机延误很久。至今，我仍记得狼狈走过整个机舱时，走道两侧旅客投向我的异样目光。

抵达巴林后，我走访过多个逊尼派和什叶派的清真寺和村落。目之所及，官方清真寺的富丽堂皇与被强制拆除的清真寺残骸形成鲜明对比。而在走访居民区时，我发现民众对于政府的评价趋向两

极,一面是出租车司机和路人的满腹抱怨,另一面却是亲政府人士的溢美之词。在巴林最著名的法塔赫清真寺,我遇到一位年轻人主动地向我宣扬政府功绩,他强调"巴林人民安居乐业,生活非常幸福,自己很足知"。然而,当我走进街道一所什叶派清真寺时,听到的却是他们抱怨政府拆除了很多什叶派建筑,限制日常生活。我将听闻的这些话转述给一位出租车司机,询问他的真实看法,却没想到后者更加愤懑地控诉当政者,指责当局为了更改当地人口的教派比例,引入更多外国逊尼派劳工,导致本地人就业更加困难。寥寥数语,巴林民众的分裂对立可见一斑。

王国到处设立路障和警戒区,以至于我误将市中心的一处政府机构,当作了壁垒森严的监狱。不仅如此,沙特驻巴林使馆周围的所有街道都被清空,到处充斥着涂鸦和烟火的痕迹,还有荷枪实弹的警察四处盘查警戒。在沙特使馆旁,我正准备用手机拍照时,突

图 2-18　2015 年 2 月 5 日,巴林麦纳麦市中心政府机构和围障。

第二部分　想象与现实　　　　　　　　　　　　　　　　　　　　173

然听到一声严厉叱呵，不远处的一名警察已经举枪瞄准了我。第一次面对枪口，我十分惊惧，虽距离了半条街，仍觉得枪口近在咫尺，只记得枪管那个圆圆的黑洞出奇地大。尽管内心非常紧张，但我吸取了机场盘查的教训，用略"蹩脚"的英文和军警解释只是因为参观游览才误入这一区域。对方看到我是一副东方面孔和游客打扮，才缓缓放下枪走到我身边，要求删除所有照片后才予放行。每次回想起此事，我都心有余悸。

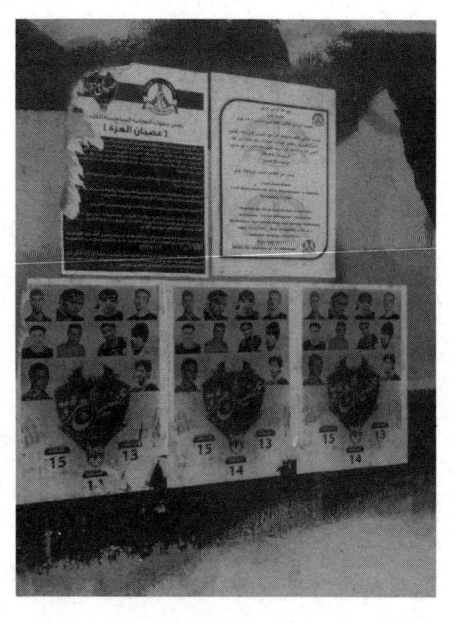

图 2-19  2015 年 2 月 2 日，巴林麦纳麦街道示威民众"荣誉榜"。

相比之下，后续几次去巴林都颇为顺利，每次的感触也有不同。整体而言，巴林的形势在不断向好，治安也改善很多，甚至有不少中国商人打算扩展在当地的生意。

几次巴林之行，我的足迹覆盖了该国近四分之一的领土，包括诸多清真寺、外国使馆区、政府办工区、美国海军驻地、东南亚商贩和餐饮聚集地。我甚至晚上冒险在戒严区游走，观察夜幕下荷枪实弹的巴基斯坦籍军警巡逻。正如亚希尔教授所言，巴林确是海湾风暴中心的一叶小舟，聚焦了海湾君主国的所有问题症结。我所见的巴林王国的动荡与稳定、贫穷与抗争，仅是这个小国面临的诸多困难及其在海湾大国激烈博弈下的一个侧影。

## 田野中的沙特——海湾的重心

经过此前多国的经历和重重铺垫,我终于步入田野研究的重心——沙特王国。然而,进入沙特的历程十分艰难,却也十分幸运。当时已接近 4 月,离我从阿联酋回国之日不远,但访问沙特的事情还没有任何眉目。我先后写了数十封邮件求助,都杳无音讯。几经曲折,我才在蒂姆·尼布洛克教授的慷慨帮助下得以进入沙特。事后得知,我是那几年屈指可数能够进入沙特的外国中东学者。

抵达沙特后,我充分感受到这个封闭神秘王国与众不同的"淡定"和"悠闲"。不同于阿联酋的"外松内紧",沙特则是"外紧内松"。只要能获准进入,他们对外来者的信任和亲近程度超过了彬彬有礼但有距离感的阿联酋人。所在中心的王室成员时常会和我喝茶聊天,这种反差不同于他们在外高高在上的疏离感。平日从不抛头露面的玛哈(Maha)长公主多次请我喝茶,她喜爱中国文化,收藏了很多中文书籍,还多次邀请我的母亲访问沙特。年轻的苏欧德(Saud)亲王是沙特国父的直系后裔,地位尊崇,在外常常前呼后拥。不同于在外时的冷漠,他与我聊天时没有架子,不仅向我学习中文,还打趣要来中国拜访。有一次,我和他并排而行,甚至走到了他的前面,旁边的侍从赶紧提醒我礼让亲王,但他却挥手让我先走。还有一次我获邀参加国事活动,距离萨勒曼(Salman)国王仅有百米之遥。当时外界盛传他身体抱恙命不久矣,但我目睹他稳稳地端坐了 2 个小时之久,神态自若,病重的传闻不攻自破。由此可知,耳闻不如目见,田野研究的意义在于证伪或证实,想象臆测与真实世界有根本的差别。

第二部分 想象与现实

图 2-20　2016 年 1 月 5 日,利雅得市中心费萨尔塔。

利雅得上层社会仅仅是我田野生活的很小一部分,我的日常生活多与平民、外籍雇员、劳工和乞丐打交道。作为海湾地区唯一人口超过千万的阿拉伯国家,沙特的贫富差距超过人们的想象。我的居住地位于利雅得南部郊区,旁边是一片破旧的平民区。这里的居民主要是外籍劳工,每天到大饼房买两个 1 里亚尔(1 里亚尔约等于 1.7 元人民币)的大饼即可饱腹。他们穿着灰色或白色长衫,有时裹着头巾,多从事体力劳动。在利雅得夏季近 50 摄氏度的高温下,很少见他们去超市买一瓶饮料解渴。由于城市没有地铁、公交等公共交通,我常常要坐出租车上下班。司机多为印巴籍,他们长年在沙特打工,往往一待就是五六年,只是为了节省路费。由于油价便宜、出租车数量众多,近 20 公里的路程,车费也只是 25 或 30 里亚尔(约合 43 或 51 元人民币),一天下来,扣除上交给公司的份子钱和油费,他们所赚的不过几十元人民币。他们的护照由雇主扣押,行动受限,还要上交数额不小的居留费、签证费等,收入微薄。司机中有一半为巴基斯坦籍,他们每每听闻我是中国人,都会表现出极大的热情,称颂中巴友谊,有几位甚至请我喝饮料、免车费，让我颇为感动。生活的艰辛并未消弭他们内心的友善。

除了如"工蚁"般的出租车司机，游走在利雅得街头，我还时常会遇见妇女带着幼童匍匐在路边乞讨。由于利雅得交通主要依靠汽车，她们要么在主干道的红绿灯处乞讨，要么在商场周边行乞。这些妇女往往全身素黑，不仅身着黑色衣服，还裹着黑

图 2-21　2016 年 3 月 5 日，利雅得南部平民区的大饼房。

色头巾和面纱，有时甚至遮住眼睛。由于戴着面纱难以分辨相貌和肤色，我仅能从口音大致推断她们来自也门或其他周边国家。沙特严格的宗教限制，导致女性较难找到工作。如果妇女的丈夫或男性亲属逝世、丧失工作能力或抛弃她们，乞讨便成了她们为数不多的生存途径之一。我曾在市中心的超市门口与一位乞讨者简短交流，给她一些零钱。她说自己从也门而来，丈夫亡故后无家可归，身边是她的两个孩子，因为没有居民证难以获得政府补助。看着活泼的孩子陪着她一起乞讨，难免让人心生怜悯之情。

在萨勒曼国王担任利雅得省长期间，该市曾一度乞丐泛滥，甚至被称为"乞讨之城"，其中大多是外籍乞讨者。为此，萨勒曼开展了多次清理运动，导致乞讨者数量大大减少。国王与"乞丐"的

第二部分　想象与现实

图 2-22　2016 年 4 月 5 日，利雅得十字路口和中心超市门口抱着孩子的乞讨妇女。

对决多次上演，屡禁不止之下，是沙特严重分化的贫富差距、不完善的社会福利体系和深层次的性别歧视。这些女性乞讨者身披黑纱的微弱身影映衬在利雅得灯红酒绿的高耸大厦旁，尤为凄凉，这或许是沙特富与穷的一个真实映照。

## 田野反思：具化到提炼

　　海湾地区两年多的田野工作，结合田野前的两年学术准备，使我对当地的认知发生了从无到有、从有到细、从细到微的层层转变。结束田野调研后的数年里，我又先后多次重返沙特和阿联酋等地，每次都愈发感到海湾田野镜像的多层次、多元化的张力冲击和动态变化。对于海湾国家的认识也由具象变得抽象凝练，那些长期固有的"富丽华贵""现代化君主国"等一元印象，甚至是封闭与开放、保守与现代、神秘与祛魅、贫穷与奢华的二元臆断，在海湾复杂和多元的社会百态前显得如此苍白无力。

田野的首要意义在于实事求是地求实求知、去伪存真。对于地区研究而言，只有来自田野的一手资料才是真正的原材料，没有田野实证而生硬搬运他人加工过的"材料"，都可能存在一定的偏差和失真。对于我而言，海湾田野工作奠定了本人博士论文和后续海湾研究的基础，不仅提供了大量具象的细节材料和文献资料支撑，也为我构建对海湾国家的宏观认知和微观实感起到难以替代的作用，甚至让我适逢机缘地置身于海湾国家急速转型和变革的历史时期中。

回国之后，我对于海湾国家多元镜像的具象认知开始变得抽象凝练。一方面，论文撰写等学术训练需要我对田野的所知所感进行提炼、剥离和总结；另一方面，经过回顾、反思和进一步阅读，我对当地的理解进一步加深。

有趣的是，当我再次返回英国和海湾国家时，开始从"聆听者"向"讲述者"转变，如同我对沙特"外紧内松"和阿联酋"外松内紧"的判断，以及对这些国家内部急剧转型的观察预测，引发一些西方学者乃至当地学者的兴趣。正如当代海湾研究的开拓者蒂姆·尼布洛克教授对我所言："你是最近几年少有在沙特和海湾从事田野的学者，你应该和我们讲一讲当地发生了什么。"这充分证明，田野工作对于地区研究而言是至关重要的基石，即使最权威的专家也深知田野调研之重。

概而言之，通过田野调研前后三个时期的进阶思考，我对海湾地区的理解由似是而非、想象与现实对立，再深入反思，最后完成了具化到提炼的转变。多重的田野观察和前后思索，描绘了一幅海湾国家"富与穷、保守与现代、封闭与开放"并存，同时充满复杂关系张力的缩影图，为大家审视这一区域的多元镜像提供了一个观察视角。

# 刘博宇

刘博宇，男，本科毕业于北京大学，现系清华大学国际与地区研究院博士研究生，研究方向为拉丁美洲，从2018年至2020年在巴西进行田野学习与调研。

巴西让刘博宇明白在东半球之外存在另一种生活图景的可能,并在此看到他者的选择、痛苦和欢乐。他通过语言,去沟通、发现及理解他者的喜怒哀乐,并与这些南美洲的白人、黄种人和混血人形成了深深的羁绊。巴西这片土地教会他平等、博爱,以及最重要的——对挣扎在生存底线上的少数派人群的理解与尊重。巴西田野更教会他永远不要对别人的不幸和苦难无动于衷,就像英国诗人约翰·多恩曾写道:"没有人是一座孤岛,可以在大海里独踞。"

# 弱势群体的"乌托邦"
## 巴西的田野笔记

1941年,奥地利作家斯蒂芬·茨威格(Stefan Zweig)撰写的《巴西:未来之国》出版,这本书曾是我窥探巴西的启蒙读物。但直到我在巴西待了一段时间后,才明白茨威格写的未来并不是指经济、科技的发展,或艺术的进步,而是一种人道主义的光芒——自由、平等和博爱,这些促使巴西构成"未来世界"的灯塔,在暗夜里闪耀。

## 星光与担忧:出发去巴西以前

我给你贫穷的街道、绝望的日落、破败郊区的月亮。
——豪尔赫·路易斯·博尔赫斯(Jorge Luis Borges)

国际发展研究(international development studies)致力于对第三世界的探索,除了美国、欧洲等发达国家,在地球辽阔的土地上,存在着多样性和更多他者的可能。那些故事和生活,属于一个个平凡且真实的生命,他们所拥有的喜怒哀乐,所面临的社会和困境,以及渴望发出的声音,值得被倾听和理解。自我们出生起,就在不断探索生活的边际,就像米兰·昆德拉(Milan Kundera)《生活在别处》中的年轻诗人一样,对外部世界充满了向往和渴求。这份向往就像茫茫黑夜海上的星光,指引我们走向一个个新的港湾,探索全新的地平线,并让我们与素昧平生的人、物和空间产生羁绊和牵挂。

语言在通往第三种生活的路径中,充当了媒介和钥匙。非常幸运,我有机会在本科时学习了葡萄牙语,对于当时的我来说,最向往的外部世界就是巴西。葡萄牙语作为世界第七大语言,在巴西被广泛使用。从语言和文化课学习中,我了解到:巴西作为族群文化的熔炉，是多民族融合的典范；此外，巴西人天性善良、乐观，他们生活在这片富饶的土地上，渴了就有清澈的涓流、溪水和瀑布，饿了就有树上掉落的橙子，似乎永远没有生活的忧虑。巴西是上帝之国，是真正的伊甸园，这份宽松和包容的社会环境让我十分向往。葡萄牙诗人费尔南多·佩索阿（Fernando Pessoa）曾写下触动浩瀚星辰的诗句："我的心略大于整个宇宙。"这句话在我看来，用来形容巴西人是十分合适的。因为巴西人似乎天生不懂得忧愁。对照国内中产阶级代代循环的焦虑——婚姻、买房、教育等，似乎巴西真的是乌托邦？当然不，我的葡萄牙语名字是阿方索（Afonso），和葡萄牙第一任国王同名，这是我的外教甘地德（Cândido）给我起的，代表了勇敢和正直。但就算是我懂得语言，了解一些文化，且有一颗探索异域勇敢的心，也同样对巴西的种种社会问题有一些担忧。

在出发进入巴西前，我对巴西充满了向往与害怕。"劫匪横行，手机千万不能拿出来，走在路上你需要时刻保持警惕。"老师与同学这样告诉我。那时的我，还不懂得丛林法则。暴力、抢劫、毒枭横行，巴西拥有成百上千的贫民窟（favela）。这些贫民窟的角落，居住着残暴的毒贩和犯罪团伙，他们拥有强大的火力和武装，只有极少数贫民窟在政府和警察的管理下，其余大多数贫民窟都处于毒枭的控制之中。普通巴西居民和游客，更是对贫民窟避而远之。在我进入巴西之前，贫民窟在我脑海中的形象一直是恐怖和妖魔化的。此外，我还被老师与同学告知，贫民窟以外的巴西，社会治安也有严重的问题。比如走在街上，一定不能拿出手机、相机和钱包等贵重物品，否则会被"小黑"瞬间抢走。由于贫富差距过大，巴西有一大批人挣扎在生存的基本线上，他们会通过简单粗暴的抢劫来获

图 2-23　2019 年 12 月，巴西最大的贫民窟 Rocinha。

得财富。我也曾在国内电视上看到针对巴西抢劫的报道视频，真是触目惊心，甚至正在电视直播接受采访的民众也会被抢走金项链。

在我的印象中，巴西一直是平等、博爱的象征，男女平等，少数人群也能获得尊重。这片土地上生活着各个种族、肤色的人，他们因为殖民共同生活在一起，巴西拥有足够的胸怀包容这些个体。这些想法在我进入这片土地后，发生了一些改变。真实的巴西，究竟是怎样的呢？

## 真实与谎言

### （一）贫民窟与沙滩船长

《沙滩船长》是巴西作家若热·亚马多（Jorge Amado）的现

实派社会纪实作品,讲述了一群孩子在巴西海滩上街头流浪的故事。亚马多用真实而狂野的叙事,展开描述了粗野、危险的浪漫。这些当地人眼中最危险的少年,自称"沙滩船长",他们会对富人和权贵进行恐吓、抢劫,也会为自己的信仰和自由战斗。他们也有另一面:团结而智慧,拥有温暖的心,希望获得爱。

进入巴西后,受一位研究贫民窟的社会学K教授的关怀和邀请,我参访了当地最大的贫民窟,即L贫民窟,并与这里的青少年进行了深入交流。那是一个午后,我们驱车分组进入贫民窟。记得出发时,教授很仔细地提醒我们直接到达指定地点,千万不能中途下车,以免遇到危险。当时与我们一起进入贫民窟的还有来自世界各地的学者,由于我会说葡萄牙语,K教授让我跟车带领学者进去,遇到情况随时和他联系。那是我第一次进入贫民窟,我也十分紧张。

当天我们参访的L贫民窟是十分安全的贫民窟,处于政府的管理下,相对井然有序。巴西的贫民窟有两类:一类建在山上,依山傍海,景色绝美,界限相对分明,普通人不容易误入;还有一类在城市周边,与城市和周围社区融为一体,界限相对不分明。后者由于隐蔽,危险性更高。我们此次参访的L贫民窟就属于前者,地处山坡。

随着车进入贫民窟的地界,海拔逐渐上升,视野也逐渐开阔。道路两边的房屋从市区鳞次栉比的摩天大楼,逐渐变成了矮小的房子。尺寸在变化,颜色也在变化。市区的房子一般以灰色、黑色为主,给人一种冰冷的现代感,可远观不可亵玩。进入贫民窟后,房子逐渐开始变得五颜六色:橘色、橙色、粉色甚至绿色,以暖色调为主,让人感受到了生活的温度。另外,家家户户门口都坐着爷爷奶奶,他们好奇地打量着坐在车里的我们。贫民窟的路变得越来越

第二部分 想象与现实

图 2-24 2019 年 10 月，巴西里约热内卢 Rocinha 贫民窟远景。

窄，很多时候，只有一辆车可以通行，这些狭窄的街道周围，还有很多小胡同，错综复杂、深不见底，从小胡同内部一眼望去，电线、管道交错排列，在城市秩序上，似乎不如外面的市区。路边有蔬菜店、粮食店、小足球场和篮球场，充满了生活的气息。贫民窟似乎就像中国的小镇集市一般，热闹、有烟火气。巴西的少年在贫民窟的平房楼顶上踢足球，这些楼顶面积不大，层层叠叠又纵横交错，一家房顶上还有一家，空间上形成了独特的分布，从远处看上去一定是密密麻麻的。踢球孩子的嬉闹声传进我们车里，我观察起这些孩子：身体精瘦、黝黑，有些特别高，普遍上身赤裸，来回奔跑着追球。可以看出，他们的家庭不富裕，但这不影响他们喜爱足球。他们的身形、手脚普遍比较长，奔跑速度很快，这些孩子是巴西混血儿，是白人和黑人的后代。从巴西的殖民史看，沿海地区最先受到欧洲白人文化的侵入，当白人在沿海定居后，欧洲文化逐渐从沿海向内陆侵袭，内陆的印第安人和沿海的白人通婚，产生黑白混血儿（Mulato），这类肤色较黑的孩子组成的一代人，是打开巴西后殖民时代民族身份认同大门的钥匙。

终于，我们的车抵达了目的地，这是一个青年活动中心。一座非常简陋的房子，有两层楼。我和几位老师走上了二楼，这里已经摆好了为欢迎我们到来而准备的水果和点心。椅子被摆放成一圈，中间留出了一块空地，我们将与贫民窟的青少年开始一次座谈。屋子里是一些年轻人，他们站在临时搭建的幕布旁，准备开始给我们做介绍。

原来，L贫民窟是巴西政府的贫民窟示范中心，是少数几个处于巴西政府管辖下的贫民窟。政府号召社会采取募捐的方式帮助L贫民窟修建了学校、青少年活动中心、球场和社区医疗站，让这里的孩子可以在相对正常的环境下生活和成长。其中，一位孩子讲述了他在学校学习踢足球的故事，脸上写满了开心。随后，我们又参访了社区的广播站，巴西贫民窟是一个独特的系统，这里生活自给自足，广播站是重要的娱乐、社交平台。当时，广播站正在播音，播音员热情地拉我们加入播音，由于我懂葡语，便帮助几位学者翻译，他们向这个贫民窟社区的建设表示惊喜和祝贺。

这次田野经历，最让我难忘的部分是参观贫民窟的校园，尽管建设比较现代化，但仍有些简陋。校园的足球场上，奔跑着当地社区的孩子，他们是未来的希望，也是贫民窟五颜六色建筑的灵魂。我不禁又想起亚马多所描绘的沙滩船长，他们没有这样好的条件可以在校园里学习、踢球，但所幸的是，他们给巴西带来了真实、野性和温暖。巴西的混血人种是每一座城市的沙滩船长，他们居住在贫民窟，有时也劫富济贫，他们是城市与生而来的特质。

在葡萄牙语中，贫民窟一词原指巴西腹地沙漠中耐旱的植物，

第二部分　想象与现实

这些街头的沙滩船长随着移民迁徙从内陆来到沿海城市居住，却仍然保持着沙漠中的丛林法则，他们是巴西腹地文化在城市的延伸，是每一座城市具象化的表现，他们才是巴西的主人。这片土地上的罪恶、贫穷都有其不可名状的隐秘缘由，而且随着像 L 贫民窟这样的示范社区的诞生，越来越多的混血青少年在街头浪迹天涯、偷盗抢劫之外，又多了一些选择：他们可以选择接受教育、在校园操场上的阳光里踢球，而不用为生计所迫走上做毒贩等罪恶之路。社会暴力、贫民窟问题只是巴西庞大体系中的一环，城市和贫民窟需要找到一条共存的道路，让彼此都安全、稳定地发展，让大多数人获得幸福。沙滩船长在不同的历史时期，也将获得新的、积极的身份。

尽管巴西社会的丛林法则在大多数地区依然保持，尽管我在每一天的出行前，都会提醒自己保持最低的姿态来融入这个丛林并获得安全。但是我也看到丛林里的阳光穿透层层绿叶，毫无保留地倾斜下来，阳光逐渐击退黑暗，阴影退至丛林深处。只要正确的羁绊在被建立，情景就不会令人绝望。

面对阴影——巴西的暴力问题，我其实有自己的法宝应对，那就是按照丛林法则进行生存。我的外教曾经告诉我"Não há coragem sem medo."（没有恐惧，就没有勇气）。我始终敬畏丛林，我理解他人生活的窘境是导致暴力犯罪的根本原因。暴力犯罪只是很多人最后的选择，巴西是一个贫富差距极大的国家，富人和权贵可以在基督像下饕餮聚餐，穷人只能捡超市过期的面包果腹。为了避免危险，每天出门前，我都会保持较朴素的穿着，提醒自己尊重并理解穷人，路过危险的路段，更要自信、大胆地走，脚步生风、昂首挺胸，仿佛自己是这里的主人。如果真遇到抢劫，就交出全部的财物。巴西的劫匪在配合、尊重的前提下，一般不会伤害人。我

图 2-25　2019 年 10 月，贫民窟深处。

对巴西的热情与爱，并没有因为这里的种种问题而削减，相反地，我理解并开始欣赏这里的丛林法则：野性中不乏温度，贫穷而美好，痛苦里也有欢乐。

## （二）少数派的赞美诗

> 我将始终坚定地与女性主义、同性恋等少数派人群站在一起。
> ——某翻译家

少数派人群在巴西的声音是强大的。巴西社会的多元性和包容性，允许这里有更多的可能和空间。社会的边际也会因为不同而扩大，每一种"他者"的可能使得巴西有更精彩的画面。比如，女性主义者和性少数群体就是典型的少数派人群。

女性在巴西是艰难的。我接触的好几位巴西女性在现实社会都带有些悲剧色彩。E女士是我在巴西的好朋友，她60多岁，一个人居住在空旷的房子里——她离婚了。她遇到比如电脑坏了或是要换灯泡的问题，常喊我帮忙，一来二去我们就熟悉了。E女士有三个孩子，女儿常年在国外生活，两个儿子目前已经搬出去独自生活。尽管已经离婚很多年，她还是经常提起她的前夫，门厅的相框里也还有一家人的合照；但好景已逝，留给她的晚年生活，只有孤独和寂寞。这样日复一日，好在她有一只猫陪伴。她最开心的事，就是每年圣诞节，小儿子会邀请她去国外滑雪，除此以外，生活乏善可陈。

G女士的经历和E女士很相似，G女士是我同学的母亲，她也已经离婚多年，目前一个人生活，经营着郊区的一家文具店，辛苦奔波于市区和郊区，陪伴她的只有一只小狗。

殊不知，离婚是巴西女性普遍遭遇的问题。根据巴西国家地理研究所（IBGE）的调查，1984年到2016年间，共有700多万人离婚，平均每天就有580人结束自己的婚姻。在此期间，巴西的结婚率增长了17%，而离婚率则增长了269%。一般来说，巴西人的婚姻持续年限平均为15年，少部分州可以达到18年。这就意味着，在子女还没成年时，很多家庭已经经历了离婚或夫妻分居。在大多数的离婚案例中，男方可以轻易地找到新的配偶，但女方往往就一人度过余生。归根到底，在平等、博爱的外衣下，巴西是一个残忍到赤裸的男权社会。另外，在工作机会方面，女性也处于劣势，只有很少的工作机会，有限的晋升空间，大部分的工作资源和通道牢牢地被男性掌握。

在社会地位和结构上，男性处于女性之上，由于把握大量资源，在家庭内部的分工合作上，男性承担较少的家庭责任。"我的父亲连倒垃圾都不会，他从来不会做这样低级的事，因为有损他的男性尊严。"G女士曾这样对我说。男性承担较少的家庭责任，家务工作的重担就落在了女性的肩膀上，女性不仅面对工作，还需要照顾家庭。E女士也说过："男人在家什么也不会，他们什么也不做。"这种现象在巴西具有普遍性。此外，家庭暴力在巴西也是一个严重的社会问题，当男性面临外部的工作压力，比如职场晋升、失业危机等，他们很容易把生活的污垢和怨气倾泄到较弱小的女性身上，家庭暴力就更容易发生。实际上，巴西对女性的暴力犯罪一直居高不下，2019年，联合国人权观察组织（HRW）将家庭暴力定为巴西的"流行病"。该组织经调查后，谴责巴西的司法部门有120万未决的针对女性的暴力案件。暴力会加重婚姻的裂痕，从而引起分居和离婚。

除了来自职场的压力和家庭内部矛盾，造成巴西女性困扰的另一大难题是生长在巴西男人基因里的花心。巴西男人的花心是有名的，学校门口的超市保安离过三次婚，他告诉我："巴西美女太多了，我没办法长久地只和一个女孩在一起。"离婚三次在巴西不是少数现象，大多数人普遍离过五六次婚。可想而知，女性和孩子将面临怎样的生活困境。在巴西的很多登记表格上，经常只要求填写母亲名，因为很多孩子根本不知道父亲是谁，或者父亲从未出现过。在恋爱观方面，多数巴西男性对待爱情相对随意，他们以自己交过女朋友的数量多而自豪，周围人也会因此高看他们一眼，是一件非常值得炫耀的事，但女性如果交过很多男朋友，则会受到质疑和嘲讽。似乎，这成了女性主义在巴西艰难存在的深层原因。

巴西导演卡里姆·埃诺兹（Karim Aïnouz）的作品《看不见的

女人》(*A Vida Invisível de Eurídice Gusmão*)讲述了两个在巴西里约热内卢生活的姐妹在追寻自己女性身份和梦想的道路上遇到的坎坷和挫折。就像作品名称那样，女性在巴西是不容易被看见的，尤其在男人的世界里，女性即是不存在。从家庭、身体、理想等诸多方面，男权对女性都表现出羞辱、压迫与轻视。巴西女性被剥夺身份、工作环境、意识、幸福和希望，最后连名字也彻底失去。男性为了自己的私利和欲望，打击女性的理想和信心，而女性为了成为社会普遍认同的"模范妻子"，不得不忍辱负重，放弃自己的梦想，留在男性身边，尽到对家庭和丈夫的责任。

尽管面临种种不公，但我始终坚定地理解、钦佩巴西女性在面临困境时表现出的勇敢和坚韧。就像 E 女士和 G 女士一样，离开了丈夫，仍然靠自己努力地生活。

除了女性外，少数群体还包括 LGBT——女同性恋者(lesbian)、男同性恋者(gay)、双性恋者(bisexual)与跨性别者(transgender)的英文首字母缩略字——这一性少数人群。这部分人群在巴西的处境，比女性要好很多。针对性少数人群，巴西社会给予了更多的宽容和支持。也正如此，巴西有更多的同性恋人群愿意向社会公布并承认自己的性取向。

我在巴西最好的朋友 C 同学就是一位同性恋者，由于他生长于中国华人家庭，迫于压力他一直没能向家里坦白性取向。但在除了家之外的地方，他过得很开心，有许多同性恋的群体愿意包容、接纳他。他不仅结交了许多朋友，还找到过属于自己的伴侣。巴西每年一度的狂欢节上，经常能看见同性恋主题的花车，宣扬 LGBT 人群的价值观和合法权益。此外，在圣保罗、里约热内卢等城市，每年都会举行 LGBT 人群的游行、派对等大型活动。C 同学来到巴

图 2-26　2019 年 2 月，巴西里约热内卢：秩序与混乱。

西后，面临的社会压力减小了许多。巴西社会对于少数性群体的包容吸引了很多社会精英前来生活，LGBT 人群在很多国家不被理解，被迫成为社会的边缘人群，比如德国、中东地区国家等。所以一些人才通过移民的方式来巴西生活，从而获得较宽松的环境。

然而，在我来巴西之前，从来没有意识到身边会有这么多同性恋者，甚至也没有想过，自己会和他们成为最好的朋友。通过我的 C 朋友，我了解到 LGBT 人群所面临的种种困难。男同性恋人的感情往往很难持久；由于缺少婚姻的约束，恋情面临种种考验。此外，男同也面临一系列健康风险，比如，不安全的性行为很容易传播艾滋病病毒，很容易引发健康风险，加重心理负担。

除此之外，LGBT 群体面临的困境还来自强大的主流保守的男权思想，因为其声音往往与主流保守的男权思想冲突。比如，巴西右翼总统雅伊尔·博索纳罗（Jair Bolsonaro）就经常发表"反同言论"。2019年初，博索纳罗在刚刚就任巴西总统几个小时后便下令取消巴西人权事务部中与LGBT人群有关的部门，并在随后扬言"巴西绝不应当成为同性恋旅游的天堂"。博索纳罗自称"骄傲的反同者"（proud homophobe）并多次公开批评LGBT人群，他曾声称"如果自己有一个同性恋儿子，就会希望他死于非命"。此外，一些名流也曾公开发表反同言论，比如球星内马尔就曾因反同言论遭到支持同性恋团体的围攻和起诉。

于我而言，我认为同性恋等性少数群体的社会争论至少是件幸事。这种争论来自社交、电视等媒介，其积极的结果是巴西以通过立法的方式保障性少数人群的权益。正所谓理念决定人，当一片土地拥有宽容的环境，相同理念的个人和家庭就会接踵而来，形成群落在这个国家共同幸福地生活。

# 结　语

> 四周的世界断壁残垣，有一位父亲在教他的孩子，去尝试发现尘土里的宝石，那是诗歌的第一课。从此，孩子在莽原里体会着父亲的阅读课，它帮他把脚下的土地一页页翻过。
> ——米亚·科托（Mia Couto）

在我进入巴西后，我对巴西理解深入了很多，这片土地给予我惊喜、悲悯和思考。语言对于一个人的世界观具有摧毁性的重塑作用，我十分感激曾能学习葡萄牙语，有机会亲近我所喜爱的国家，

图 2-27 2019 年 12 月，夕阳下的里约热内卢。

并能在他者的生活情境中有文本之外的经验与体悟。我们的一生也许只有一道选择题：选择与怎样的人、物和空间形成最深的羁绊。巴西让我明白在东半球之外另一种生活图景之可能，看到他者的选择、痛苦和欢乐之世界。很幸运的是，我可以通过语言，去沟通、发现及理解他者的喜怒哀乐，并与这些南美洲的白人、黄种人和混血人形成深深的羁绊。更宝贵的是，我还能将这些田野经历形成文本，再现他者的世界。

走进田野，我们都是异乡者。其实每个世界相似而不同，巴西这片土地教会我平等、博爱，最重要的是对挣扎在生存或生活底线的少数派人群的理解与尊重。无论在哪一个时空，每一个人的命运都是紧密联系的。巴西田野教会我永远不要对别人的不幸和苦难无动于衷,因为个人的不幸,就是全体的不幸。就像英国诗人约翰·多恩曾写道:"没有人是一座孤岛,可以在大海里独踞。"希望巴西的未来之光芒,可以照亮世界上更多隐秘的角落,让他者的眼泪不再是神秘之地,无论是在沉静碧蓝的海底,或是密封的匣子里。

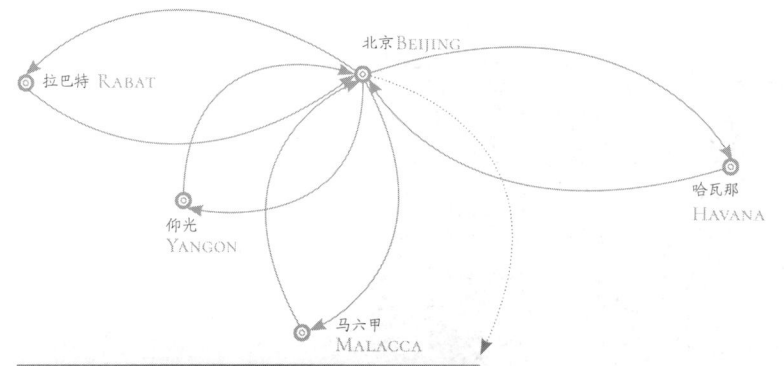

拉巴特 RABAT　北京 BEIJING　哈瓦那 HAVANA
仰光 YANGON
马六甲 MALACCA

伊朗德黑兰一女性穿过车流走向国家花园大门。　刘岚雨 摄

# 第三部分
# 历史与当下

**姚 颖**

姚颖,女,清华大学社会科学学院、国际与地区研究院政治学博士,研究对象国为缅甸。攻读博士学位期间,曾于2015—2016年访问美国约翰霍普金斯大学高等国际问题研究院;2016—2018年在缅甸仰光大学国际关系学院访问学习,并在访学期间开展了博士论文的田野调查。

"身体本身就是一座活的博物馆",而对于习惯男人穿裤子、女人穿裙子的现代社会而言,男女皆着筒裙的缅甸似乎是一个奇特的存在。姚颖从"穿裤子的人和穿筒裙的人""筒裙的多功能性及其丧失:传统与现代的碰撞""筒裙的花色与民族"三个维度逐一展开,将"筒裙"所蕴含的历史与当下的意义彰显出来。在她的笔下,"筒裙"厚重的社会生命史得以呈现。尽管现代化或西方要素不断渗透,但"筒裙"的社会文化内核一直存在。

## 筒裙的故事:
## 身体政治、社会区隔与民族
### 缅甸田野的反思

> 身体本身就是一座活的博物馆，[缅甸人的]穿着和举动都成了军方成功抵御国家不被现代化和西化[侵蚀]的象征。
>
> ——佩妮·爱德华（Penny Edwards）

大三那年（2012）的暑假，我在北京国际夏令营做志愿者，协助一个从缅甸来的国际中学团体参加北京市教委的活动。团里有个高一的男生见到我和其他志愿者穿着牛仔短裤，很真诚地问我："姐姐，你们的裤子怎么这么短呢？"我被问得一下愣住，接着陷入尴尬中，下意识低头看了眼自己的裤子，心里嘀咕着，真的不短啊，这个长度在北京大街上随处可见。直到几年后——2014年，我亲身去仰光生活了一段时间，熟悉了缅甸人普遍较为保守的衣着传统，才理解了夏令营的高中生为什么会问我那个问题。只不过，自2011年以来，仰光的城市图景也在经历着日新月异的变化。

在熙熙攘攘的仰光下城区闹市，一个白人穿着筒裙，趿拉着夹脚拖闲逛。都不用看他脏兮兮的双肩包，他的肤色早已出卖了他的游客身份。他在穿着筒裙的当地人中显得格外扎眼。在同一幅画面里，化着浓妆、穿着时髦的缅甸姑娘踏着松糕鞋，穿着短裤走在路上。如今随处可见的日常景象，在十几年前的仰光却是难以想象的画面。虽然现在仍然有很多脸上抹着黄香楝、穿着筒裙的当地人，但在大街上穿裤子、穿短裙早已经不是什么稀罕事了。

对于习惯男人穿裤子、女人穿裙子的现代社会而言，男女皆着筒裙的缅甸似乎是一个奇特的存在。筒裙何以成为缅甸的国民装束？又何以延续至今仍未改变？筒裙对缅甸的男人和女人而言是否具有相同的意义？

# 穿裤子的人和穿筒裙的人

在去缅甸之前我读过一本关于缅甸的游记《穿裤子的人》（*The Trouser People*），作者是英国记者安德鲁·马歇尔（Andrew Marshall），曾获得过普利策新闻奖。该书的封面让我印象深刻——两名穿着长筒靴的白人男性和九名肤色黝黑、穿着筒裙的赤脚男性组成的一支足球队。照片里，筒裙的穿法与现在在仰光街头见到的长裙样式不同，它们被足球队员们扎到大腿根部，再掖入腰下。书名"穿裤子的人"，是缅甸被英国殖民时期穿筒裙的缅甸人对殖民者的称呼。照片中心的白人男性是至今仍在缅甸知识分子中耳熟能详的瑞优（Shwe Yoe），原名詹姆斯·乔治·斯科特（James George Scott）。

乔治·斯科特是一位维多利亚时代的冒险家，曾经在缅甸的荒野漫游，帮助英国在缅甸建立起殖民统治。他刻画缅族人族群特性的《缅人》（*The Burman*）仍然是缅甸研究的经典之作。这张年代久远的照片让我想起人类学家马林诺夫斯基1918年在超卜连群岛上开展田野调查时与当地人的合影。黑白照片反而更加映衬了两者肤色的强烈对比。肤色和穿着是社会地位的标志，也是权力和等级的象征。

筒裙成为缅甸的国服与其民族主义运动息息相关。筒裙在19世纪初的反英殖民运动中是具有标志性的服饰，借用詹姆斯·斯科特（James C. Scott）的话说，筒裙是"弱者的武器"，是向强权发起挑战的符号。我的本科论文关注的是缅甸反英斗争中的佛教民族主义，对19世纪20年代缅甸的政治历史也颇有兴趣。彼时正是缅甸民族主义成型的时期，为了抗拒西方人带入缅甸的裤子、夹克装扮，一部分缅甸的民族主义者从印度的反英殖民运动中吸取经验，开始推崇穿本土服饰筒裙，上半身配白马褂，头戴岗邦（kaung paung）——白色的缅式礼帽。另一部分接受西方世俗主义教育的精英，则选择拥抱现代性，接受了将裤子作为日常着装。在缅甸独立后，白马褂和筒裙就成了缅甸的"国服"，是正式场合的必备装扮。有意思的是，1962年军人夺权之后，筒裙又被赋予了新的抵抗意义。在长达半个世纪的时间里，军人的制服是权力的象征，筒裙则是平民的装束。奈温将军下令要求所有平民穿筒裙，穿裤子则变成军人的特权。到了20世纪80年代，筒裙又一度成为缅甸民主运动中，抵抗暴政的平民服装。缅甸国父之女昂山素季开始利用平民的装束来号召和动员普通民众，全国民主联盟的党装就是砖红色的马褂搭配筒裙。

虽然80年代的民主运动没有成功让民选政府掌权，但却撼动了军政府的强权。缅甸经济和社会的自由化也是从90年代开始的，我们从政府对民众着装要求的改变也可以看到一些蛛丝马迹。90年代中期，军政府开始允许国营电视节目上出现人们穿着西式服饰的画面，但在1995年引入了一套新的"艺人条例"，以限制歌唱明星的着装。在穿不穿筒裙这件事上，男女不平等问题也表现得非常明显。2004年，缅甸的电影和视频审查委员会禁止缅甸女演员穿着西式的裤子和裙子，并坚持认为缅甸妇女只能穿着"传统服饰"。女性不穿筒裙，打扮得"摩登"一点，就会被认为是忤逆传统。至今都有不少缅甸人认为，男性和女性的筒裙不能放在一起洗；女性的筒裙不能晾在男性筒裙的上方，否则男性的男子气概就会被削弱。

# 筒裙的多功能性及其丧失：
# 传统与现代的碰撞

最近几年的缅甸与 80 年代刚刚对外开放的中国有着很多相似之处。作为一名外国人，我最难以接受的一点是缅甸价格的双标——本地人一个价，外国人一个价，外国人的价格一般比本地人的高出好几倍。有的廉价招待所直接拒绝接待外国人。世界七大奇迹之一的瑞德贡大金塔，本地人可以免费进，但外国游客却需要购票才能入内，票价大约 40 元人民币。但看门人并不严格查认身份证，而只凭目测决定访客是否需要买票。那么他们对游客是否是外国人的判断依据是什么？是肤色、穿着，还是语言？

我的缅语老师认为是语言，因此能不能不交门票进入大金塔几乎成了一个检验缅甸语水平的试金石。缅语老师说，穿着筒裙去一般都不会被拦。如果万一被看门人拦住询问，可以说自己是掸邦来的，这样就可以解释肤色过白，不够本地人的"尴尬"。实际上，我的多次经历证明，穿着筒裙、手里提着夹脚拖、光着脚就可以自信地踏入大金塔的大门，甚至都没有用语言交流的必要。可见门卫大多数时候是"以貌取人"，穿着是他们分辨本地人和外国人的主要依据。但有时候，也有意外情况。

有一次，我和一位穿着筒裙的朋友一起去大金塔，我们都被拦下了，因为他背着一个本地人一般不会背的双肩包。我心想完了，我俩都得买票了。让我惊讶的是，门卫小姐姐竟然默认我是自己人，用缅语问我："这人是不是日本人？"我很侥幸地忍住没笑，回了句"不是"。后来又有一次，我的两位大学室友来仰光旅游，说要去大金塔，我建议她们穿筒裙去，跟门卫试试自己的缅语水平有没有退化。于是她们借用了我另一位朋友定制的缅装套装。这两套缅装都是用昂贵的泰丝制成，布料颜色明亮而不艳丽，手感顺滑，繁复精美，均出自当地有名设计师之手。我们原本相约一起吃晚饭，她们却迟迟不归。回来之后，二人哭笑不得，说不仅没逃票成功，反而引来了一大群当地人排着队要跟她们合影——她们被当成了大明星！不得不说，她们的筒裙太具有贵族气质了，都是古代缅甸皇族贵胄才穿得上的华服。

缅甸人对筒裙的功能开发得非常充分，长期生活在缅甸才发觉筒裙有很多让人意外的使用方式。2015年的泼水节，我和几个缅甸的小伙伴在掸邦高原徒步了三日，穿越勃奥族、德努族的村落。4月初正是燥热的时期，山里的昼夜温差很大。沿途看到在路边有一个姑娘坐在砖砌的水池旁的小板凳上，她把长发扎起来，把筒裙作抹胸，裹着身子在洗澡。这一幕让我很惊讶，这样暴露身体也是能被接受的？后来才知道大多数村子里的姑娘都这样洗澡。村里的房子都是竹子、木板作为主要材料建成，四面透风，我们住的房子配的浴室就是一大缸凉水，里面除了一个舀水的小塑料勺，还漂浮着树叶、小昆虫等。浴室的竹墙形成了很多或宽或窄的缝隙，很容易看到外面。隔壁的房子没有设浴室，在水池旁边支起的竹竿上挂的筒裙就是"浴室"了，但"筒裙浴室"并不比竹墙浴室私密性更差。相比而言，在城市里，在室外穿着筒裙洗澡已经很少见了。现代人对隐私的注重愈发影响着正在经历城镇化的缅甸，浴室已经成为城市房屋的标配。而在农村，私密的浴室仍然只是收入相对较高的人才能拥有的奢侈。

我在仰光经常穿着筒裙走街串巷，除了筒裙的防晒防蚊功能之外，很大一部分原因是穿筒裙给我一种融入本地的舒适感。不被当成"他者"对待，为我在当地的生活免去了很多麻烦。穿着筒裙跟出租车司机砍价更容易，在菜市场买菜甚至可以赊账——菜贩子大姐甩甩手，说次日还也没问题。与缅甸朋友交往多了，我发现他们很喜欢把筒裙布料当作礼物送人。这一方面是因为筒裙布料可以随意剪裁，除了可以到裁缝铺做衣服，还可以做窗帘、做桌布，甚至做床单。另一方面，一块大的筒裙布料价格大约在一万缅币（约50元人民币），对收入一般的缅甸人而言，已经是比较贵重的礼物了。有一次我抱着游客的心态，穿着平时在国内穿的衣服在仰光周边游玩，结果被一大群三轮车骑手识别为游客，对我穷追不舍，问我要去哪儿，要不要坐车。我不胜其烦，在附近找到一家布料店，买了一条筒裙和一顶草帽，麻利地穿上并走出门，这才摆脱被当成待宰游客的命运。筒裙简直成了我的隐身斗篷，让我"消失"在人群里，不被当成异类。

第一次学习穿筒裙，最担心的事情就是怕裙子打的结散开。传统的女士穿法是折叠两下掖入腰的一侧，男生则是在肚脐上方打结。我在仰光坐公交车就碰到过筒裙掉落的尴尬场景。公交车的售票员同时也要跟别的类似线路的公交车抢客人，尤其是在仰光公交体系私营化之后。车停留的时间很短，售票小哥下来一边报站一边护着乘客上车，人多的时候，他会将乘客往车里推搡。有一次，司机估计晕了头，售票小哥还没上车就开动了，小哥挂在门上赶忙上车，他的筒裙被门夹了一下，眼看着就要掉下来，我吓了一跳，他倒好，咧开嘴笑得可开心了，露出一口被槟榔汁染得血红的牙齿，重新系了下筒裙又继续工作。

在缅甸的公立学校，老师有统一的筒裙制服：大学老师穿蓝色

图 3-1 2016 年 9 月 16 日，于仰光大学缅文系。

筒裙，中学老师穿绿色筒裙。2016 年至 2018 年期间，我在仰光大学（简称"仰大"）访问。仰大的老师告诉我，不同职称的大学老师筒裙上的绣花不同。行政职位高的老师又有另一套关于筒裙的颜色花纹体系。同样，在校大学生上课期间必须穿筒裙，但没有颜色上的具体要求。我在仰大认识的几个男学生在校外都不爱穿筒裙，认为学校对着装的要求是对他们自由的束缚。在这个情境下，在校园里穿裤装又变成了一种反叛。

穿筒裙可以打开很多门，但也可能关上一些门。某日，一位热爱缅甸文化的非缅甸友人 P 来到一家本地人开的酒吧，却因为他身着筒裙被门卫拦在门外。在美国，酒吧或者夜店门口的保安都是为了查身份证的，因为美国法律规定 21 岁以下不得入内。但这家 2016 年才开张的酒吧显然是为了彰显其"国际化"的特征，聘请的保安是一个肤色很深的尼日利亚人。他倒是很善意地说:"我可以借给你一条裤子,你换上就能进去了,等你出来再还我。"P则坚决要维护缅甸国民服装的尊严,跟这位保安反复理论。但无论他怎么巧舌如簧,保安坚决不让穿着筒裙的人进入。在社交媒体上,针对这家酒吧的评论并不好,很多顾客愤愤不平地留言说保安很粗鲁。更糟糕的是,这位保安还曾因暴打顾客至其送医而上了当地新闻。

过去十年里,缅甸国门大开,不少年轻人都迫切地希望自己的国家能摆脱贫困落后的标签,尽快融入国际社会。他们拥抱新世界的新鲜空气,不假思索地抛弃带有传统印记的物件。当然,也有人对此进行反思,站出来维护传统。比如,我的一位缅甸男性朋友曾坦言不喜欢缅甸女生买进口化妆品,认为黄香楝抹在脸上就很美。但男生自己却不愿意抹黄香楝,说白白香香的在脸上很像"阿翘"(缅语,形容生物性别为男性但心理认同为女性的人)。在某种意义上,女性似乎总被缅甸社会认为是应该继承、维护传统的一方,一旦偏离了传统就会受到批评,遭人非议。

## 筒裙的花色与民族

筒裙,缅甸语发音为"隆基"(longyi),实际上是来自印度次大陆的一种服装,与传统的男式缅装"勃梭"(paso)和女装"塔美"(thamein)有细微的区别。经缅甸朋友介绍,我在仰光认识了一位手艺精湛、收费合理的裁缝姐姐玛素。我买了好几块布料,找她给我做塔美。"塔美"与"隆基"在长度上无差别,只是塔美在一侧开了一道比较长的口,可以选择开在左侧或右侧;而隆基一般是全封闭式。我叮嘱她，尽量裁短一点，太长了拖地，走路不方便，雨季还容易弄脏。她对我的要求一般都照单全收，唯独这点她不同意，坚持说短了不好看。她跟我解释说，要干粗活的人才穿短塔美，有钱人家的姑娘都是长裙拖地的。裙子的长度俨然成了身份地位的度量。因为玛素灵圴的双手，我体验了一把缅式"高级定制"，之后就上瘾了一般经常在雷丹（Hledan）逛布料店，购买不同花色的布料。卖家教我怎样辨别花色，在传统布料的类别中，不同的花色可以对应不同的民族。传统布料一般都是手工制作，虽然刺绣很容易褪色，但却比工业制作的要贵。工业制作的布料大多数是普通的印花，或者是一些流行的卡通人物，价格却非常吸引人。

慢慢地，收集不同民族的布料成了我在缅甸旅行的目的之一，每到一个新地方，我都要逛遍当地的布料市场，收集当地的特色布料。克钦族布料的花色识别度很高，常用分散的菱形图案，底色变化多，可以有很多不同的组合。钦族的布料色彩对比强烈，常用几何纹，搭配以红绿黑三色的条纹，或者与红白菱纹交错。钦族布料所使用的元素较为丰富，组合变化也非常多。孟族的布料我买得少，最常见的是男女都通用的红白小方格。若开的布料喜用深色打底，浅色箭形交叠成条状，条状整齐排列在深色底料上。缅族的花色则是用层层波纹为基础，与别的花纹组合。掸族和克伦族有时分不太清，常见花纹是横着的彩色细条纹。实际上，某个特定民族的人并非只穿自己本族特色的花色。我认识的大部分女性朋友都是以美观作为选择布料的标准，缅族、钦族和克钦族的花色十分受欢迎。有的花纹设计吸收了不同民族的特色，连卖家都很难说出是哪个民族的花色。

因此，即便我穿着筒裙，还是经常会被很多人问："你是什么

图 3-2 2017 年 1 月 27 日，若开妙乌镇的一个若开筒裙布料专卖店。

族（လူမျိုး，lumyo）的？""lumyo"直译为"人种"，但"人种"的划分不一定以生物特征为依据，可能是以文化、宗教、语言等元素作为人群划分的依据。在缅甸官方颁布的字典里，"lumyo"的解释是"同一个族群生育的、习俗相同的人群"，这是一个基于族群关系同时受到文化限制的解释。在不同情境下，"lumyo"会被翻译成英文"race"（种族），"nation"（民族）或"nationality"（国籍），因此，这个词可以对应中文语境的"种族"，有时也可以对应"民族"。

军政府时代，缅甸移民与劳工局办公室挂着一句看上去很可怕的标语——မြေမျိုရ် လူမျိုးမပျက်၊ လူမျိုရ် လူမျိုးပျက်မည်，有人翻译成"土地吞不了一个民族，只有人才能吞掉一个民族"。即便是到了民选的民盟政府时期，这些标语也没有被全部撤下。缅族对其作为主体民族身份的丧失都有着深深的焦虑。这种身份认同不是像法国那样建立在人们对某种政治价值观（如共和）的认同基础上，而是建立在生物特征，或语言或宗教归属等共同属性上。这里的"民族"用的就是缅语"lumyo"一词。它可以指民族，也可以指种族或别的国籍的人。欧若尔·堪迪尔（Aurore Candier）的研究认为，欧洲的"民族"（nation）概念是19世纪才随着英缅战争的国际条约签订而进入缅甸的。英国人带入殖民管理体系，人口普查的同时带入了民族分类的做法，并与缅甸语原有的、区分社会等级的"lumyo"分类概念进行对应。后随着掸邦、克伦、克钦等新的民族被识别和确定，"lumyo"这一概念的内涵又被进一步扩充。

缅甸1982年的公民法实际上还是延续着殖民前的缅甸王朝等级划分，把公民分为三等，即公民、准公民和客籍公民。1982年的公民法规定，克钦、克耶、克伦、钦、孟、巴马、若开、掸等民族与支系是缅甸原住民。流传甚广的"缅甸拥有135个民族"的说法实际上找不到法理依据。在英殖民政府于1930年完成的最后一次人口调查中，缅甸民族（即"lumyo"）还只有十几个，包括华裔和印度裔。所谓"缅甸拥有135个民族"，是缅甸军政府领导人梭貌将军在1991年口头提过的说法，但并没有官方的法律文件列出这135个民族。2014年缅甸在联合国的协助下进行了人口普查，但至今都未公布任何有关民族的调查结果。

虽然135个民族的来由并不明确，但并不妨碍国家将筒裙的图案、颜色等特征作为区分民族的标识。我特意去了缅甸的国家博物馆，看到了国家"指定"的民族花色和服装样式。原本是基于各民族特色而形成的花纹，先是被博物馆以国家的名义固化，又在议会召开时、在民族地方武装的停火协议签署或21世纪彬龙会议上，成为某个民族的象征。议会、彬龙会议都成了民族服装展演的秀场。

图 3-3 2016 年 11 月 4 日，缅甸国家博物馆。

无论议会议员是否真正代表少数民族权利，无论和谈会议上地方武装头领是否带着人民对和平的渴望而来，穿着民族服装拍照都是必不可少的环节。

在议会穿民族服装是去殖民主义的做法，通过政治人物的身体来展演缅甸"本土"的特色，同时表达政客的政治倾向。缅甸的联邦议会有着装要求，但没有细则，只是要求议员穿上与其社会地位相称又能体现本民族传统的服饰。中式或印度式风格的衣服是绝没有人穿的。特定政党有其党服，议员可以通过筒裙来表达其政治立场和政党归属。议员个人选择何种筒裙着装，有时可以体现出其对政党的归属感更强还是对所在族群归属感更强，有时也可以用来强调某一种特定的身份。

第三部分 历史与当下

# 尾　声

在缅甸生活的两年，我亲身经历或听说的关于筒裙的故事不胜枚举。在如火如荼的反殖民主义运动时期，在热血偾张的民主运动时期，"筒裙"成为了革命者的"铠甲"，象征着他们与"穿裤子的人"之间的对抗。从反殖民主义运动爆发到现在已经过了一个世纪，当下的筒裙与裤装的隐喻已不再呈现强烈的对立关系，但筒裙所象征的传统意涵依然存在着。比如，缅甸女性往往会被期待穿着筒裙，因为她们更常被视为传统的遵守者和践行者。

现如今，缅甸重新对外开放，全球化的浪潮涌入国门，冲击着、改变着普通人的衣着。工业化生产的廉价布料逐步取代传统手工作坊的生产，成为低收入者普遍使用的制衣材料，而筒裙也不再是"本地人"专属的标识性特征。尽管如此，筒裙仍然是本地人区分他者的重要特征之一，在某些情况下也是社会区隔的筛选器。以衣着区分社会等级的思维源自缅甸古代王朝的世界观，至今仍然在人们的脑袋里根深蒂固。不过，以筒裙花色区分族群属性却并不具有日常可操作性。只有在正式的政治场合，筒裙才被作为展演民族传统的方式，在一次次的议会或民族和解会谈中，民族身份通过筒裙的展演进一步政治化。

有趣的是，如今大众已经不那么关心精英展演身份时所划定的族群界线，在市场化的影响下，消费者购买何种花色的筒裙并不是由其自身民族属性决定，更多的是受流行趋势、价格等因素影响。"现代"或西方式的服饰不再被视为邪恶、不可容忍的存在，这意味着社会包容性在不断地增强。与此同时，筒裙作为传统服装的形式并没有被取代，只是生产方式和承载的文化内涵在发生着变化。

离开仰光之际，我收到了仰大学生送给我的一套筒裙成品，看不出民族属性的花色，尺寸刚刚好。

# 傅聪聪

傅聪聪，男，清华大学社会科学学院、国际与地区研究院政治学博士，主要从事东南亚研究、马来西亚研究，马来西亚田野时间分别为：2015年9月—2016年6月，2017年9月—2018年2月，2018年10月—2019年3月，2019年8月。

傅聪聪阐述了马来式清真寺作为当地重要的宗教场所所具有的地域特色和建筑风格，由此引出了清真寺作为至高权力的、象征性的符号意涵。通篇娓娓道来、引人深思，可以使人认识到"伊斯兰教在东南亚的传播和发展是一个动态的过程，不仅体现在宗教观念的形成，同时也在宗教建筑风格中得到了直接的印证"。这也是他每次前往马来西亚调研一定会"拜访"清真寺的原因所在。

# 符号变迁：
# 马六甲须弥顶清真寺的田野思考

每次前往马来西亚调研采风，无论是去繁华喧嚣的大都市还是寂静宁谧的小乡村，我一定会"拜访"清真寺。伊斯兰教徒把他们最高的创造力和全部的财力物力都贡献给了清真寺。一方面，清真寺既是穆斯林主要的宗教活动场所，又是政治生活与社会文化活动的中心，具有多种社会职能。穆斯林可以在此布道说教、传播教义和文化知识，又能举办有关的宗教仪式，商讨宗教、政治、经济、军事和社会方面的问题。另一方面，作为伊斯兰建筑艺术中最为典型的代表，清真寺标志性的外观反映了宗教的哲学核心。透过清真寺，我既可赏鉴宗教文化艺术，了解当地社区的历史沿革和现状，体察民情，还能增进与马来族师友的关系。

清真寺是中国穆斯林对礼拜之地的称呼，马来语为"麦斯吉德"（Masjid），源自阿拉伯文。据我了解，伊斯兰教创立初期，并无专门的礼拜场所。先知穆罕默德迁徙麦地那后的礼拜场所实际就是他房屋前的庭院。由于来听先知讲经宣教、加入伊斯兰教的人越来越多，穆罕默德带领信徒民众将棚屋扩展，以椰枣树干为柱，用树枝和泥巴做成大棚，将露天大院遮盖起来，并用土坯砌成围墙，建成了世界上第一座清真寺。而后随着伊斯兰教的发展和传播，人们常见的清真寺形制多为形形色色圆顶或洋葱头顶建筑配上高高耸立的尖塔，例如世界闻名的麦加清真寺、耶路撒冷圆顶清真寺、扎耶德清真寺或巴德夏希清真寺。

但对北京人而言，提及清真寺，我脑中首先浮现的是宣武区牛街那座始建于辽代的古老建筑，其醒目瑰丽的牌坊、影壁和"明三暗五"的礼拜殿，令人印象深刻。这种四合院式或宫殿式建筑的清真寺在京城比比皆是，例如东四南大街的东四清真寺或是朝阳门北大街豆瓣胡同南豆芽清真寺。

当我踏上马来西亚这块热土，如游客般在国际大都市吉隆坡等地寻访寺影时，我发现不同于中国北方的官寺，城里俯拾皆是的大小寺宇与西亚或印度的建筑风格相仿，多为尖塔圆顶。例如位于独立广场之侧的游客"打卡胜地"——佳美清真寺（Masjid Jamek，意为"清真大寺"），或是行政首都布特拉再也那座与总理府毗邻、美轮美奂的粉色建筑——布特拉清真寺（Masjid Putra，意为"太子清真寺"）。然而，当我深入马来小城古镇、乡间陌野、田边村落时，呈现在眼前的传统寺宇却是另一番景象。

初次见到本土传统的清真寺是在马来西亚历史名城马六甲。马六甲在我国《明史·外国六》中被记载为"满剌加"，是古代东南亚的海上贸易中心，与中国明朝关系紧密。《明史》《明实录》记载，永乐三年（1405）九月，其王拜里迷苏剌曾遣使随内官尹庆入朝贡方物，随后被册封为满剌加国王。永乐九年（1411），他又率妻子陪臣五百四十余人来到南京朝见朱棣。郑和七下西洋均途径满剌加，并扫除了马六甲海峡的海盗问题。马六甲市面积不大，市内旅游景点多靠近市区南部的古城，而行政、商业楼宇则沿着曲折的马六甲河一路向北而建。一般来说，我会从吉隆坡坐出租车到南湖镇长途车站，以 12 马币（约合 20 元人民币）的价格坐长途汽车到马六甲中央长途车站，再换乘当地通勤公交前往古城调研。但一次机缘巧合，一起下乡的同伴突然发热，担心是因蚊虫叮咬感染了登革热，我便陪同他到马六甲中央医院检查。第二日，我被医院旁边传来的晨礼呼拜声所吸引，侧目而看，映入眼帘的是一座绿色的马来式建筑——寺宇形制宏伟，碧绿的屋顶累叠三重，屋檐尽头装饰有白色的花朵，一座白色的宣礼塔耸立在旁，寺顶和塔顶均有金色拱顶，庭院呈正方形，寺周为白色外墙包围。

第三部分　历史与当下

图 3-4 马六甲州立清真寺——阿兹姆清真寺。

若非熟悉的宣礼吟唱之声，我竟误以为这是仿建的古代宫殿，或是本地政府行政大楼。后来我才得知这座建筑是马六甲州立清真寺——阿兹姆清真寺（Masjid Al-Azim），因其位于古城以北3公里，所以平时进城并不会经过。我从未在吉隆坡市内见到过这种建筑形制的清真寺，其与马六甲古代王宫、马来西亚高校里传统马来建筑风格教学楼、一些政府大楼倒有几分相似之处，但似乎又杂糅了中国和阿拉伯的元素。一直以为马来西亚深受印度和阿拉伯世界伊斯兰文化影响，看到这座寺宇我不禁揣度，这或许是本地人独创的清真寺建筑风格？这种风格应该是受到了不同外来文化的影响，但是否也表达了同样的宗教哲学呢？

之后我曾多次进入马六甲古城老街，深入小镇乡村探访这一形制的清真寺，逐渐发现这种建有宝塔般寺顶、配以鲜艳颜色并混杂了各种文化元素的清真寺，确实是马来人传统、本土特色的建筑风格。譬如，从马六甲古城的地标建筑"荷兰红屋"（Stadthuys）向北，经陈金生桥（Jambatan Tan Kim Seng）跨越马六甲河，进入著名的世界文化遗产"鸡场街"（Jonker Walk，名字源自闽南语"街场街"，形容极其繁忙的街道）老街城区。穿过马中友好牌坊，在喧闹的华人商铺中沿杭杰巴路（Jalan Hang Jebat）一路直行，在杭勒丘路（Jalan Hang Lekiu）右转，便看到有着270多年历史的古寺——甘榜吉宁清真寺（Masjid Kampung Keling）。

　　这座始建于1784年并几经翻修的清真寺并不大，白色的围墙内由主礼拜殿、屋顶、敏拜尔（讲坛）、门廊、门窗、宣礼塔（邦克楼）、沐浴室和梁柱构成寺院主要建筑。主殿上三层绿色寺顶的最顶端有一白色王冠。主殿一侧建有类似佛塔一般的白色宣礼塔，塔顶上是一白色莲座，上载一顶小王冠。寺顶建筑和塔顶建筑均有伸出的飞檐，飞檐尽头似是飞鸟又像祥云。寺内建有阿拉伯风情的灯柱与沐浴室，科林斯式（Corinthian）楹柱，但地砖却是葡萄牙或英伦风格。当地人称，18世纪荷兰殖民时期，由于印度侨生族

图3-5　马六甲甘榜乌鲁清真寺。

图 3-6　马六甲马日丹那区丹戎毕达拉清真寺。

群吉宁人（Orang Keling，Keling 词源为 Kalinga）与马来人关系恶化，无法共用一个礼拜寺，为避免争端，他们在契·玛·克楚（Che Mat Hj. Kecut）的率领下筹建了新寺。而马来人则依旧在距该寺不到 500 米的甘榜乌鲁清真寺（Masjid Kampung Hulu）做礼拜。

我通过谷歌地图，顺着杭勒丘路向东北方向前进，进入甘榜乌鲁 5 号大道（Jalan Kampung Hulu/5），随后向北，继续寻访这座比甘榜吉宁寺还要古老、建于 1728 年的古寺。位于马六甲河畔的甘榜乌鲁清真寺是一座砖红色的宝塔式建筑，寺顶也是三层累叠，宝塔尖和甘榜吉宁寺一样并非小拱顶，而是一顶王冠。寺内邦克楼、涤虑处一应俱全，主殿四根楹柱支撑着多层顶。据记载，甘榜乌鲁清真寺是由荷兰人任命的马来族甲必丹舍姆苏丁·哈伦主持修建，而他具有华人血统。听闻寺顶的王冠、屋顶飞檐和寺内的地砖均来自中国。整个清真寺建筑群与古城融为一体，感觉不到丝毫阿拉伯伊斯兰风格的影响。

还有一次，受我的师长好友、前任马来西亚政府马来研究高级访问学者泰益（Mohd Taib Dora）教授的邀请，我与他一同前往他任教大学所在的马六甲马日丹那县（Masjid Tanah）下辖的丹戎毕达拉村（Kampung Tanjung Bidara）进行田野调查。这个平凡而朴素的马来乡村充满着浓厚的伊斯兰宗教文化，所见马来语门牌路牌皆用拉丁文和爪威（Jawi）文两种文字书写。不过，在村里集会的小礼堂旁边，我又遇见了熟悉的马来建筑形制的清真寺——丹戎毕达拉清真寺（Masjid Tanjung Bidara）。这座村落寺院十分简陋，就是一大间方形的平房分割成不同区域，作为礼拜、大小净和讲经的场所。尽管如此，其寺顶建筑风格却十分醒目，三层宝塔层叠而起的寺顶砌有砖红色瓦片，寺顶上金色的塔尖也是呈王冠形状，飞檐上还立有形似植物的装饰点缀。小小的村落寺院和其朴实的马来风格，相比马六甲最为著名、矗立海上的海峡清真寺（Masjid Selat）那明显的中东风格，或是当地新建模仿中式宫殿建筑的失败之作马六甲华人清真寺（Masjid Cina Negeri Melaka），竟让我感

图 3-7 马六甲华人清真寺。

觉格外亲切。

经过和当地人交流我了解到，殖民者到来之前的马来本土传统清真寺以这种多层堆叠的屋顶形制为标志，侧面呈三角形的屋顶逐层累叠，通常有三层或五层，下面的屋顶较大，上层屋顶逐渐变小，最终形成一个类似金字塔的外观，而最顶层上面的屋尖上还会有一个顶冠。这一寺顶建筑形式被称作"须弥山式"，也有人称作"金字塔形"。马来学者阿卜杜尔·哈利姆（Abdul Halim Nasir）在对马来群岛上百座清真寺实地调查和资料采集基础上，将具有这种建筑艺术形式的清真寺统归为"马来－努桑塔拉式"（Melayu-Nusantara）清真寺。他发现，爪哇岛的淡目清真寺（Masjid Demak，修建于1479年）是马来群岛最古老的"马来－努桑塔拉式"清真寺之一，随着15—16世纪伊斯兰教在马来群岛的扩张，这一建筑风格也随着宗教传播到如马六甲、文莱、菲律宾、北大年、苏门答腊等地。多层顶式的建筑风格十分适应本地环境，尤其是炎热

图3-8 马六甲海峡清真寺。

多雨的气候，同时，这种形制的清真寺以木材为原料，在马来群岛也便捷易得。

建筑学家大多认同，清真寺作为一种建筑形式，从伊斯兰教创立开始，已经经历了许多变革和地域变化。本土建筑师既立足于伊斯兰宗教哲学，又寻求地方传统的延续性，以调和的方式运用地域性建筑语言，使传统得以延伸，并增强自我意识。这一点在马来传统的须弥顶清真寺得到充分的反映。然而，我透过清真寺的须弥顶和王冠，看到的是文化符号在田野间跳动，是社会秩序通过文化符号的讯息传递。正如克利福德·格尔兹所指出的："文化是一种通过符号在历史上代代相传的意义模式，它将传承的观念表现于象征形式之中。通过文化的符号体系，人与人得以相互沟通、绵延传续，并发展出对人生的知识及对生命的态度。"宗教是一个"文化体系""宗教是符号的表述""符号所承载的是'意义'"，因此，"宗教是一个象征体系，其建立方式是系统阐述关于一般存在秩序的观念"。那么，宗教建筑就是这些观念的"实在性外衣"。而这层外衣所富有的元素，则承载和反映了宗教的社会与文化意涵。

那么，"马来-努桑塔拉式"清真寺建筑系统所呈现的符号变迁究竟表达了怎样的社会秩序与文化内涵？在我看来，马来-努桑塔拉地区（即马来群岛）的早期清真寺建筑，透过寺顶建筑形制，实现了宗教世界观以及王权在符号表达层面的信息传递以及内容层面的吸收内化。伊斯兰教自13世纪开始传入马来-努桑塔拉地区，当地早期的清真寺并没有采用圆顶结构，更为流行的是须弥山式的结构，即多重塔式寺顶和金字塔式寺顶。例如，淡目清真寺和赤勒本清真寺（Masjid Cirebon，修建于1500年）采用的是三重顶式的寺顶结构，而万丹清真寺（Masjid Banten，修建于1556年）的寺顶是金字塔式的结构，拥有七层屋顶。这种多层寺顶结构其实体现着马来群岛居民在建筑过程中对不同的外来宗教文化融合与内化。

首先，须弥山式的寺顶结构反映了当地人在宇宙观上对外来文化的吸收和借鉴。伊斯兰教传入前，马来－努桑塔拉地区深受印度文化的影响，由此他们吸收了印度的宇宙观，认为世界分为三界，即天空、大地和海洋，三重顶实际上象征着世界的三界。后传入的伊斯兰教认为，宇宙是由七重天和七层地组成的，于是七层屋顶式的寺顶建筑反映了伊斯兰教的宇宙观。

其次，在这一层次的系统之上，须弥山式的寺顶建筑是马来人起源神话的呈现。根据莱佛士手稿第十八号版本（Raffles Malay 18）的《马来纪年》（*Sulalat al-Salatin*）中第二至三章所撰，来自印度、"半神半人"的苏兰王（Raja Syulan）后代朱兰王（Raja Culan）乘玻璃箱入海并迎娶了迪卡（Dika）大地的玛赫塔卜·巴赫丽公主（Tuan Puteri Mathab al-Bahri）为妻，并育下三位王子。三位王子长大后华服王冠，乘坐白象（一说白牛）自海中出发，从须弥山（Seguntang Mahameru）降临人间。三兄弟驾临的霞光使得黑夜变成白昼，而须弥山漫山的稻穗变成黄金，叶子变成银叶，稻杆变为黄铜。当地村妇的白牛口吐浪花，冒出一男子向三兄弟中在须弥山称王的三王子顶礼膜拜，奉他为王。根据《马来纪年》随后的记载，三王子便是马来人的祖先，而马六甲王朝的建立者也是这位王子的后代。由此可见，须弥山式的寺顶建筑形制是本地人对于自身起源的符号暗示，也是对祖先崇拜的传承。

最后，须弥顶清真寺还体现了马来－努桑塔拉世界的王权观念。这是因为在《马来纪年》的记述中，须弥山的当地领主德芒·勒巴尔·达温（Demang Lebar Daun）与三王子定下了"君权"不可侵犯、臣属不可忤逆君权，但君主要善待子民的社会契约。谁若违背誓言，真主将使他的房子颠倒过来，屋顶在下，高脚在上。通过这一神话，马来人形成了对于君权神圣不可侵犯的集体认同。一方面，在古代马来世界，君主（raja）或苏丹是最高的统治者，他所统治的国家的社会阶层，就如金字塔层叠一般，由上而下依次为君主、贵族、宗教长老、商人、贫民、奴隶，多重顶或金字塔顶建筑形制象征着社会等级制度和王权的至高无上；另一方面，君主作为具有神性和超凡力量的个体存在，他的个人运势决定国家运势，任何违抗国王的命令、不承认其主权的行为都被认为是"忤逆"，这种行为被认为会破坏伊斯兰国家的统治，并且打破世界秩序的平衡，从而带来十分严重的后果。这就像是须弥顶建筑形制一旦颠倒，必将崩塌。王权通过须弥顶式宗教建筑的符号表达维护并强化了其神圣性与合法性。

当然，随着伊斯兰教不同教派的传播，对于多层顶式的清真寺建筑也出现了新的符号解读。因为古代的清真寺寺顶是由四个楹柱所支撑，而四楹柱代表了支撑伊斯兰教的"四贤者"（empat orang wali）。由此，印尼的哲学家哈姆卡（Hamka）从苏菲主义（tasawwuf）的角度对须弥顶建筑形制进行了全新的阐释。伊斯兰教苏菲派神秘主义修炼中关于认识和接近真主安拉需要三个阶段或三个等级，称为"三乘"或"三道"。（"乘"是佛教概念，梵文"衍那"的意译，三乘指声闻、缘觉、菩萨，谓引导众生达到解脱的三种方法、途径或教义。）哈姆卡认为，多层顶中的最下面一层代表着"三乘"中的"礼乘"（shari'a），指一般穆斯林通过教法规定的"念礼斋课朝"等功课以认识和接近安拉；向上第二层顶代表"道乘"（ṭarīqat），指通过清廉保养念等功修，弃绝尘世，严守戒律，克服七种障碍，

第三部分　历史与当下

图 3-9 马来西亚乡间小礼拜堂。

昼夜坚持，去认识并接近安拉；而第三层代表"真乘"（ḥaqīqat），指通过明心尽性等修炼步骤，达到"浑然无我，心不纳物，唯独一主"的状态。（达"教乘"者可以涉世，达"道乘"者仅能忘世，达"真乘"者才能出世，是为贤人。）最后，寺顶尖上的王冠代表着苏菲派中的"超乘"（Ma'rifat，一译"神智"），指三乘之上的最高层次之乘，即天人浑化，名迹泯灭的境界。这一解读重新定义了原有符号所表达的意涵，将本土化的形制与苏菲主义的概念结合，使其更容易为本地穆斯林尤其是追随苏菲主义的信徒所接受，进而推动伊斯兰教的本土化。

尽管在马来世界的大城市，标志性的大清真寺如雪兰莪州的萨拉赫丁·阿卜杜勒·阿齐兹沙苏丹清真寺（Masjid Sultan Salahuddin Abdul Aziz）、斯里巴加湾市的苏丹奥马尔·阿里·赛义夫丁清真寺（Mlasjid Sultan Omar Ali Ssifuddin）依然是继承了阿拉伯伊斯兰的文化符号，甚至还衍生出马来西亚国家清真寺这样独特的雨伞形制，但是马来乡村依然保存着原有多层顶或须弥顶式建

图3-10 雪兰莪州萨拉赫丁·阿卜杜勒·阿齐兹苏丹清真寺。

筑符号。可见，伊斯兰教在东南亚的传播和发展是一个动态的过程，不仅体现在宗教观念的形成，同时也在宗教建筑风格中得到了直接的印证。尤其是作为伊斯兰教象征的清真寺，更是穆斯林聚居的社会环境与自然环境的综合反映，经过上百年与本土文化的交汇、渗透、融合或重组，无论是在符号表达层面还是内涵，清真寺建筑都不是一成不变，而马来－努桑塔拉式的须弥顶清真寺更是反映了本地区穆斯林对于传统与现代、宗教与社会的认知与理解。

第三部分　历史与当下

# 王令齐

王令齐，男，现为清华大学国际与地区研究院人类学专业博士生。其研究从缅甸南亚裔移民群体的公共空间重建入手，讨论缅甸当下少数群体的集体记忆、身份焦虑等议题。此外其研究兴趣亦涉及英殖民时期缅甸城市建设、海贸网络等。曾于 2014 年 11 月至 2015 年 9 月间赴仰光外国语大学交换，之后于 2019 年在缅甸、印度等地进行田野调查。

在仰光，王令齐以街头饮茶的体验为原点，竟可以发散联系到缅甸殖民历史、社会阶层、社会关系、城市化、田野方法等诸多问题。文章内容丰润，正如茶香浓郁，读完余韵悠长，如同让人身临其境坐在仰光街角茶铺的一张板凳上，感受脚下缅甸历史和现实的交汇。

# 饮茶：一种仰光体验

## 最初的观感

　　第一次"正式"的茶铺体验，落在初抵仰光的几个月后。那是2015年，许多细节我记不清了；但每每回想，当时的慌乱与失措却总会猝然涌现。在缅甸朋友T的带领下，我们从仰光大学附近的公交站出发，沿主干道前行不远，便拐入一条窄街。街上能看到并排开着的几家书店。没顾上瞥一眼各家门口分别陈列的新书，T带我们往反方向一拐，就进入了茶铺S。如果不是后来频繁前往，我很可能已经记不清它的门面与布局：在一排店面中间，花体字招牌宣示着它的位置；入口是一个狭长的雨棚，两侧摆放着白色桌面的矮脚桌凳。T带我们穿过入口通道往里走，用不了几步路的工夫，内里的嘈杂与丰沛便让我大开眼界：两三百平米见方的用餐区当中，人们围坐在一张张约莫一米高的方桌前；方桌之外的空间则被不断发生的动线填满，客人或是串桌聊天，或在其间寻找着空位，服务生则穿行其间回应着客人的需求……

　　T一直忙着和他的朋友打招呼、寒暄，而我则陷入了失焦。对于我一个在仰光生活不久的外国人而言，这里的一切似乎都那么新奇，不论是交织的复杂气味、交响的种种人声、多样的食物，还是眼前所见的丰沛场景本身……想要一探究竟的事物实在太多。要将这一切安放在眼前的一方空间内，自然有一套逻辑，但这一切于我都是陌生的。我只好听任我的好奇心与感官将我带入失焦状态，暂时放下妄想，不去试图理解眼前汇集着、纠缠着的乱流。

坐定后开始点单。来到了茶铺（l-phet-yei hsain）[1]的我自然准备喝茶（l-phet-yei），于是同服务生要一杯茶，却没料想服务生问："要什么口味的奶茶？"奶茶还可以有很多不同的口味？我很确定自己当天点了一杯"一般"（yo:-yo:/pon-hman）的茶（不同于英文的"plain"或中文的"原味"，这里强调的是一种普通、平均的含义，故拟译为"一般"），因为这是在服务生报出的一连串选项中，一番挣扎后的我唯一能听懂的一个。需要说明的是，尽管缅语中"l-phet"一词可指称茶树及其叶子的制成品，但在末尾加上"汤水"（yei）一词便特指奶茶。不加炼乳和淡奶的清茶在缅甸也随处可见，但在缅语中其被称作"yei-nwei:-gyan:"，字面意指初始的、未经加工的热水。T在一旁笑着目睹了我窘迫的点单过程。待服务生走后，T开始为我介绍其中的门道。茶铺里的奶茶一般由茶水、炼乳与淡奶调制而成；店家从前一晚开始煮茶，待翌日营业时，一壶极浓郁的茶水就备好了。顾客点单后，奶茶师傅（a-phyaw-hs-ya）将炼乳和淡奶倒入杯中，再冲入茶水；根据炼乳和淡奶用量的不同，店家会将奶茶分为从几种到十几种不同的口味。甜醇（khyo-hsein'）、淡醇（paw'-hsein'）、轻醇（kya'-hsein'）、轻淡（paw'-kya'）以及"一般"是其中常见的几种，不同店家，甚至不同奶茶师傅出品的口味相差很大。有的店家也会视情况加入一些水或砂糖。

"那你一般喝什么口味？"

"我？我血糖高，一般不喝奶茶。不过以前会喝轻醇的。"T回答。

他告诉我们，过去服务生会通过顾客的选择大致判断来客的经

---

[1] 本文中所有涉及缅语词汇依北大东语系编《缅汉词典》所用系统转写。

济状况和社会地位,轻醇这种口味往往和知识分子联系在一起,而能够廉价、快速地补充能量的甜醇往往是体力劳动者的选择。基于这种判断,服务生有时还会向经济状况较好的顾客推荐"特别款"(she,系缅语借用英语中"special"一词后缩略而成)奶茶,这种奶茶用进口炼乳调制,是身份的一种象征。特别款奶茶会装在不一样的杯子里,邻桌的顾客一看便会知晓。

## 管窥过去

我有些惊讶,仅仅是点一杯奶茶,背后居然有这么大的学问。T 的讲解将我的注意力带到了刚端到面前的奶茶上。在国内时,周遭常见的是添加植脂末、乳粉或鲜牛乳的手摇奶茶,以及用砖茶煮制、添加奶品的咸奶茶,它们的风味与我面前的这杯奶茶都有很大的差别。那是什么造就了缅甸奶茶今天的样貌?一般认为,饮用奶茶的习惯来自英国殖民者,但又应该如何解释缅甸奶茶与英式茶饮,或是港式奶茶的差异?这些问题在当天没能得到解答。在之后的阅读中我才了解到,在英国人建立统治之前,今天被称为"缅甸"的土地上鲜有人饮用牛奶;当英国的商人与官僚开始大量进驻缅甸时,他们发现要饮用牛奶,多数时候仅能向游走于不同村镇的南亚裔奶农(dudhwallah)求购。但这些奶农饲养的奶牛产奶有限,也无法保证品质,英国人便试图在缅甸开办农场养牛产奶。然而缅甸的气候与疫病对外来的牛种极不友好,本地饲养的又多为役牛,产出的奶始终无法让英国人满意;几经波折,殖民者也没能找到一个办法,只得用炼乳和淡奶满足一部分对乳制品的需求。乔纳森·沙哈(Jonathan Saha)在其《输往曼德勒的奶》("Milk to

Mandalay"）一文中对这一过程做出了精彩的分析与论述：今天的缅甸奶茶可谓这次失败的、"殖民动物"（colonizing animals）尝试的遗产。殖民统治也带来了"教化""现代"之类的话语与观念，在殖民者的强势地位面前，人们开始相信殖民者的"教化""现代"，进而开始模仿殖民者的举止。从较高的阶层开始，越来越多的缅甸人开始像英国人一样喝茶，鲜乳的生产远远无法满足日益增长的需求，添加炼乳、淡奶的茶便普及开来。除去大量进口，沙哈推测，曼德勒附近的一些小作坊很可能也开始转向生产炼乳；他们原本致力提炼印度酥油（ghee，确切用途暂不可考，或用于宫廷祭祀），但到20世纪40年代初，曼德勒的市场上罕见酥油的踪影，却出现了一些土产炼乳，足见人们对乳制品的需求已然不同以往；而这一转变也为缅甸近代以来的转型与个中挣扎提供了一个注脚。同样来自这一尝试、在当今缅甸不难观察到的另一遗产则是进入缅甸度量衡系统的"炼乳罐"（no'-hsi-bu:）：由于大量进口炼乳，容积为11.25盎司的炼乳罐不久便在缅甸随处可见；作为一种易得的计量工具，人们借助炼乳罐衡量商品容积，11.25盎司（大小的炼乳罐）也逐渐成为了一个标准的计量单位。

  若再细究，当前仰光市面上的奶与茶分别来自何处？既然殖民者未能遂愿，又是何人在何时实现了奶牛的大量养殖与牛奶的量产？当下人们如何描述和理解牛奶？过去的人们又是如何看待酥油的？茶叶的生产又是怎样的故事……还有许多问题等待解答，我也始终对这些问题抱有好奇。不过囿于时间与精力，我无法一一深究所有的问题（后来了解到有学者正就其中一些问题开展研究）。但这第一次"正式"的茶铺体验确实启发了我：从一杯奶茶出发，循着奶与茶的社会生命轨迹，我们似乎可以窥见过去其周遭的点滴；

而从一个地点出发，扣着一个过程（process）中的诸多环节，我们或许也可以在一个社会错综复杂的筋脉中，循得其"血流"的踪迹。当我走进一间茶铺，坐定，点一杯茶，我似乎就获得了一个原点。这个原点叠加了一个具体而真实的时刻，是一个难以再被细化讨论的、凝固的地点（place）。置身原点，车水马龙从我周遭经过，无数的动线交织在触手可及的前后左右；此刻若投身游动，或许便可感知暗流的汹涌，追溯凝固建筑中的每股水流。一种可行的操作方式似乎突然摆到了我的眼前：从一个凝固的原点出发，循着线索一路追问，寻访过程中的每一个环节；最终获得的知识与理解可能会远远超脱原点本身，直至一个整体的边沿。

## 环顾四周

之后，到茶铺喝茶成为我的一门功课：只要时间允许，一周总会和朋友去那么一两次。仰大附近的 S 和书店街的 K 是最常去的两家；它们附近都有便利的交通、重要的高校或研究机构与一些书店、二手书摊，吸引着仰光活跃的知识分子群体。虽没有激烈的交锋，也还未能在学科脉络中浓墨重彩，这两家却总能让人联想起加尔各答的学院街咖啡馆（College Street Coffee House）。遗憾受当时的知识储备所限，我未能参与到许多讨论当中；但从这些原点出发，循着讨论者流动的踪迹，熟悉语境的外来者可以抵达更宽广的天地。除了 S 和 K，我们偶尔也会随便在路边找一家茶铺歇脚，茶铺在仰光城中随处可见，而这应该同缅甸近年来的一些经济增长特点密不可分：财富存量的增长与流通让更多个体经营者有资本购置设备、租用场地，活跃的市民生活则为之提供了市场；但诸多经营者之所以纷纷投身茶铺经营，则又充满了无奈：他们或曾在其他行业试图扩展经营却因诸多障碍而遭遇挫折，或是在城里寻觅优质稳定工作但未能如愿（这一论述受到沃德·基勒［Ward Keeler］的启发）。作为一个地点，茶铺无疑是坚实、凝固的；而在一个更大的空间维度当中，地点的排布与联结则也是一个值得审视的问题。

同时，茶铺本身也是广阔天地中激荡后水汽蒸腾的汇流处，一个可触摸的、实在的空间。置身这个空间，你可以看到流动的个体与这座城市互动中的种种悲欢。英殖民者用放射状的铁路线与汽船航线将仰光变成一个交通枢纽，加之行政中心的设立与移民流动的安排，仰光成为了缅甸商业活动的中心，财富自此在此不断积累。尽管殖民者已远去，当时的道路格局却遗存至今，而相对优越的基础设施则仍拱卫着这座城市的中心地位，短期内似乎都难以动摇。因此，百余年后，缅甸农村青少年仍源源不断地涌入这座城市，谋求生计与发展。技术含量极低的茶铺或餐馆服务生一职是许多不识字农村青少年的首选。日间，他们在仰光的茶铺中奔忙；到了晚上，茶铺的偏房或阁楼则为他们提供栖身之地。与一些西餐厅不同，茶铺里的服务生一般不只对用餐区域的特定部分负责；他们无需主动关照顾客，但若顾客招呼，附近的服务生便会应答，再赶去察看客人的需求。在这种安排下，服务生每日穿行于茶铺的每一条过道，却只是偶然而短暂地与过道之间的顾客发生些许联系。这种联系稍纵即逝，几乎无人会强调当中或许可以存在的礼仪或温情；在我用从课本上学到的文雅词句向服务生讨要纸巾时，得到的只是他的忍俊不禁："这里从来没人这样说过。"相反，无论是以仰面抿起嘴唇作"嘟螺蛳状"来招呼服务员的通行做法，还是服务员将顾客需求传达至后厨时的大声呼喝，无不让修读过"缅甸文化"课程的同学疑惑：这是课本里介绍的、文雅的（yin-kyei:）缅人吗？这样的做法或许增加了茶铺运转的效率，但同时，它也将服务生抛入一个讲究"文雅"的社会度量标尺的最底层：绝大多数人都可用居高临下的姿态对待他们，因此用一些相对粗鄙的字眼（如 kaun-lei:，该词亦可用来指称牲畜）称呼服务生也不足为奇；正如沃德·基勒在《阶序交通》（*The Traffic in Hierarchy*）一书中所论述的，大多数人也乐于用金钱换来这片刻优越，服务生的低下地位在某种意义上也成为一种商品。初入城市森林的年轻人迫于生计在茶铺栖身，之后经济上若稍有宽余，许多人便会选择跳槽，尽管去留相较，去路或许并不光明多少。长此以往，留在茶铺工作的便多半是刚进城的年轻人，或是因年龄与教育程度本就无法脱离最底层的"最年轻的人们"——在缅甸茶铺中随处可见的童工，或许也部分因此而在这类空间中富集。

而对大部分顾客而言，茶铺则是一个信息交换的重要空间。在 S 或 K，只要有足够的时间，问题的讨论似乎总可以无限进行下去——或许不时有新人会加入讨论，当讨论遭遇瓶颈，在周遭询问一圈，多半又会受到新的启发。在大部分的茶铺，我只消坐定歇息片刻，广播电视还没来得及送达的消息，可能便已灌入我的耳朵：哪个街区今日有游行，哪条干道发生了交通事故……这些消息或许来自卖花的小贩，他们穿行在桌凳间兜售鲜花，也兜售刚从在路口短暂停留的司机那儿听说的新鲜消息；或许来甫自"前线"返回，在途中歇脚的商贩；还可能来自刚完成与现场"连线"的"播报员"。人员的流动为茶铺这一空间带来了大量养分，每一刻都有无数人在交谈；不同的面孔来来往往，在从开张到打烊的绝大多数时间里，交谈都在持续发生。久而久之，作为一个"地点"的茶铺或许会成为这种"交谈"的同义词。借用迪佩什·查克拉巴蒂（Dipesh Chakrabarty）的说法，"地点"同"交谈"在这一语境中或将"可以互换"（interchangeable），就像孟加拉知识分子讨论的"adda"（在印地语或乌尔都语中仅指聚集、会合的场所，但在当代孟加拉语中兼具聚集处与"闲聊"义）一般。无从知晓将来"茶铺"是否会如同"adda"，因由文人集会传统及百余年的争论与书写而成为一个颇为形而上的概念；但在茶铺中几可确认，持续的、长时间交谈与特定城市空间的联系与"adda"有些许类似。

于我而言，每每在茶铺找位子坐定，眼前便立马铺展开来的、耳畔立刻能听到的（当然还有嗅到、尝到与触摸到的）是如此丰沛而充满生机的空间：我在这里看到了城市生活中信息流动的具象样貌，也观察到了服务生工作背后暗含的、社会地位的逻辑（而这种逻辑可能与奶茶铺大量使用童工这一现象是相关的）。无论是观察或是参与，此中丰富的流动与交织都是在其他空间中难以轻易寻获的。选择一间茶铺、坐定饮茶并多少参与到各种交谈当中，"正式"的茶铺体验在此意义上是独特而重要的：你可以观察到服务生多数时候日常生活的样态，通过交谈当中的信息你则可以多少触摸与谈各方的日常生活；各色不同人马的日常生活在此交织，而日常生活中丰富的意涵也因这种交织可被集中译读。

## 细品茶味

当然这并非我自起初即有的想法与体悟。最初进入茶铺，期待的只是一种文化体验。但在经历从失焦、寻找焦点到沉浸其中的过程后，我发现在茶铺的饮茶体验，带给我的远比单纯的"文化体验"

要多。有些影响可能要到更晚我才能明白；当下我确信的是——若非完全——茶铺的经验至少是主因，让我开始尝试将日常生活的体验与种种过程，抑或社会现象联系起来。这些过程与现象无疑是今天被称为"缅甸"的这片土地上正在发生，或是已发生的真实；借助真实，若方法得当，我们或可直观体验此处世界之宽广，样貌之复杂；若足够幸运，也许还可以循点滴线索有所进展。现代政区图上给我们展现了一个边界明晰的"缅甸"，进而定义了一种想象当中的整体，似乎在明确界线以内的点点滴滴都是我们触手可及，也触手应及的。但这与我在缅甸的生活无疑是割裂的：在仰光生活、学习、访谈、查档，隐约可以察觉不少线索的指向远超政区图划定的界线；而界线以内又有太多次级地域的线索很难为我们所寻获。有些学者或许会意识到这种割裂，许多人给出的解决方案是想象一个笼罩全境（或至少是大部分地域）的结构网络，然后研究网络的中心或重要节点，再论证其研究的代表性与重要意义。这也是大众熟知的一种研究方式（尤其是对权力结构网络的研究；以海外特定权力中心作为研究对象的学者往往被视作"了解这个国家／地区"的）。若有合适的中心或节点作为研究的原点，此类研究当然有着不小的价值。但茶铺的经验则让我看到了另外一些可能：从特定地点或城市空间进入，追寻具体的线索，摸清过程中的每一个环节；抑或从日常生活着手，移译场景背后的逻辑，将研究带到生活经验的面前，借助日常的逻辑搭建叙述的体系。同人类学经典民族志一样，这样的研究要求在某些地点进行参与观察；不同的是经典民族志中的空间在多数时候被简单理解为承载研究对象的物理实体，而在茶铺的体验则展现了对空间更为丰富的理解。在一个空间当中，无论是作为一个地点所处的外部城市空间，或是类似茶铺内部的空间，我们或许可以着眼人事物的种种互动，追寻流动的踪迹。这些可能性不止存在于茶铺，也存在于仰光的其他地点，存在于密支那（Myit-kyi:-na:）的街道，或是加尔各答的"adda"当中。而我当前对南亚裔移民群体公共空间的关注，也正是对这种可能性的又一次探索。

总之，在仰光，喝茶是一种"时令菜"一般的体验：你若视而不见，便错过一些从土壤里长出的鲜活滋味。

# 丁辰熹

丁辰熹，男，清华大学国际与地区研究院博士研究生，研究方向为摩洛哥宪法与伊斯兰宪制。2017年9月3日—2018年7月1日，2018年9月7日—2019年6月30日在摩洛哥进行田野调研。

在外人看来,"面纱"之下的摩洛哥充满神秘,宗教、社会文化等严苛的元素规训着整个社会,明晰着生活边界。然而世人不知道的是,尽管宗教依旧是主宰,但一系列世俗化的生活图景却嵌入在这一秩序规定之间;使得看似二元对立、边界清晰的秩序中依旧充斥着"性交易、酒精、萌动的女性"等社会"禁忌"。这就是丁辰熹根据田野观察,向我们揭开的摩洛哥社会的另一面。而其原因正如丁辰熹开展历史追溯时探讨的那样——社会生活如同人间本真,在长时段历史之下,宗教与世俗如同孪生一般相绞同行。"生活就这样,欢迎来到摩洛哥。"

## 隐秘的角落:
## 摩洛哥社会"越轨行为"的
## 能见度与自我审查

自"9·11"事件以来,在全球反恐战争的大背景下,大众传媒逐渐对穆斯林群体形成了一系列根深蒂固的刻板印象:头巾、黑袍、禁欲、恐怖主义、不宽容的教义、被压迫的女性、古老且严苛的律法,等等,不一而足。然而,这些符号化的印象能够代表穆斯林社会生活的全部吗?两年的摩洛哥(简称"摩国")田野经历告诉我,事实并非如此。一旦亲身走入穆斯林社会,我们便会发现,现实的世界远比刻板印象要复杂得多。如同在世界上的任何一个角落一样,穆斯林社会中也存在个人自由与群体规范的冲突,存在个人主观能动性与社会客观结构的矛盾。据此,我希望以本人在摩洛哥的亲身经历为例,向读者展示一个穆斯林社会超越刻板印象的复杂性。在这里,禁忌与欲望共生,规范与失范并存,它们共同组成了一片常被人忽视的隐秘角落。

国内关于穆斯林社会法律现象的既有研究主要关注其规范与应然层面,较多从经典与文本的角度来探讨伊斯兰世界传统文化对人的规范性限制,较少从实然的层面去分析每一个鲜活的个体在面对规范时的真实态度。不过,这种局限大多是客观条件造成的,因为学者很难有机会到穆斯林主体国家进行长期的实地考察。然而,在清华大学国际与地区研究院的大力支持下,我有幸得到了近距离观察摩洛哥社会的机会。在摩洛哥的两年时间里,我注意到大量逾越社会既定道德或法律界限的"越轨行为",而这与穆斯林严格守法(教法)主义的刻板印象形成了鲜明对比。在本文中,我将描述摩洛哥社会中所存在的"越轨行为",探讨其获得正当性的方式,及其与整体社会秩序之间的关系。本文将试图论证,摩洛哥人在对"越轨行为"进行自我审查的过程中,整个社会对于"越轨行为"正当性的判断标准从合法/非法,转变为可见/不可见;而通过对"越轨行为"能见度的控制，"越轨行为"本身在某种程度上被正当化，此前受到激扰的社会秩序也再次恢复平衡。而在文章最后的部分，我将把视线由摩洛哥转向广阔的伊斯兰世界，从历史的维度梳理穆斯林社会对"越轨行为"的规训与惩罚，并以此来展现能见度控制策略在时间和空间上的连续性。

## 角落里的性工作者

我之所以会关注摩洛哥社会的"越轨行为"，缘于一次偶然的契机。这要从我在拉巴特租住的那套房子说起。租屋位于拉巴特中产阶级聚集的艾格达尔（Agdal）区，房子有四层高，我住在三楼，而一楼是一间酒吧。当然，租房的时候我并不清楚这一点，因为按房东的说法，这是一家意大利餐厅。白天里，这家店倒也确实是餐厅，只不过一到晚上就变成夜夜笙歌的酒吧了。

租屋的房子质量不好，隔音效果很差，酒吧的噪音倒是其次，楼上传来的"男欢女爱声"才是真正的困扰。刚开始我还以为只是运气不好，碰上了一对十分开放的夫妇。可住了一段时间后，我才发现事情有些蹊跷，因为楼上每次传来的声音都不一样。在一次偶然的机会中，我和同住在艾格达尔区的中国朋友聊起了此事，没想到她也有一段与此有关的故事。有一次，朋友打车回家，快到家时，当地的出租车司机对朋友说："这块地方不好，总有妓女出没。"真可谓是一语点醒梦中人，原来租屋楼上竟是一处当地人开展性交易活动的场所。想起此前不时在电梯里面碰到的浓妆艳抹且穿着暴露的女子，这一切也都变得理所当然了。

回家后赶紧请楼下的看门小哥（concierge）喝了杯茶，想从他口里确证自己的猜想。在摩洛哥，看门小哥名义上只是楼栋安全的保障者，但实际上还是一个移动的"情报中心"。除了看门，小哥也会帮楼内的住户跑腿。不管是买东西、换煤气还是租房，只要肯给小费，什么都能干。最关键的是，小哥负责楼内的卫生工作，掌握每家每户垃圾袋里隐藏的各种秘密：这家住着个酒鬼（酒瓶），那家住着个烟鬼（烟蒂），这家人身体不好（药盒），那家住着个性瘾者（计生用品）。每天从早到晚坐在一栋不超过十户人的住宅门口，可以说楼里每家每户的生活起居和人际交往都逃不过看门人的眼睛。每栋楼前的小哥聚在一起，也就构成了一张致密的情报网。

小哥告诉我，我家楼上是个挂在爱彼迎（Airbnb）平台上的民宿，但很多这样的民宿最后都变成当地人进行性交易的场所。受好奇心的驱使，我特意上爱彼迎的官网上搜索了一番，没想到还真发现了一些收到差评的民宿，其住户投诉楼内有性工作者出没。尽管受到噪声的侵扰，我却为这一发现激动不已，忍不住跑去找当地的朋友分享我发现的这一"天大的秘密"，朋友听后倒是十分淡定：

"这并不稀奇，摩洛哥人都知道。但不管怎么说，对于你的遭遇，我很同情。"

"你可以去报警，你是个外国人，警察会重视的。"

"报警？算了吧，我不想惹麻烦，毕竟我要常住在这。说起报警，为什么街坊邻居没一个报警的？这种既不合沙里亚法（伊斯兰教法），又违背法律的事，就没人有意见？"

"C'est la vie. Bienvenue au Maroc."（生活就这样，欢迎来到摩洛哥。）

类似这样的"越轨行为"，在微观层面上似乎是能够被社会所容忍的，然而，一旦这种问题被摆上台面，变成公众议题，事情就变性了，甚至会遭到整个社会的激烈反抗。

2015年，摩洛哥导演那比勒·艾尤什（Nabil Ayouch）所拍摄的电影《如此被爱》（*Much Loved*）在戛纳电影节上首映，其宣传片也被上传到了Youtube上。短短6分钟的剪辑仅在数天内便吸引来了200万流量。这部电影讲的不是别的，正是朋友口中"摩洛哥人都知道"的事——四名摩洛哥女子在马拉喀什出卖肉体、服务沙特金主，并通过性交易艰难维生的故事。然而，也正是这样一个人尽皆知的地方知识，在进入公共领域后，引发了众怒——片中的女主演受到死亡威胁，另一名饰演沙特金主的男演员被人捅伤，摩国政府更是直接禁止该片在国内上映。

对比楼栋里被宽容的性交易与触发众怒的文艺作品，我们似乎能窥探出摩洛哥整个社会层面对于秩序的想象。面对"越轨"问题，人们对秩序的评判标准，在不经意间便由"合法与非法"转变成"可见与不可见"。换句话说，"越轨行为"的能见度成为问题的关键——"越轨行为"只能维持在一个低能见度水平范围内，也应该藏匿在它应属的隐秘角落中。

## 被遮蔽的身体

在我的印象里，好友伊姆缇南（Imtinan，化名）是个穿着相对保守，温文尔雅的姑娘。头巾、宽松的长袖与长裤，是她的标配。一个偶然的机会，让我接触到了她的另一面。

为了给她刚出生的侄子庆生，伊姆缇南邀请我和我太太去她家与亲友共聚，只不过，按照当地的风俗习惯，这次聚会只有女性才能出席。尽管摩洛哥在阿拉伯—伊斯兰世界中是一个相对开放的国家，但性别的区隔仍是当地社会中的一个重要主题。在这次聚会中，我的任务就是把太太送到好友家的楼下，并在聚会结束后把她接回家。

我们准时来到伊姆缇南家楼下，一阵寒暄后我把太太交给了她。值得注意的是，伊姆缇南今天的打扮与往日略有不同——外面披着一件略显突兀却能把整个身体全都裹进去的罩袍。罩袍显然是临时拼凑的，却有着很好的遮掩效果。临别时，伊姆缇南还笑着朝我打趣说："放心吧，我们不会把你太太吃掉的。"

大概十点半，估摸着聚会差不多该结束了，我便来到好友家楼下等着。她家的灯全亮着，即使是站在楼下也能听到里面的喧闹声。隔着窗子，我不知道里面正在发生着什么，只能凭想象来满足自己的好奇心。等了差不多快半个小时，太太才从楼里走出来，脸上的疲惫却掩盖不住兴奋。

"看样子，玩儿得挺开心？"

"其实挺无聊的，但也算是大开眼界了。伊姆缇南一进家门就把外面的罩袍给脱了，里面穿着一件很短的低胸连衣裙。这帮姑娘穿的一个比一个短，一个比一个露。超短裙啊，什么都有。各个浓妆艳抹，搔首弄姿，争奇斗艳的，感觉像是参加了一场摩洛哥的维密秀。倒是我，成了穿着最保守的那个。"

"还真没想到，也算是长见识了！在场的只有女性？我是说，男性亲属也没有？"

"没有。他爸爸之前在自己屋里，聚会开始后就出去了。从屋里走出来，换上鞋，就出去了，从头到尾没往我们这边望过一眼。"

"然后呢？"

"聊到后来实在没话聊了,我就跟她们一个个地轮流自拍。只不过,她们都只让拍脸,还特意强调不要拍到在场的其他女性。"

很显然,这是一场"越轨"的狂欢,穆斯林社会中有关女性羞耻观念的一系列道德标准都被暂时抛诸脑后。但即使是在这样一片隐秘的角落里,有关"越轨行为"能见度的自我审查也始终在场,不论是男性亲属的自我回避,还是合影的小心谨慎,每个参与者都自觉地维持着能见度的适当范围,不让它泛滥溢出。

## 看不见的酒精

在摩洛哥,将上述这套自我审查机制体现得最淋漓尽致的,莫过于酒的销售、运输及消费过程。

按照摩洛哥的现行法律规定,"持证机构的经营者不得向摩洛哥穆斯林出售或提供酒或酒精饮料"。也就是说,仅从规范层面来说,摩洛哥的酒类产品仅用来服务于外国人和本国非穆斯林公民。可实际情况却正好相反,摩洛哥穆斯林事实上占据了该国酒类消费人口比例的大头。因此,从法律实践层面来看,上述规定并没有得到有效执行。然而,失效的法律制度同时在整个社会层面催生出了一套控制"越轨行为"能见度的自我审查机制。

尽管卖酒在摩洛哥是一项合法的营生,但几乎所有卖酒的店铺都会采取一定的措施来维持酒水的低能见度,甚至掩盖其存在本身。酒水主要通过三种渠道销售——酒产品专卖店、大型超市和酒吧。单从外表上看,酒产品专卖店几乎和其他商铺没有任何区别。为了保持自身的低识别度和酒的低能见度,有的店家会选择在自家店铺的大橱窗上贴上银灰色薄膜,店外的人看不到店里,店里的人却仍能看到店外。这么做，不仅能让酒精淡出公众视野，也能让顾客的隐私得到保护。出于同样的目的，大型超市会单独辟出一片独立的空间用于摆放和销售酒类商品。这些酒产品专区与普通购物区相互区隔，并配有独立的卷帘门。遇到特殊时期，如斋月或其他穆斯林节庆，卷帘门会被拉下来，从而将酒产品与公共购物空间完全隔绝开来。至于酒吧，店家会更加注重其隐秘性。以租屋楼下的酒吧为例，它设有两扇大门，进入酒吧大堂前要先进入一个门厅，从而大大增加了酒吧内部与外面大街的距离感。吧台设置在大门的两侧，完全隐蔽于门后。行人从门外向内看，只能看到摆放整齐的餐桌。通过这样的布局，酒吧至少从表面上实现了与酒精的剥离，获得了自身存在的正当性。

在消费环节，顾客在购买酒类商品的时候同样会采取一系列的措施来降低所购商品的能见度。为了隐藏商品，消费者会用报纸将

图 3-11　2017 年 10 月 17 日，拉巴特，被店主用灰色薄膜遮住的酒商品专卖店。

图 3-12　2017 年 10 月 17 日，拉巴特，商店内景，店外面看不见里面，店里面可以看见外面。

所买的酒品一层层包起来，然后放进购物袋或包中。报纸的包装一方面是起遮掩作用，另一方面是避免酒瓶的碰撞。或是直接将酒灌进矿泉水瓶子里，并将酒瓶遗弃。购物结束后，商家会避免向顾客提供收据，以免给警方留下证据。"越轨者"在转运酒品的过程中也会格外小心，并采取一切可能措施防止酒瓶暴露或摔碎。最后一道审查是处理好喝完的酒瓶，就像买酒时一样，"越轨者"会再用报纸把酒瓶层层裹住，放进塑料袋里，最后扔进尽量远离自家的垃圾桶里。在重重的自我审查过程中，"越轨者"一方面不断内化着合法/非法的二元判断标准，另一方面通过能见度控制和空间上对"越轨行为"的区隔，维持了整个社会秩序的平衡。

## 历史视野下的"越轨行为"

事实上，上述对"越轨行为"能见度进行控制的策略并不仅仅局限于当代摩洛哥社会，它在伊斯兰世界广阔的历史空间内也不缺乏回响。在接下来的部分中，我将从历史的维度梳理穆斯林社会中对"卖淫活动"的规训与惩罚，并希望以此来展现"能见度控制策略"在时间和空间上的连续性。

让我们首先把目光投向 17 世纪叙利亚的阿勒颇城。贾米阿·乌拜伊（Jami''Ubays）街区位于阿勒颇城南墙附近，1660 年 9 月 26 日，住在该街区的一位名叫扎赫拉（Zahra）的妇女被她的邻居告上了沙里亚法庭。以当地的伊玛目哈吉·艾哈玛德·伊本·巴沙尔（Hajj Ahmad ibn Bashar）为首的居民指责扎赫拉是一个"惹事生非"的"恶人"，是一个偏离伊斯兰教"正道"的堕落妇女。居民向当地的卡迪（伊斯兰世界中的法官）提出控诉，指控扎赫拉"把陌生男子带进了她的家"。在阿勒颇的沙里亚法院档案记录中，"把陌生男子带回家"一语实际上是对"卖淫"的一种委婉说法。居民的诉求是将扎赫拉赶出他们的社区，沙里亚法院最终批准了他们的请求。

一提到诸如"伊斯兰法""卖淫""通奸"一类的关键词，我们似乎便会联想到像"石刑"这样残忍的古代刑罚。然而，正如上述案例向我们所展示的那样，在古代伊斯兰法的理论与实践方面均不存在如此简单的对应关系。

在伊斯兰教法学理论中，与"卖淫"这种越轨行为相关联的概念叫做"齐纳"（Zinaa）。然而，"齐纳"的内涵却要比前者广得多，这一罪行涵盖一切不合伊斯兰教法的性行为。根据古典教法学说，婚姻关系（al-Nikah）是赋予性行为合法性的唯一依据。因此，一切脱离婚姻框架的性行为都是非法的，"卖淫"自然也属于非法性行为的一部分。伊斯兰世界的法学家通过对宗教经典的诠释，又将非法性行为划分为两种具体的犯罪类型，即婚前性行为与婚后通奸。两种非法行为对应着不同的刑罚，前者当以鞭刑论处，而后者应被处以石刑。

即便如此，古代伊斯兰法学家在罪行认定的程序方面还提出了严格的证据要求。具体而言，"齐纳"罪只能通过两种证据得到认定：第一种是四名穆斯林成年男性的亲眼见证（穆斯林女性的证明效力存在争议。一般而言，两名女性证人仅具有一名男性证人的证明效力）；第二种是嫌疑人通过四次独立的誓言（与四名男性证人相对应）自证其罪，而任何一次誓言的无效都会导致证据的整体失效。其他一切旁证均不具有证明效力。

在如此严苛的证据要求下，回溯历史，我们会发现"齐纳"罪很难在司法实践中得到认定。对于这一现象，历史学家爱丽丝·斯梅尔德简（Elyse Semerdjian）在《偏离正道——奥斯曼帝国阿勒颇城内的非法性行为、法律与社群》（*Off the Straight Path*: *Illicit Sex, Law, and Community in Ottoman Aleppo*）一书中已予以详细展示。尽管如此，面对民众的呼声，法院却不能不对"卖淫"这种严重逾越社会道德界限的行为予以回应。在遵循罪行法定原则与回应社会道德需求之间，奥斯曼帝国的法官选择诉诸自己的裁量。他们最终遵从地方习惯，将妓女逐出社区，让越轨行为不再可见。

最后，让我们再次把焦点转移到 20 世纪前半叶的摩洛哥。1912 年，《非斯条约》签订，摩洛哥正式沦为法国的殖民保护国。在这一时期，在充满了规训与惩罚的现代性情境中，摩洛哥见证了越轨行为能见度控制策略的顶峰。1923 年，法国保护国政府在远离卡萨布兰卡老城（穆斯林聚居区）的郊区修建了一座面积约为24000 平方米的堡垒。堡垒四周高墙环绕，仅有一处正门，由军队和警察把守，里面有 175 间房屋、8 家咖啡馆、1 座电影院、1 家诊所和 1 所警察局。更重要的是，这座被人称作"红灯区"（Quartier

Réservé）的堡垒里面居住着约 600 名妓女。

妓女大多出身农村，她们在城市化的大潮中来到卡萨布兰卡。许多人仅仅是因为没有身份证明便被安置到了"红灯区"，最后被迫沦为性工作者。堡垒中的生活分为平静的白天和热闹的夜晚。白天，妓女般是在咖啡馆、公共浴池、理发店或洗衣房之间度过。而到了夜晚，堡垒里灯火通明，她们载歌载舞、搔首弄姿，满足着来到这里的游客对东方异域情调的想象。然而，妓女的人身自由却受到极大的限制，没有警察的许可，她们不得随意离开堡垒。而为了进出堡垒，她们还须定期接受医学检查。即便出了红灯区，她们通常也只能在堡垒外停留 12 到 24 小时。妓女会借此机会逃离堡垒，但无处落脚的她们大多都会被抓住，然后再次被扔回堡垒。通过城市规划和严厉的管制措施，法国殖民者将越轨行为严格控制在远离本土人口视线范围的封闭空间中，形成了"合法之地"与"罪恶之城"的二元格局，越轨行为最终被完全隔绝起来。

## 结　语

在这篇文章中，我从三个角度探讨了摩洛哥社会对"越轨行为"能见度的自我审查。对于"越轨行为"而言，社会秩序的正当性判断标准在不知不觉中由合法/非法变成了可见/不可见。通过不断的自我审查，"越轨行为"的社会能见度得到了有效控制，"越轨行为"也在某种程度上得到了承认与正当化。除了考察当下的摩洛哥社会，我还从历史的纬度对这一理论问题进行了一定程度的拓展，并向读者展示了"能见度控制策略"在时间层面的连续性。

通过近距离观察"越轨行为"，我在摩洛哥社会中发现了一片不为人熟知的隐秘角落，并对当地人对于秩序的认同与想象做出了探索性的诠释。通过描绘一个穆斯林主体国家中常常为人所忽略且"难以启齿"的一面，我希望能打破媒体在报道伊斯兰世界时所呈现的某些刻板印象，并为读者展现出一幅更为全面的图景。

# 唐永艳

唐永艳，女，清华大学国际与地区研究院博士研究生，2019年9月至2020年10月于古巴哈瓦那大学交换学习并开展田野调查。

世人想象中古巴的爱情乌托邦，描绘出人们努力跨越种族和阶级、在现实生活中追求基于激情的平等恋爱以及婚姻的美好画面。现如今，古巴社会的婚恋状况在唐永艳笔下却呈现出"女人来当家，男人不靠谱"的特点。这种现象背后是古巴独特的历史发展轨迹，它脆弱的经济结构和不安的政治体制让爱情乌托邦理想黯然失色。

# 女"强"男"弱"：
## 当代古巴家庭和婚恋关系的变化

20世纪90年代苏联解体对古巴政治经济格局产生了巨大的影响。陷入经济困境的古巴政府在"特殊时期"（período especial）进行"自救"的同时对"本土社会主义制度"进行了一系列的改革和修正，打开国门开放旅游业以及允许部分私人生意发展成为其转型的开端。

作为拉丁美洲唯一的社会主义国家，古巴在社会主义革命中的核心任务是消除国内经济不平等和种族不平等两大问题。凭借着将革命前创造古巴总收入近95%的美国资产国有化以及苏联的经济支持，卡斯特罗政府在社会主义革命进程中推行着"平均主义"和"国家配给"等措施，这使得占岛上绝大部分的无产者都成为革命的受益人，调动了人民极大的革命热情。与此同时，通过将岛上所有公民不分肤色、种族和地位都纳入国家统称的"古巴民族"体系内以及鼓励妇女应当独立于男性充分参与到劳动力队伍中，古巴政府期望该政策能够使得古巴人民在性别平等和收入独立的前提下建立排除物质利益干扰的爱情关系，实现男女两性之间跨越种族、阶级、年龄和居住地等区隔，追求基于男女相互吸引的平等恋情和婚姻。通过划定爱情和金钱以及激情和物质利益驱动的关系之间的适当界限，该性别政策试图构建一个将浪漫爱情作为"纯粹"激情的现代理念，即情感脱离理性和物质交换的世界。

然而，这样的爱情"乌托邦"理想在因苏联解体而撤去将近70%的供给支持以及美国的持续高强度封锁而被打破。物资匮乏和饥饿充斥的"特殊时期"迫使国家进行转型，古巴政府在渴望维持其基本制度不变的情况下通过社会主义意识形态的管控来调控国内的资本主义发展，两者在交互之间充满了矛盾和冲突，日益不平等的现象冲击着卡斯特罗社会主义体制。在社会结构变动中，古巴人民的私人生活也发生着变革。从笔者到达古巴哈瓦那至今，有关古巴社会复杂的家庭关系以及男女婚恋之间脆弱关系的见闻一直在我十个月的生活和学习中穿插。疫情之下该社会结构性矛盾更加凸显，由此衍生出来的社会现象引起了我的关注。通过田野调研以及相关资料的查证，笔者在本文中主要就苏联解体之后古巴特有的政治经济环境形势中当地家庭关系以及婚恋关系的特点进行探讨。

## 不再是肋骨的夏娃：扛起户主大旗的女性

新冠肺炎疫情的全世界大流行是对各国政治经济的一项挑战，各国采取的治理措施和呈现出的治理局面不仅涉及国家层面"政府机器"的政治运作，还关系到决定关键胜负的"社会行动"的大众实践。不同于热武器时代战争对于人们的伤害，新冠肺炎作为一种传染病，大多时候依附于人与人之间的关系存在。社交礼仪以及人群聚集等人们之间发生近距离接触的时刻都为病毒传播提供了条件，而这些条件均与人们的生活方式以及文化习俗密切相关。

受美国经济封锁的影响，古巴常年处于物资匮乏的状态，90年代初失去苏联支持之后情况更甚。为保证国内所有公民都能获得基本产品，1963年古巴政府开始以家庭为单位向民众分发"供应手册"（libreta de abastecimiento），并建立古巴粮食管制和分配办事处（Oficina de Control para la Distribución de los Abastecimentos，OFICODA），确立将其作为一项粮食补贴和食物配给制度。国家以财政补贴的形式为每件商品提供了约90%的财政补给，使当地民众可以通过粮本（libreta）以极低的价格按月购买政府发放的食品和其他生活必需品，在政府的"管控法"（leyes de control）下，排队购买日常生活物资自此便成为古巴人民生活的一种"新常态"。疫情使得古巴的支柱产业旅游业破产，为了避免哄抢以及保障本国公民都能买到基本食物和清洁用品，政府顶着巨大的财政压力以定期定点分发制的方式重新规划了国内有限的物资分配，而这也使分发地点排队的人越来越多。在全国大小型企业几乎都关闭的情况下，依仗于旅游业发展起来的中哈瓦那（Centro Habana）以及老城（Habana Vieja）成为最大失业区，导致男女基本赋闲在家。虽然失业人口中男女比例大致相等，但这并没有改变出门买菜购物的女性数量远超过男性数量的局面，三五成群的女人相约出门购物的场景更是屡见不鲜。

夏日炎炎，自制口罩的厚度阻碍了人们正常呼吸，加剧了排长队的煎熬，这些妇女为了领取到基本的粮食和清洁物资，常常需要在负责分发食物的粮油店（bodega）前排上三到五个小时甚至更长

图3-13 2020年6月7日，戴着自制口罩在粮油店前排队的古巴妇女。

图 3-14 2020年7月24日，排队购物的古巴女人在讨论物价。

的时间。作为户主或掌握着家庭财政大权的古巴女人通常邀约近邻或朋友，穿着紧身的短裤或者裙子，拎着各式各样的购物袋，吃着从家里带出来的简易汉堡，在长队中等待着队伍的前进。爱说话是古巴女人的天性，通常一个小话题就能够引起她们良久的讨论，只是不习惯于口罩束缚的她们经常把口罩戴到鼻子底下，因而也增加了她们的感染几率。

女性扛起户主的大旗已经成为古巴社会中一个普遍的现象，疫情只是使该社会内部矛盾得到了凸显。据古巴国家信息数据统计局（Oficina Nacional de Estadística e Información，ONEI）统计数据，在1981年28%的古巴家庭由妇女担任户主，而到了1995年时这一比例上升到36%，在哈瓦那市甚至有51.5%的家庭由妇女担任户主。在分析了近二十年的古巴家庭案例之后，古巴婚姻家庭研究

第三部分 历史与当下

员布拉迪雅·卢比奥（Vladia Rubio）对该现象评价道："21世纪第二个十年的古巴妇女与他们的曾祖母毫无共同之处，当下的女性早已跳脱出了那种依赖和顺从的形象，她们对于婚姻的掌控欲比任何时候都还要高，而当婚姻不能满足她们的期望时，解除婚姻关系是她们采取的通用办法。"笔者认识的多个离异古巴女人对此的态度无疑也佐证了该现象的普遍性，她们都以类似的口吻跟我说道："今天的我们（女性）更加自由和独立了，如果男性对我们不好，那么我们的婚姻并没有维持的必要。"

## 三种典型的家庭模式：
## 原生家庭、单身母亲家庭及复合家庭模式

女性成为户主是古巴婚姻家庭破裂之后的一种普遍选择。2020年古巴国家信息数据统计局数据年鉴显示，90年代苏联解体对古巴经济政治的冲击曾使得古巴的离婚率达到了历史新高。作为拉丁美洲离婚率最高的国家之一，仅2019年古巴就有约3.3万对夫妻离婚，其中近1.2万起发生在结婚15年或以上的夫妻中，而在这些离婚案例中，大多数是由女性首先提出结束婚姻关系。与此同时，第二次婚姻和第三次婚姻的数据也证实了离婚人数增加这一现象。家庭作为两性伴侣开始共同生活的联盟，充斥着复杂的关系，如此高的离婚率和频繁的离婚次数无疑给传统的家庭模式带来巨大挑战，在尝试应对新时代社会环境造成的一系列冲突并与其和解的过程中，传统的家庭内部结构发生了变化。

在首都哈瓦那，离婚后重新回归原生家庭是很多离婚妇女的选择。在我的第一任房东的家里住着65岁的房东玛格达，62岁的房

东妹妹玛格丽和她31岁的女儿玛丽琳，以及家中唯一的男性——玛丽琳2岁的儿子小胡安。我一度很好奇这个缺乏男性的家庭是怎样形成的，而后随着相处的深入才了解曾在古巴军事合作处工作的玛格达终生未嫁；拥有自己理发店的玛格丽以及靠着帮人美甲谋生的玛丽琳也都早已离了婚，她们俩都曾拥有自己的家庭，而离婚之后又重归到原生家庭之中，这才组成了一个没有成年男子的家庭。

曾供职于古巴军事处的玛格达会讲一口流利的法语和俄语，还曾经到非洲刚果执行过政治任务。她跟我说道："你看我们一家虽都是女人，但是每个人都受过高等教育，都依靠自己的工作为自己的花销买单。女人不应该向男人要钱的，如果一个女人买什么都要向男人伸手，那么女人就得取悦男人，被迫听男人的话，就会失去自由，失去自立自强的品质……你看，我们满足玛丽琳的一切需求，给她买电脑、买手机，供她念完了两个硕士学位，就是想让她过自己想要的生活，我希望你也能一样，只有自己有能力做选择，才能在男人对你不好的时候跟他说离婚和再见的。"

笔者在十个月的田野生活中发现，房东玛格达表现出来的"强势"态度于古巴中高收入家庭的离婚妇女中普遍存在，她们通常受过高等教育，有着独立的收入。对于她们来说婚姻并不是生活的必需品，社会舆论与经济压力也并不是最大的困难，她们在离婚和独居之后最艰巨的挑战之一是作为新的角色适应新的家庭结构。在玛格达的家中，三个女人其中之二离婚后又重新聚集成了一个新的家庭，而在新的家庭磨合中三个人开始重新对家中的大小事务进行分工。玛格达作为家中的长者和"强者"承担起了家中几乎全部的体力劳动和财政责任，玛丽琳称呼能干的玛格达为"爸爸"；玛格达的妹妹玛格丽承包了家中厨房的责任；而31岁的玛丽琳则负责家

图 3-15 2020 年 5 月 12 日，疫情期间，中哈瓦那区为人们办理购物便条，工作人员都是女性。

中的卫生清洁和照顾孩子。

依靠国外汇款维持生活的单身女性是当下哈瓦那第二种典型的家庭模式，她们或者独居，或者带着孩子生活。我的第二任房东蒂诺拉以及第三任房东艾莉西亚的家庭就是这样的案例。第二任房东蒂诺拉 65 岁，本来 5 年前就已经达到古巴女性的法定退休年龄，但是因为她独居一人，没有子女，其他家人都移民到了西班牙，她觉得继续工作对她的身心健康以及财务状况都有好处，于是申请继续工作。考虑到她有过多次出国经验以及在其国内岗位上的多年工作经历，会操作电脑和打印机等办公用品，能使用简单的英语和葡萄牙语，她供职的国营电影院接受了她的申请，延长了她的工作时间。

"我有很多跟我一样的朋友（独居女性），每天上班使我们很充实，下班之后我报了葡萄牙语语言班学习，周末我可以去拜访我的朋友，晚上回来就在家看电影，"蒂诺拉跟我说道，"我养着宠物，每个月有着固定的工资，有租房的收入以及亲人们从国外寄过来的汇款，等到我老了会有政府的抚恤金和退休金，我的宠物狗就是我的孩子，我离过三次婚，现在我觉得我再也不需要婚姻生活了，如果我再婚了我还要照顾另一个男人，我不愿意这样。"

第三任房东艾莉西亚对于再找一个古巴男性重组家庭的态度则表达得更为直接。艾莉西亚56岁，在她的小儿子比克多只有3岁时就跟丈夫离了婚，之后她便带着6岁的女儿和3岁的儿子住在这个政府分配的一层平房中。后来国内兴起了旅游业，政府鼓励私人利用自家房屋开设旅馆，她便请人在屋顶盖起了第二层房子。在一栋两层的小房子中，上层隔成四间屋子，母子三人同住一间，其余三间用于出租和厨房，下层出租给人做餐厅。艾莉西亚又与承租人达成协议聘请她在餐厅内当厨师。就这样，通过20年的租房收入以及餐厅薪水的财富积累，在2017年时艾莉西亚就将结束大学学业的女儿送到西班牙工作。艾莉西亚曾提及，自己的储蓄再加上女儿近两年的汇款，她早已经攒够了去西班牙的机票钱，现在就只等儿子比克多从哈瓦那大学毕业获得学历，他们便移民到西班牙（依据西班牙的移民法律，祖辈或者父母辈是西班牙人便具有申请移民的资格）。当我跟她谈及她的丈夫时，她说那个男人早就跟她的家庭没有关系了，孩子们虽然知道父亲的存在却从来没有联系；离婚之后她虽然与几个古巴男人有过短暂的伴侣关系，但她从没想过再嫁给一个古巴男人。

当然，要说明一点的是，自90年代以来，经济问题一直是绝大部分古巴人最为沉重的负担，能完全脱离"亚当依附"的女性通常都是经济独立的女性。那些不具备必要经济能力的离异女性通常在宗教道德、社会舆论以及家庭压力等多重负担之下将重组家庭作为一种选择。朋友 A 的家庭便是这种典型的复合家庭模式。A 的母亲在他 7 岁的时候跟他的亲生父亲离婚，在他 10 岁时又带着他和哥哥嫁给了继父，继父随后跟母亲再生了一个女儿。在这个五口之家中，退休后的母亲负责操持家务，而继父除了工作日每天需要上班之外，闲暇时间以及周末还跟叔伯租了一辆老爷车赚外快来添补家用。在拜访朋友家的经历中我看到朋友母亲对继父一直颐指气使，而其继父只是默默服从妻子的指挥，并不做任何反抗和回应。我跟朋友说到他的继父真是一个能干的男人，朋友说："母亲正是看中了继父的赚钱能力和每个月都将工资上交的品性才决定与他结婚的。在古巴，赚钱能力和在金钱上对待家人是否慷慨是判断一个男人能否维持一段稳定婚姻至关重要的条件。"

　　三种家庭模式之间难免有交织点，亦未涵盖所有的家庭状况，其内部结构和关系的变化与社会环境以及人们对于亲密关系的理解紧密相连。而从这三种当下古巴广泛存在的家庭模式中可以看出，女性在婚恋关系中普遍表现出独立且强势的态度并且在挑选伴侣时掌握着更多的主导权和选择权。几乎我接触过的所有古巴女性都表现出更加乐于追求自己想要的生活的态度，她们降低了通过他人实现自我价值的期待，秉持着婚姻应当满足个人期望的信念，在考虑是否开始或结束一段婚姻时，个人的自我实现与生活的安逸舒适度成为她们的主要参考因素。

## "强"女人和"坏"男人

　　那么，是什么导致了越来越多的古巴女性在婚姻问题以及选择伴侣上有着这样的表现？为什么古巴男性在婚恋关系中处于一个相对弱势的角色？当我就此向接触过的古巴女性提问时，颇具年代层次差异的回答让我有些震惊。年轻一辈的女孩通常对此现象没有太大感触，似乎早已习以为常；而年龄在50岁之上的女性则会以近乎一致的口径对我说道："现在的古巴男人都很坏（malo），好的已经很少了。"我的第二任房东蒂诺拉就曾跟我说："现在的古巴男人变了，他们只会做三件事——吃饭、睡觉和做爱，其他事情他们都没有兴趣；而古巴女人却相反，我们辛辛苦苦地在外勤劳工作，在家中也踏踏实实地处理家务，我们女人已经能够过好自己的生活。"

古巴男人什么"变"了呢？又是什么使这种"变"发生了呢？我把这个问题抛给了蒂诺拉，她跟我说道："以前的男人很有担当和责任，家庭和婚姻生活是能够带给人归属感的。现在男女之间的关系根本就不叫婚姻，只能说他们有一段关系（relación）而已……现在的男人很懒，越来越不愿意工作却又没有别的途径谋生，每当有钱的时候就花了，从不会考虑家庭生活开支，他们不愿意在家中做出贡献却想要对女人行使掌控权，我们古巴女人更加独立和自由，是不会容忍这样的事情发生的。""至于男人为什么变了，我觉得最大的原因是金钱带给人们的生活压力改变了古巴男人的脾性。在苏联解体之前，我们每个人都没钱，但是在那个时候依靠粮本政策，国家几乎发放了我们家庭生活所需要的一切，工作还会给我们额外的物质奖励……现在我们粮本供应的食物只有几种主食，而且只够吃半个月，剩下半个月我们都需要钱来获取日常必需品。""商店里的物价真是太高了，我们的工资却没有涨多少，男人和女人每天讨论的最多话题就是关于钱，几乎所有的争吵也是关于钱。商店里的商品种类和数量不多，但是很多东西的价格远远高于国家给的平均工资水平和人们的消费水平，很多事情没有钱根本就没有办法……"

蒂诺拉的解释无疑给了我很多启示，却并没有让我完全抽脱出这个现象的困扰，女性的"强"是与男性的"弱"相对比而呈现的，那又是什么造成了男弱和女强的局面呢？当我把问题转向我的古巴

图3-16　2020年6月25日，超市里购物的古巴女人。

男性朋友时，这样的强弱的对比就更加凸显出来。

几个古巴男性朋友都向我表达了他们对古巴女性"强势"的感受，其中一个朋友B对我说："在很多古巴女人的眼中，我们古巴男人就是'一块垃圾'。""现在的古巴女人都愿意跟那些有新的收入来源——比如家中有国外汇款或工作与利润丰厚的旅游业相关——的男人相处；我很喜欢一个女孩，但是我没有办法赚更多的钱给她买礼物，带她去更好的地方，我跟她在一块的时候总是害怕她会离开我，但是对此我无能为力。"随着金钱在生活中的重要性越来越高，以及国家在处理外来游客和本国公民两者之间采取的不同措施，很多古巴男性也越发意识到自己边缘的处境。几个朋友告诉我，在日常生活中很多看似普通的事情在没有钱的时候也是不

敢多想的。古巴虽然是一个旅游大国，但是他们中很多人都没有跨省旅行的经历，没有进过酒店和大酒吧。而在当下这个环境中，负担不起女性对于高额消费的需求常常使他们觉得羞愧。"虽然没有法律明确规定，但是直到现在古巴的一些高消费的场所都是不允许古巴人单独进入的，除非有能够证明消费能力的证件或者有外国人的陪同。在酒店工作人员的眼里，我们这些被认为没有消费能力的古巴人进去之后只会给到此旅游的外国人带来麻烦……他们保护游客，却忘了我们才是这个国家的公民。"

与经济不平等和机会不平等相伴而生的是人们内心的焦灼和失衡，越来越多的年轻人选择了保持男女关系而不是踏入婚姻殿堂便是人们对于当下充满不确定性婚恋关系的一种折中。虽然很多哈瓦那本地的受访者在交流时都会否认将当下男女脆弱的婚恋关系与物质直接挂钩，然而在谈及有关婚恋亲密关系的建立时，经济因素的影响暴露无遗。朋友 C 是一名 42 岁的古巴男性，至今为止都没有结婚，他向我诉苦："结婚对于我来说实在太难了，你看商店里给女人的礼物，孩子的尿布、衣服和奶粉……这些价格都太高了（carísimo）；你知道我的女朋友很漂亮和性感，她喜欢去酒吧和聚会，我很爱她，但我很担心她会遇到一个答应带她去外国的人……" C 也跟我透露过希望能够找一个外国女人做伴侣的期望，但在多次搭讪失败后他也明确表示在古巴旅游业中古巴女性无论在与外国人建立短期和长期关系上往往都更加占据优势，成功的案例也更多，这也使他在寻求一段能够给他带来经济利益的亲密关系时充满了矛盾感和无力感。巧合的是，我的一个古巴女性朋友的回答似乎也对此做出了回应："你知道我们古巴当下情况的，跟一个古巴男人结婚能带给我什么呢？什么都没有！短暂的交往关系能够让我保持相对的自由度，从而能够在更多的选择中拥有主动权和独立感。我不知道我什么时候会遇到更好的男人，或许有一天我会遇到带我出国的外国人，我想给自己保留一些空间。"

90年代之后古巴人（特别是受旅游业冲击最大的哈瓦那人）的婚恋关系基础的变化是显而易见的，经济因素促成了一种新的边缘化和爱的等级制度产生，在女性更加"强势"的情况下，更富有的男人在建立婚恋关系时有着更为明显的优势。然而如果把这种性别上的动态化原因归结为女性对于物质更加"贪婪"和男性经济的匮乏就显得过于简单化了。在分析了将近500个案例之后，古巴心理学家卡雷尔·雷耶斯（Karel Reyes）认为影响当代古巴男女婚恋关系稳定性最重要的因素有三个。第一点是低工资水平，它阻碍了人们建立和维持自己家庭的可能性，在个人资金甚至都不能满足自

图3-17 2020年8月4日，出门购物的古巴女人。

身基本需求的情况下，家庭生活水平无法得到保障。接下来的第二点在于低收入造成的买房和独立生活的困难往往迫使夫妻与一方的父母合住，甚至不得不住在三代或四代人共住的房子里，这也就使夫妻之间无法拥有私密性和建立亲密关系的机会。卡雷尔寻找到的第三个影响古巴当代婚恋稳定性的因素在于无论性别，古巴的男女都缺乏维持家庭稳固的道德价值，这在当下关于古巴男女婚恋关系调查中主要显示为当下越来越多古巴人的婚姻结合极少是因为爱情或吸引力，而是对方能为婚姻带来的物质利益。

　　此外，我的一些古巴男性朋友以及与古巴女人结婚的中国朋友也向我承认，现在的古巴男性确实展现出懒惰和没有家庭责任感的一些特征，并且相比于古巴女性，他们在婚恋关系中更容易发生出轨和"劈腿"的现象，很多古巴男人甚至还以同时拥有多个女朋友为骄傲，认为这是他们男子气概的一种象征；而古巴女性则是更为保守的婚姻守护者，她们在婚前和婚后呈现出两种不同状态：婚前她们或许爱玩爱闹，但是以婚姻为分界线，婚后女性对于家人的照顾和承担家庭中的责任远远比男性大得多，她们会表现出对家庭和伴侣极度的忠诚，并要求伴侣持同样的态度，一旦出现出轨的行为，女性通常绝不容忍，并且付诸离婚的手段。在这样的情况下，古巴女性在婚恋关系中对于金钱的需求和渴望除了受当代消费主义和物质主义的影响之外，笔者更愿意将其理解为是在物资匮乏和经济凋零的时局下，以及变动的政治氛围中她们能够维持自尊和体面的实现路径。

# 是什么击碎了"男子汉"和塑造了"女强人"

无疑,国家在转型时期的经济模式变革是促成古巴当下男女婚恋关系现象的重大因素。虽然世界各地每天都有人在与贫困和匮乏斗争,古巴案例的独特之处在于这种情况发生的突然性和大规模的破坏性。苏联解体之后的第二年即宣布撤去对古巴所有的经济支持(在这之前苏联提供了古巴大约70%的进口量,吸纳了古巴70%的出口量),几乎在一夜之间,古巴被迫使用硬通货在世界市场上购买食品、燃料和工业制成品,这使得古巴人民的生活在短时间内陷入极度匮乏中。人们对20世纪90年代初的记忆总是被饥饿和恐惧所笼罩:石油短缺导致几乎所有交通工具停滞,粮食匮乏导致人们食不果腹,片区之间轮流供电,每日长达16小时的停电以及不稳定的电源供应使得人们的生活经常突然陷入黑暗中……身体上的苦难和精神上的颓靡几乎萦绕着当时的每一个古巴人。

开放旅游业和允许部分私人生意的兴起作为古巴在苏联解体之后缓解国内经济困境的革新措施效果无疑是显著的,自1993年之后国内经济便得到了稳步的提升,仅在2003年时古巴就恢复了苏联解体之前的经济水平。然而随着大量外国游客的涌入,与当地人通婚和建立短暂关系以及伴随而来的婚姻移民和淫秽产业等新的社会问题使得古巴政府为此不得不重新修订了移民法、游客保护法、婚姻法等多项法律,从而适应新的政治经济形式和社会变化。外来游客本身所象征的"机会增加"和"物质富裕"等信息以及国内互联网的推广使用使得古巴内嵌于世界经济体系中"不平等"的现代性结构处境引起了越来越多本国人的不满——社会主义体制中的

"平等"政策使得体制内的人们即使努力工作也难以获得对等的物质回报，比如平均每个月约40美元的工资相比于从事旅游业以及相关工作带来的丰厚利润使国家工作人员的积极性被挫伤。此外，物资匮乏和经济上的压力导致很多在国家体制内的工作人员经常利用工作之便盗窃公有财产然后到黑市倒卖以赚取额外的利益，这样"监守自盗"的行为以及黑市中高价倒卖物资现象的盛行使得当地民众时常在社会主义革命理想与现实生活中挣扎，我的一些年纪较大的古巴朋友对此会表现出很复杂的情绪，矛盾和愧疚以及无奈和妥协交织其间。

在革命理想日趋远离人们的生活时，国内新的经济形势刺激人们产生了新的消费观念和物质需求，这也使男女之间的婚恋关系在精神追求和物质需求的博弈中日益撕裂。女性在追求婚姻家庭生活时对男性赋予了更高的经济责任，也更加注重将经济因素置于恋情和婚姻的考量中，而当地很多男性则呈现出更加关注自身需求而忽略家庭责任的趋势，很多没有办法获得高收入的古巴男性将"散漫"和"不作为"作为了一种对抗现代化冲击的"武器"。

除此之外，许多田野资料也证实了古巴的相关法律作为内因助长这股"女权"之风的现象，而同时这也使男性"相对弱势"的地位更加突出。古巴社会主义革命指导性别政策的思想中，核心之一就在于期望妇女能够独立于男性并充分参与劳动，从而实现性别平等下没有物质利益参与的爱情神话。为了实现该理想，古巴政府于1960年革命胜利之初便成立了古巴妇女联合会（Federación de Mujeres Cubanas）这一组织，自此以后，在国家法律与女性自身诉求的激励下，古巴女性一直在为争取妇女权利和性别平等方面努力。有关于加强古巴女性的经济权、话语权、教育权、工作权、参政权

图 3-18 2020 年 5 月 12 日，在家中房顶上放鸽子的古巴男人。

等倡议在全国各次重大会议中被反复强调，甚至在当下的教育电视广告中也一直敦促妇女选择"教育"和"尊重"来保障自己的物质安全，而不是停留在不满意的婚姻关系中。在国家法律中最值得一提的是古巴家庭法和婚姻法对于母亲的保护，比如这两部法律规定在夫妻双方离婚之后，在母亲无重大身体或心理疾病的情况下，孩子都归属母亲，而国家会对单身母亲提供相应的社会福利和补助；亲生父亲按法律责任在孩子成人之前须为其每个月提供 35 比索（CUP，约 10 元人民币）的生活费用，并有义务对孩子进行不定期的看护。然而虽然法律明文上是这样规定的，但就笔者调研的结果来看，对于大多数离婚家庭而言，孩子生父在其成长过程中通常都是缺席的，经济压力、金钱互惠的长期考量以及频繁更换伴侣的不稳定性等因素常常使父亲对于承担已离婚家庭的责任呈现出懈怠的态度，而 35 比索的补给在古巴日益增长的消费需求之下如九牛一毛，这也使离婚母亲对于前夫的失职并无太多苛责。

尽管在古巴的法律和人们的日常生活中依旧将父亲的姓氏放在

孩子姓氏的首位，母亲姓氏居于其后，但这一事实却并不影响古巴当下以妇女作为世代延续轴心的母系关系。单身母亲在孩子未成年之前通常会带着孩子多次再婚再嫁（当然也会选择与孩子独居或重归原生家庭中），而在不同的家庭环境转换中，母亲与子女的关系却进一步得到了加强和巩固，无论是孩子的亲生父亲或是继父始终游离和附属其间。此外，由母亲带大并且依靠于政府补助以及在免费教育和医疗制度下成长的孩子日后出国工作时，几乎都只会向居住在国内的母亲汇款（或带母亲移民他国），从而更加稳固了其母亲在经济地位上的优势，在这种不平等加剧中，那些低收入的男性越发成为婚恋市场的边缘人群。

这样略带悲剧性的论述却是"现代性"正在古巴这片土地上滋生肆虐的真实情境。在古巴人当下的日常生活实践中，传统的家庭和婚恋关系的原有概念似乎已从一种社会价值体系更多地转为一种内部价值体系，规范个人日常生活的观念以及夫妻关系的模式也日趋陷入单方（特别是古巴女性）实现个人愿望的危机中。终生伴侣的愿望和作为一种持续亲密和平等的爱情理想在当代古巴社会中越来越受到质疑时，社会主义革命带来的一些以爱情为基础的传统婚恋神话的存在则具有明显价值。因为田野时间和客观条件的局限，笔者呈现的观察内容仅限于哈瓦那局部概况，其作为古巴的经济政治文化中心，是60年代古巴社会主义革命力度最大的改革地点以及90年代国家旅游业和私人生意集中的开放点，经济制度变革和调整的冲击使其社会空间内交织的权力变换相比于国内其他地区来说更为典型。笔者结识的来自其他省份的古巴朋友以及在其他省份有过长期工作和学习的中国朋友都向我表示，其他省份男女的婚恋观和家庭观与哈瓦那内部表现出来的整体状况相似，但仍然有一些

图 3-19　2020 年 6 月 7 日，与妇女成群结队出门购物相比，年迈的男性通常孤身一人出门。

差异：在那些现代性冲击较小的非旅游城市和地区，社会主义革命的影响依旧可见，尽管女性的强势已经是一个普遍现状，但在婚恋关系中找到一个好（bueno）的男人来照顾和尊重她们仍然远远比经济因素之于婚恋关系重要，并且婚姻持久度和稳定感也会相比于哈瓦那省份内部高得多。

## 结　语

在后苏联时代的古巴，国家服务体系倏然解体带来的物质和情感上的剥夺感和匮乏感充斥着古巴人民的日常生活，资本主义发展带来的不公平机遇和消费观念的急剧变化更是提高了金钱的重要性。跻身于世界经济体系中的古巴政府为了维系卡斯特罗社会主义体制时常处于矛盾和冲突之中。在修正和摇摆间，不安和惶恐已经成为古巴人民日常生活的一部分，脆弱感和不安全感充斥在当代古巴两性关系中。社会主义革命以来国家强调的平等主义和鼓励女性参与工作使古巴女性经济更加独立，在婚恋关系中具体表现为女性更加"强势"并拥有更多的自主权和选择权，那些低收入的男性愈发成为婚恋市场的边缘人群；越来越多的年轻人选择放弃婚姻保持男女朋友关系，以及被赋予更高经济责任的古巴男性普遍呈现出"散漫"和"不作为"的行为无疑可以视为一种对抗现代化冲击的"武器"，一种对当下古巴社会结构性矛盾的无声"抵抗"。

需要承认的是，古巴正在进行的国家经济结构调整确实为一些人创造了更多的机会，但同时也使一些人面临着被更长久地排斥在对生存至关重要的社交核心领域之外的风险。在当代哈瓦那，那些曾受益于古巴社会主义改革的老一辈常常对于古巴90年代之前的生活带有一种怀旧情绪，对当下古巴的发展怀有复杂的情感，而那些出生在社会主义调整时期之后的年轻人则普遍对于古巴社会主义革命采取排斥的态度，认为古巴的社会主义体制限制了人们的发展，是人们生活在贫困生活的根源。两种落差之间时常让人反思，置身于世界经济体系的古巴社会有着太多的无奈和妥协，经济理性逐渐侵蚀和占据人们的情感生活，家庭和婚恋关系作为人们寻找归属感的诉求正在被现代性摧毁，而让人更为担忧的是，这样的现象也正在古巴之外的更多国家和地区上演。如果世界真如新自由主义鼓吹的竞争和时间至上，金钱与物质万能，那么人类心中那片柔软温暖的"桃花源"和"乌托邦"，绚丽多彩的众

图 3-20　两性之间对于忠诚更加重视，出门时一般都会紧紧拉住对方的手。

生万物和色彩斑斓的宏观万象，会不会被趋同融入直至最终被同化为冷冰冰的铁板一块？

TEHRAN
德黑兰

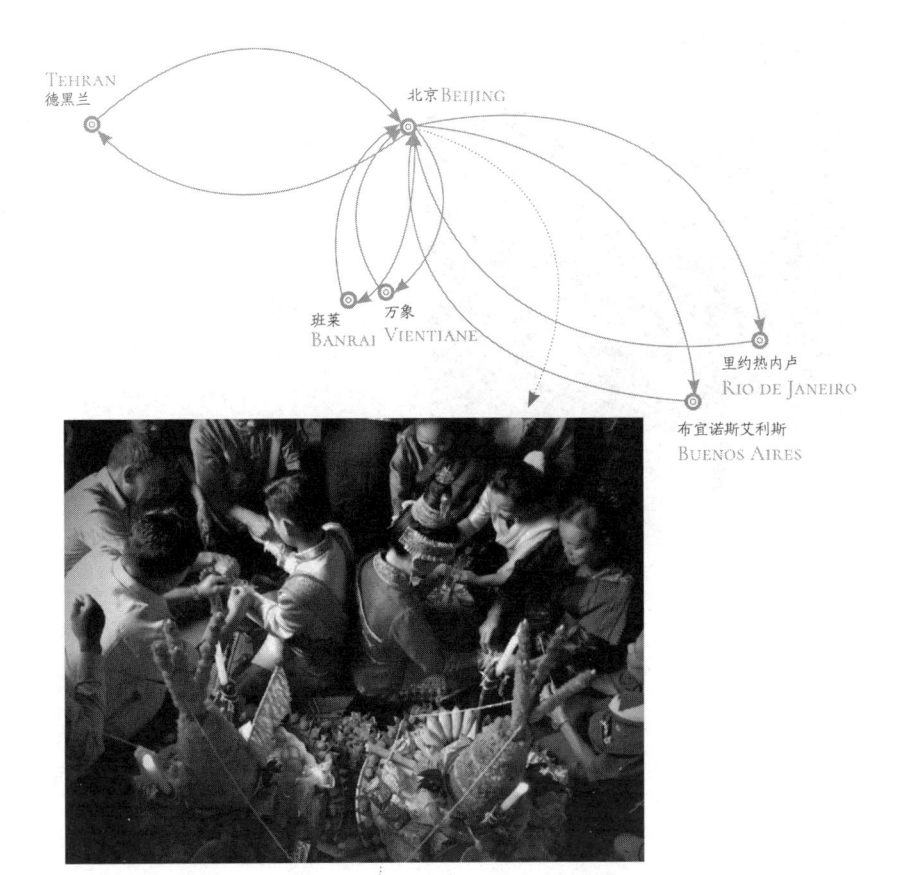

北京 BEIJING

班莱 万象
BANRAI VIENTIANE

里约热内卢
RIO DE JANEIRO

布宜诺斯艾利斯
BUENOS AIRES

一场老挝佬族婚礼上，亲友们为新人拴线祈福。　　郭迅羽 摄

# 第四部分
# 地方与社会

# 李宇晴

李宇晴，女，清华大学国际与地区研究院助理研究员，研究地区为泰国及东南亚，研究兴趣为文化政体与现代性、历史人类学、身体理论与性别研究等。2013年5月到2014年3月于泰国曼谷朱拉隆功大学文学院交流9个月；2016年12月赴泰国班莱县进行为期15天的先期田野调查；2018年6月到2019年2月赴泰国班莱县进行8个多月的长期田野调查。

泰国班莱县，一个"泰北偏南"的小地方，像一朵不起眼的小花兀自开放着。它偏僻静谧，却弥漫着浓浓的人情味；它远离曼谷的喧嚣，却展示着科层制的国家形态；它传统单纯，却吸引着不同价值观念群体在此扎根。李宇晴置身其中，不断感受着多元主体在此碰撞交融，在一首多元复调的交响曲中，细嗅这朵小花浓烈的芬芳。

# 复调田园交响曲
## 泰国乡村多元共生的文化生态

# 引　言

　　我在田野中遇到的每一个人都是一座深奥的、活生生的博物馆。个体就像是刻着自己独特年轮的树木，以各自不同的形式记载了同一个时代的浪潮和文化的烙印。我想在这篇田野报告中专注地刻画我在田野中遇到的难以忘怀的人，以此向读者展现一个鲜为人知的事实：即使在泰国西部这样一个角落，也存在着多元人群、多元政体形态和多元文化融合共生的社会状态；而以往我们在寻求主体叙述的时候，往往以单一的叙述掩盖了真实的、混合的文化生态。

　　我在泰国做田野的地方，地理上很难一下子和人说明白在哪里。人类学家习惯了"曼谷及其近郊""泰北""泰东北"这几个常见的地理专有名词来描述自己的田野点，而我所在的乌泰他尼府班莱县，只能勉强挤进人类学田野重点区域"泰北"，因为它实际上和素攀府相接，比较靠近泰国中部，属于泰北最为靠近中部的地方，是一个"泰北偏南"的地方。

## 老乡见老乡：
## 乡土社会的"文化亲密性"

　　"文化亲密性"（cultural intimacy，又译作文化亲昵）的概念由人类学家迈克尔·赫兹菲尔德（Michael Herzfeld）在《文化亲昵》一书中提出，他认为文化亲密性是指某一群体所认识到的某一特定文化身份的特质，这些特质是某群体内部赖以维持其共同社会性和亲密性的基础。泰国城市以外的生活让我意识到文化亲密性的重要性，这种标志着成为"自己人"（เป็นกันเอง）的文化亲密性对我在当地更好地生存下去至关重要。

记得第一次去田野点班莱县的旅程颇为曲折，基本上坐了一整天的车。那天，我自以为是地秉着"从中心到边缘"的思路，先到曼谷市区的摩其（Mochit）站点坐小面包车到达乌泰他尼府的府会县城，然后等了一个半小时，坐上开往该府班莱县城的公交车，这趟又是两个小时。从上午八点多出发，到目的地已经下午五点了。班莱县朋友听说我这趟路程大笑，随即告诉我更方便的路线。有了当地人的指点之后，我再也没有走过这趟绕远的路线，而是到离曼谷市中心很远的赛黛麦（Saidaimai）车站，这里的小面包车可以直达班莱县，四个半小时左右就能到了。有趣的是，一开始我只想到前往离曼谷市中心很远的车站坐车，却不知道沿路某些车站也可以上车，甚至还可以随时下车。经常坐车的乘客手机里会存着司机的号码，可以随时打电话问他们车子到哪儿了。这些信息在网上几乎找不到，只是在经常坐车的熟人之间口口相传。

我的房东是一位年过七旬的奶奶，我跟着村民们称她为詹比大妈。她是当地很有名气的织布能手，很多古老的织布技艺通过她的双手变得活灵活现，焕发光彩。村子里唯一一条水泥马路的尽头是她的弟弟家，稍远点是她的妹妹家。就像中国很多乡村一样，这里的村子里很多人家都沾亲带故的，多少有点亲戚关系。大妈在这里独居十几年，生于斯长于斯，哪儿都认识，和好多村民都有点亲戚关系，就算没有亲戚关系，也都相识，去哪儿都有人互相帮助，因此也放心。近年来大妈膝盖不好，走路不便，还有高血压等老年病，因此她的大儿媳妇带着孩子从泰南搬过来和她一起住，照顾她。

刚到詹比大妈家，大妈每天都穿着她自己编织的大红色筒裙，带着我走亲访友，熟悉周边环境。我们逛班莱县唯一的生鲜市场的时候，每走两步就有熟人笑眯眯地拦下我们，用当地和老挝话很像的方言互相寒暄。詹比大妈一开始以为我是专程来向她学习手工织布技术的，就像很多曼谷来的学者一样，她大方地准备倾囊相授。她每天都在织布机前工作，认为每一根棉线都有生命。她说，织布非常需要耐心和定力，因为一个人和一台织布机作伴，其实是很枯燥的，但是如果织布织久了，就有一种"织机鬼上身"的感觉，除了织布就不想做其他事情，像入定一般。大妈织布的精神头很高，她说每天有事情做，能够织布，是很幸福的事情，虽然很累，但是觉得生命有意义，"死的时候就没有遗憾了"。

大妈生于佛历2490年（1947），今年[①]74岁了，她出生在乌泰他尼府班莱县，小学四年级毕业于班莱寺小学。她的父母都是农民，家中三兄妹，她是老大。她的第二任丈夫是军人，于几年前突发脑溢血去世了，两个儿子都在泰南打工，大妈独自生活多年。她从19岁开始织布，和她的婆婆学习织布技术，学到2014年，开始织布卖，她卖出的第一件作品是一件筒裙布料，卖了大约15泰铢（约合3元人民币）。随手翻开詹比大妈获得的众多奖状中的一张，可以读到这样的话："詹比大妈的作品极具想象力，既传承了祖先的特征，又让织布成为减轻家庭经济压力的一项工作。最重要的是，还帮助保护了遗产、主体性、艺术和泰国性，以便传承给后人。"大妈说，自佛历2536年（1993）有幸获得东盟艺术奖之后，她在泰国高校几位老师的热心帮助下建立了一座织布博物馆——就是自家院子里那栋小小的红棕色干栏式建筑，这座博物馆默默地矗

---

① 本文中的今年指2021年。

立在此处，直到今天。我好奇她的动力何在，她说自己没想那么多，只是想让后代都能够知道这些知识。

在大妈家里住久了，她逐渐了解到我并不是专程前来练习织布技艺的，而是想要了解当地的文化、村庄的组织方式等更广泛的内容。在我努力理解她的时候，大妈也在努力理解我。

图 4-1　2018 年 7 月，爱织布的詹比大妈和她的作品。

趁着纳黎萱大学语言学系的师生来访问詹比大妈，詹比大妈带着我们到了隔壁村春普大叔家里。春普大叔十分热情地接待了我们。春普大叔和詹比大妈也是远亲，他们俩之间用老挝方言交谈。春普大叔家是标准的泰国干栏式建筑，据说都是他自己手工制作的。春普大叔收藏了很多以前泰国小孩爱玩的玩具，比如陀螺、竹制高跷等等，看上去取材自身边，做得很简易，但所有人都玩得不亦乐乎。詹比大妈介绍说我们想看古老的仪式，春普大叔答应给我们做一次"叫魂仪式"（พิธีทำขวัญ）。只见他准备了一套行头，包括芭蕉叶做的底盘、鸡蛋、生米、熟米、线团等等。然后用洁白的棉线把我们绕在一起。接着他开始诵念祝福的话，前面是巴利语的佛教祈福词汇，后面则大部分是泰语，我听到诸如"发财""有钱"之类的祝福。来自纳黎萱大学的歌达老师半开玩笑地责问："您不应该说老挝语的吗？"春普大叔笑笑没回答。

仪式上让我最为印象深刻的环节是，春普大叔给每个人扎棉线手环。不管轮到给谁扎手环，所有其他人也必须互相手捧着手，轮到谁，大家就一起把她的手捧起来。詹比大妈也过来帮着捧，大妈说这叫"举"（ยก），即互相扶持、捧起对方。我深感这是一次强调集体主义的仪式，教给每一个参与仪式的人集体成员之间互相帮助、团结友爱的重要意义。

中午春普大叔的儿子齐哥做饭给我们吃，食材是他们家园子里摘的新鲜蔬果，但口味很酸辣。走的时候，他特意摘了两颗木瓜和一颗芒果给詹比大妈带回去吃。而我临走时不小心把帽子落在了春普大叔家院子里，不得不再次返回取帽子，春普大叔躺在吊床里打趣我道："故意落下一顶帽子，那你以后还会来哦！"

泰国人特别喜欢互相"打趣"（แซว），例如那些刚见面的泰国人总是喜欢问"你有男友了吗？泰国人帅吗？"之类的问题，有点冒犯，实为打趣；还有老乡笑嘻嘻地打趣我是中国来的特务，所以"什么也不能告诉你"——被误会为"特务"似乎是做异文化研究的人类学家的宿命，迈克尔·赫兹菲尔德在希腊克里特岛做田野时也有类似遭遇。而实际上好客的老乡没有那么绝情。在农村，人们经常互相打趣到骨子里，詹比大妈也是这样喜欢打趣，她看不惯齐哥不懂装懂，经常胡乱回答我的问题。有一次，我问大妈和尚穿的僧衣颜色深浅程度是否和他们出家年长时间有关，大妈一抬头用下巴冲着齐哥说："你去问那位'老师'呗！"大家哄堂大笑。齐哥说"打趣"是为了让大家都觉得有趣。互相打趣必须随时动脑筋才能又讽刺到别人,又不至于伤感情,还好笑。这其实是一种拉近双方距离的方式,互相打趣,且能够互相承受对方的打趣,说明对话双方已经突破了用表达礼貌的语尾词"ค่ะ ครับ"的客气阶段,变成"自己人"了。事实上,让人难堪的相互打趣正是泰国乡土社会共同社会性和亲密性的典型表现。赫兹菲尔德在《文化亲昵》一书中认为这种文化亲密性是应对国家物化形式或其他官方物化形式的方式,它对官方规范的拒绝提供了内部的安全感。这或许从反面解释了,为何面对我笑嘻嘻的村民在"上面来的"官僚面前却是另一幅模样。他们对官员常常过分礼貌,大多数时候很沉默。

后来我又去了春普大叔家很多次,因为春普大叔有很多"宝藏",他不仅是当地本土巫师,还掌握很多本土草药知识,家里还收藏了不少关于村落历史的文献;他很慷慨地借给我复印,大大增进了我对当地老挝人迁徙历史的理解。

在乡土社会做田野的好处逐渐体现出来,认识了詹比大妈这样的老人,就相当于认识了村子里大部分人家,我几乎可以接触到所有我想要接触的人群。建立在血缘关系之上的情感联结让乡土生活弥漫着浓浓的人情味,乡土文化内部的融洽彰显着"文化亲密性"这样一种若有若无的纽带的重要作用。

## 公务员群体:国家·官僚·剧场

田野的大部分时间里,我很难在本地看到来自中央部门的公务员,除非当地有大型活动或特殊的节日时,他们才会出现。在所有官僚体系中,内务部的社区发展办公室可以说是最为基层的部门,当时班莱县社区办的领导是倪姐,她和我说,她所在的部门总是最能和村民打成一片,"但是中央分配的预算最少"。她们当时想要做的事情是发展小型旅游景点,通过培训让乌泰他尼府的农民建设起乡村旅游产业,从中带动乡村经济发展并分得一杯羹。乌泰他尼府整体来说没有大的文化景点或自然景点,但是他们想发展农家乐式的小型旅游点,想让农民从中直接受益,而不是让企业、公司拿去旅游红利的大头。某天,她正好邀请了曼谷总部的领导来给农民做培训,于是介绍我去采访他。

倪姐的领导颂猜老师带着眼镜,眼睛细长,是一位气派很足的华裔。他对我很好,知无不言。他亲切地说自己任何时候都会留时间给潜心做研究的学生。他认为泰国最接地气的几个公务员系统分别是:教师、卫生部、农业部和他们自己部门。但显然他对于较为本土的知识还不太了解,对班莱县各乡镇的具体问题也语焉不详。随后我坐着颂猜老师的车子到附近那达开村的开会场地。这个场地就在村长那隆家旁边,竟然是村长自愿捐献出来的地盘。不过当地的人均占地面积较大,加之村长说要有点牺牲精神才能服众,想想也就不惊讶了。

一上午的培训会,主要是老乡们听颂猜老师一个人在台上说话。他很有经验,演讲内容十分流畅,我却感受到一股与此地相违和的精英感。这种精英感主要体现在,他的语气似乎是在把村民当小孩子教育,否定他们现在的一切,无时无刻不在摆事实、讲道理、举例子,教他们要学会"服务者心态"(service mind),要求他们注意卫生,把家里打扫干净,还要求他们制作一些简单的布艺织品,让游客方便带走的,比如冰箱贴、手机袋等。此外,他还苦口婆心劝村民不要赌博、不要买彩票——殊不知,每个月地下彩票开奖的两天,乡亲们开心得像过节一般,每个人都跟中了彩票似的。不知道如果真的剥夺了老乡们这两天的快乐，会发生什么事情。颂猜老师讲得深入浅出很生动，台下老乡们的反应看起来却比较呆滞和脱节。会后，村长、社区办的工作人员坐在一起，享用当地的新鲜蔬菜和米线。村长吃完就下桌了，留下了公务员群体，乡亲们更是早就散场，溜得远远的了。

当地诸多大型节日仪式让我联想到格尔兹书写的巴厘"剧场国家"。格尔兹在《尼加拉：十九世纪巴厘剧场国家》中指出，很多西方政治研究忽视了政治形态之中仪式、象征和意义的重要性。剧场国家理论中，权力通过象征符号或"剧场"进行表达。我在班莱县参与了不少当地用来表达等级权力的节日仪式。塔开村的"献僧衣"仪式就是其中一个。自从塔开寺方丈创新地将本土织布文化和献僧衣仪式结合起来，塔开寺的献僧衣仪式就越来越出名，每年都有慕名而来的游客。一大早，四个村子的村民便在塔开寺门口组织

图 4-2  2018 年 8 月，正在听颂猜老师讲课的老乡。

游行,人人盛装参加。当村民游行至塔开寺的大殿门口时,便迎来了开幕式。出席开幕式的的重量嘉宾有县长和副府尹,他们站在游行队伍的最前面。已经排好的座位等级分明,领导坐前排的木质大椅子,普通老百姓坐塑料椅子。高低也有讲究,府里来的大领导站在高一层的舞台上,本土的小领导站在低一层的舞台平地,先后致辞,展演并强化着不同的等级和权威。此时,普通的寺庙俨然成为了一个小小的剧场,将官僚逻辑在公众面前一遍又一遍重演。领导致辞的仪式之后,献僧衣的活动才正式开始。

县长、府尹、中央各部门的办公室在平日里和村民离得很远,他们在的场合都是仪式性的"剧场",各项仪式中科层制特色展演将官僚逻辑进一步印刻在当地的社会秩序中。

# (前)非政府组织工作者:
## 受过西式民主教育的理想主义群像

在詹比大妈家住的时候,丽妈和贝叔夫妇俩经常来看望她。每次他们俩来时,詹比大妈都格外高兴,如同迎接贵客一般隆重接待他们。我知道詹比大妈近年来获得的很多奖项都是丽妈为她写的申请材料,而且丽妈对詹比大妈的帮助都是无偿的。他们夫妇俩是真心欣赏大妈的织布才华。贝叔和丽妈身材胖胖的,和他们聊天,就会觉得他们的气质和当地老乡的完全不一样。他们一听就是受过高等教育的人,对于文化遗产保护、基层治理都有自己独到的想法。对于基层官僚体制的种种弊病,贝叔往往批评得不留情面,这在当地老乡中是很罕见的。那么,他们到底是谁?

打交道多了后我才了解到,原来贝丽夫妇在曼谷某著名大学毕业后曾经在世界自然基金会（World Wide Fund for Nature，WWF）等非政府组织（NGO）和基金会工作过很长时间，有很多社区活动经验。厌倦了不断写报告文书的生活，他们双双辞职，从此成为自由活动家，不再正式嵌入任何机构。他们曾经在乌泰他尼府工作过5年，培养了一些年轻人，离开时觉得当地文化可以自立了，然而他们回去之后发现并不是这样——他们一走，一切又恢复了原样。所以十多年前，他们举家从曼谷搬到班莱县，致力于教育小学的孩子与自然和谐相处，学习祖先的文化和生活，以保存可持续的学习和生活方式。他们教克伦族的孩子传承传统文化，让他们对自己父辈的生活方式抱持浓厚的兴趣，他们从孩子抓起，在孩子心中埋下保护森林的种子，希望他们守住最后的500莱（泰国普遍使用的面积测度单位，1莱＝1600平方米）山林。他们教育的逻辑和主流教育、主流价值观背道而驰，他们教人热爱自己出生的乡村社区，对自己的家乡、传统文化保持自信；而后者则总是教育人们要考入大城市曼谷工作、赚钱、生活，那才是成功的人生。

贝丽夫妇今年56岁，对泰国社会有很多自己的思考，贝叔认为泰国的中小学教育是失败的，完全不能教会学生如何思考，只是通过死记硬背来规训孩子罢了。他希望通过自己组织的夏令营激励泰国孩子学会独立思考，同时对国家、对社会更有责任感，培养潜在的未来领导者。他说自己也到了生命的后半程，想做点实事。

我有幸参加了贝丽夫妇组织的一个为期3天的中学夏令营。这次活动是府里文化教育司出资支持的，贝叔和丽妈是主要组织者，活动在惠卡侃森林保护区边缘举行。一共有9所高中的孩子来参加，每个学校大概6、7个人左右，加上带队老师共有70人。3天的夏令营活动很多，妙趣横生。比如第一天贝叔让大家听词快速画简笔画，这些词包括一些很抽象的概念，例如民主、泰国、巴育总理等等。孩子们听到这些概念的时候都抱怨说不知道要如何画，我看到有一个孩子把"民主"画成了曼谷市民主纪念碑的模样。再比如魔鬼游戏，其规则是每个人踩一个点，点意味着大家要保护的村庄，点的数量比村民的数量多一个，也就是有一个空点。一个人扮演魔鬼，他要是踩到那个空点，村民失败，游戏结束。村民靠每个人的移动来保护空点。一开始大家逐个点移动，魔鬼总是以很快的速度抢到了那个点；最后一次，在贝丽夫妇的提示下，站在最中间的几位相互讨论，总算想出了解决的办法——让离得远的村民跑到空点上，这样就增加了魔鬼和新空点之间的距离。贝叔想通过这个游戏训练孩子们的合作讨论能力、领导能力，让孩子们明白只有大家都动起来，才能保护耕地，以此唤醒大家的社会责任感，强调集体思考、创新思维。

第二天，孩子们通过行走一条 3 公里左右的森林路线，学习了和森林、野兽相关的知识。第三天，孩子们参观了色布·那卡萨田的故居。色布是泰国环保主义者的偶像，影响了一代人。他很早便立志保护野生动物和原始森林。政府想在惠卡侃原始森林附近兴建工程，他坚决反对，却遭到很多人的批判，最终他希望通过向联合国教科文组织（UNESCO）申请把惠卡侃列为世界自然文化遗产的方式来保护这片森林，但迟迟没有等来 UNESCO 的批复，双方已经闹到不可开交的地步，他深感无奈，在惠卡侃森林的小木屋中以自杀结束了自己的生命。大家十分敬佩他的精神，他死后，惠卡侃获得了世界遗产的名号，色布基金会也吸引了大量的捐款，用于环保事业。

3 天的活动下来，我觉得贝丽夫妇有点像是素质拓展课教练，同时也是号召保护环境的社会活动家。贝叔总是神采奕奕，充满热情，他是很有魅力的演说家。贝叔希望大家不仅是嘴上说说，还要用行动说话，他让学生设计一些活动方案以推动乌泰的旅游或环保事业的发展，被选中的方案将会获得资金支持并予以实施。他们身上有 NGO 组织培养出来的新自由主义气息，带着对官方主流发展范式的些许反叛，强调个体的主体性和民主多元选择，强调环保和传统的生活方式。

和贝丽夫妇一道留在了班莱县生活的还有莫老师和他的妻子。莫老师比贝叔大一岁，他们曾一起在 WWF 共事过。莫老师和妻子都是玛希敦大学毕业的高材生，他学环境，妻子学翻译，毕业后一起在 WWF 工作，工资非常可观。但后来，他发现基金会的人都是"NATO"，莫老师边说，边用力在我的本子上写下解释——No Action, Talk Only（光说不练）。他立志要身体力行，重建儿时对于茂密森林的记忆。莫老师的家就是一块人造森林，他从 NGO 出来以后，便全心投入到家庭森林的生活模式的创造和推广上。他的家庭森林计划坚持了 17 年，森林已经基本长成，他的家也成为家庭森林的示范基地。泰国国家石油公司（Petroleum Authority of Thailand, PTT）每年都会组织员工前来学习他的经验，希望推广家庭森林，为未来孕育更多石油。府里的教育部和文化部也时不时和他联络，联系他组织夏令营，培训孩子的环保意识。闲谈期间，莫老师夫妇透露出对时任总理巴育在大选期间涉嫌控制舆论的不满，认为他违背了民主精神。

贝丽夫妇和莫老师夫妇虽然在班莱县做的事情不太一样，但有一点是相同的，即他们对于环保意识的重视，他们可以说是意识形态上严格的环保主义者。

虽说贝丽夫妇和莫老师夫妇都已经定居在班莱县，但是班莱县

第四部分 地方与社会

老乡之间的"文化亲密性"似乎并没有在他们身上得到彰显,两个群体之间似乎有着一道看不见的墙,老乡在他们面前多少有点不敢说话,但和我私下聊天时比较没有顾忌,一个说莫老师个性太强,做事情有点"疯疯癫癫"的;另一个说不太喜欢环保基金会那些人,觉得他们有点"装腔作势"。

图4-3 2018年7月,莫老师夫妇耕耘的家庭农场。

不同的视野,不同的教育经历,在班莱县土生土长的老乡与外来人群之间筑起了一道无形的屏障,他们互相之间能够理解对方的理念,但是似乎很难践行对方的生活理想。多元主体在这里碰撞交融,作为人类学家的我,不禁乐得享受起此地生活方式的多样性,班莱县包容了色彩不一的人群,正是这一点让小小的班莱县时刻充满着魅力。

## 结　语

人们对乡土社会的理解,往往倾向于认为它是一个相对简单的熟人社会，然而随着田野的深入，泰国乡土社会的复杂性逐渐呈现出来，我至少看到了当地土生土长务农为生的农民、从中央轮调到地方的基层官僚、理想主义的 NGO 工作者三个群体在同一个地方践行着不同的生活理念。

任何从自己的田野点梳理出一根清晰的文化主线的尝试都是徒劳的，现实明确地告诉我，泰国乡土文化是多元而复杂的。老乡群体代表的乡土文化孕育的自然政体、公务员代表的国家官僚政体、NGO 工作者群体代表的西式民主政体在班莱县共生共存，三者之间或有摩擦的关系，或有合作的关系，共同弹奏出一曲本土多元复调的交响曲。

刘岚雨

刘岚雨，男，清华大学国际与地区研究院助理研究员，研究方向为比较政治学，分别于2016年10月至2018年5月和2020年1月至2021年1月在伊朗进行田野调查。

刘岚雨将伊朗人积极乐观、追逐短利的生活态度理解为与残酷现实的无奈和解，而这种伊朗式的生存策略与生命哲学又加剧了国家的危机状态。他以身临其境的口吻描绘了伊朗日常生活的危机与激情，彰显了田野工作者对于"异文化"社会的细致观察与深入体会。

# 危机与激情
## 伊朗生活的双重体验

## 田野简述

距第一次来伊朗已有十年之久，其间断断续续加起来共有 3 年多，近我人生过往岁月的十分之一。我第一次来伊朗是 2010 年，正值穆斯林斋月，然而当时并不知道是斋月，况且烤馕店和小卖部也都开着，直到有天中午在空荡曝晒的街头被一个路人拦住。当时我一只手拿着刚出炉的散发着浓郁小麦香味的烤馕，另一只手提一大瓶颜色诱人的芬达，他用手比划说不能在街上吃东西，用蹩脚的英语对我说"This is Razan, no eat in the street."（这是拉赞，街上不准吃饭），自此我才知道自己身处的是斋月。然而就在路人走后，旁边报刊亭的老板追上我，同样是用手比划，却是让我继续吃的意思，同样是蹩脚的英语，他说的却是："Eat, no problem."（吃吧，没有问题）。

第二次来伊朗长期生活学习是 2016 年 10 月，此次来伊朗与第一次来的感觉不同：第一次更多的是将伊朗看作一个全新迥异的生活学习空间，而第二次多是将伊朗当作一个观察剖析的对象，带有一种居高临下的姿态，又有一种希望被眼前的这一社会全身心浸染的冲动。记得走出德黑兰霍梅尼国际机场时已是深夜，新建的法国诺富特酒店的高级灯光夺人眼球，这让我感受到伊核协议后伊朗发展的希望，为将亲历一个新时代的开端踌躇满志。定下神来，门前仍旧是过去那些破旧的黄色出租车和一些揽客的黑车，这些黑车多数都是起亚的 Pride 车型，这款车型从 1993 年就已进入伊朗市场，一直到今天都在生产，是伊朗街头最主要的车型。见到外国客人，手持塑料念珠的司机便一个接一个地上来招揽，我径直走向了朋友

图 4-4 2017年9月26日，德黑兰大学正门外。

派来接我的车，在路上他告诉我伊核协议后啥都没有改变。我很是喜欢伊朗人这种绝对夸张的语调，表达的是对生活的不满与厌倦，其本人却是生动幽默的。

这一次来伊朗是在 2020 年 1 月，在出发之前的一周，伊朗局势急剧紧张。美国人在伊拉克斩首了伊朗民族英雄式的人物——圣城旅总指挥官苏莱曼尼；作为回应，伊朗袭击了美国在伊拉克的一处已经撤空的重要军事基地；之后，伊朗革命卫队误击了一架刚刚起飞的乌克兰客机。局势的紧张非但没有慑阻我出行伊朗的计划，相反使我内心沸腾，迫切想要前往当地，有一种生怕错过什么的躁动。这种躁动是对一种身体记忆的回应，这种身体记忆是过去自己在伊朗社会文化中不断濡化的过程中形成的，身体在理智之前便已经随伊朗的社会脉搏开始剧烈跳动。

我此前两年的伊朗生活场域主要是大学。我注意到伊朗的大学

第四部分　地方与社会　　297

生群体具有高度政治化的特征，他们十分关心现实政治，无论是国内还是国际；他们对自身、社会和国家发展现状和未来怀有不同程度的不满，习惯于将问题简单化，将问题根源一股脑儿地归咎于国家、传统文化和生活方式之上，在思考解决方案时较为理想化，被公正、自由、民主这些不切实际的抽象概念所吸引。结果是，这些大学生用专制的方式呼吁着民主，以优越的姿态讨论着公正，偏执地诠释着自由。正因这些矛盾，他们之中一直孕育着产生"社会运动"的动能，往往会趁重要政治事件发生之机迸发。我想这可能是为什么危机事件会迫使我更加冲动地想要来伊朗。

## 危机与激情：伊朗民族的极端性格

这次抵达德黑兰的时间是中午，德黑兰被大雪和浓雾所笼罩。来接我的Q君不再是之前那个目光炯炯的大学生——一身毛呢大衣，已然是一位生意场上的新人。在车里我问他美伊之间有没有可能开战，Q君用一副成竹在胸的神情表示不会，用一副老道的口吻说："战争对谁有好处？对美国？对伊朗？就是一场表演，特朗普为了选票，伊朗为了权斗。"我没有继续这个话题，因为经验告诉我，继续下去便是熟悉的伊朗风味的，或是中东风味的阴谋论。我将话题转移到经济问题上，因为我从各种报道和研究上知道在美国恢复对伊制裁，并进行极限安全和经济施压后，伊朗民生状况急剧恶化。然而Q君的回应却出乎意料，他说："别再看那些新闻和分析了，都是些废话，制裁一直都在，没有区别；知道我在股市上赚了多少利润吗？200%，如果懂，总能赚到钱。"

伊朗人具有截然的两面性，有着矛盾的性格特征。有一幅画让

图4-5 2018年2月11日,伊朗自由塔。

我印象深刻,这幅画在阿舒拉节时经常出现,画中有一个面容明亮纯净、笑容可爱的婴儿,但是他的面颊上却点缀着一滴硕大晶莹的泪珠,整幅画的背景是深邃的黑暗。在这幅画中幸福与痛苦、希望与绝望、光明与黑暗、善良与邪恶、新生与死亡、温柔与悲壮等截然对立的元素与情感同时并存,这透露出伊朗民族性(如果真的有所谓的民族性)中的极端性特征。一位在伊朗政坛混迹多年的政治学教授曾对我说:"伊朗的政治永远不可能稳定,因为伊朗人不是极度乐观,就是极度悲观,几乎没有中间地带。"

如果真的要在纷繁复杂的观察与体验中择选几个概念来建构一套关于伊朗生活的叙事,使之本身蕴含逻辑并产生意义,我会选取"危机国家"和"激情生活"这两个概念,看似矛盾的共存。一组矛盾的概念可以使叙述展现出一定的趣味性,让人产生某种程度的好奇,并留下一个简化好记的印象。此外,在两个相互矛盾的变量之间制造某种关联机制解释似乎更具有学术价值。下面我将利用"危机国家"和"激情生活"这两个概念建构关于伊朗双重生活体验叙事，并试图对危机国家与激情生活的共生关系进行诠释。

## 危机国家

战争的阴云一直笼罩着伊朗，尤其是2003年伊拉克战争后，伊朗东西两侧同时受到来自美国的安全压力。伊朗人对于战争的敏感度远超我的想象。对于生于和平年代的我而言，战争是一件遥远且令人"期待"的事，"期待"是因为内心知道是遥远的。但是对于当下的伊朗人，不是经历过战争，就是一直活在战争的阴影下，很容易嗅到战争的气味，并因此感到不安。

记得2017年12月的一天，当时和一位来自伊朗阿瓦士的中年人M君聊起"战争"这个话题，他对我说："对于我们伊朗人，尤其是我们南部人（和伊拉克相邻的区域），战争是件很近的事。比如伊拉克突然就入侵了伊朗，天上不断有飞机飞过，我当时还是小学生，不知道是伊拉克的战斗机，我和小伙伴们还高兴地朝着飞机挥舞手臂。之后，战争的消息总是不断：美国入侵了隔壁的阿富汗，伊拉克战争爆发，叙利亚内战，战争从来没有离开过我们。"今年[①]2月的一天在和故友E君吃完晚饭后在街头散步闲聊中E君突然问我："美国会打伊朗吗？"我告诉他不会，他表示他很担心特朗普政府会为了选票向伊朗开战，想抓紧时间移民加拿大。这种对战争的敏感还体现在伊朗革命卫队误击乌克兰客机事件上。

---

① 本文中的今年都是指2020年。

图 4-6 2017年10月8日，迷惘——德黑兰街头。

革命卫队航空航天部队总指挥阿米尔-阿里·哈吉扎德（Amir-Ali Hajizadeh）在解释为什么会发生误击时表示，当时整个航空航天处于最高警戒状态，因为战争一触即发。

除了战争风险外，在外部施压（以制裁为代表）、国内政治博弈和经济管理不善等多重因素的复杂作用下，后霍梅尼时期伊朗的政治、经济和社会发展轨迹历经了多次大起大伏，身在其中的人很难为个人的未来做打算。以 M 君的经历为例，他是德黑兰一所知名理工院校计算机专业的本科生，学习成绩极为优秀。两年前认识他的时候他在读大三，他向我炫耀他正在申请美国大学的研究生，而且有很大几率能够获得奖学金。今年 5 月的一天，我在德黑兰大学附近又见到了 M 君，我吃惊地问他为什么还在伊朗，他说："特朗普毁了一切！一方面伊朗学生几乎不可能拿到签证，另一方面即使拿到签证，在货币大幅贬值的情况下也没有财力去那边了。"

第四部分　地方与社会

R 君的经历更是神奇。R 君有一家造纸厂，生意很成功，为了确保自己的利润能够在不断贬值的货币面前实现保值，他总是将部分利润用来购买金币，久而久之就积累了大量金币，而他身边都夸张地将其称为"金币之王"。"金币之王"这个帽子在伊朗当前的语境下有两个含义，一个是表示很有钱，另一个则是涉及一些炒作金币市场，在民众中制造恐慌的投机分子。通过我与 R 君的交往经历，我觉得他并非一个投机分子，他总是向我强调生产的重要性，在 2018 年初大批工厂因外汇突然暴涨造成进口成本大增，进而导致入不敷出相继倒闭的情况下，他的工厂仍在运营。2018 年初和他吃饭时，他曾满面自豪地对我说："我是一个工作狂，我每天 8 点到工厂，晚上 11 点才离开，是工厂里最后一个走的，我手下有 32 个员工，他们背后是 32 个家庭，如果一个家庭按 3 个人算，我养活着 96 个人。"然而，就在今年年初我从介绍我认识 R 君的 W 君那里听说他因为囤积金币被逮捕了。

虽然心里大概知道是怎么回事，但还是习惯性地向 W 君询问了缘由。W 君说："其实购买金币不是犯罪，用的都是自己的钱，但是最近金价涨得太厉害，引起了老百姓对国家经济形势的恐慌和对政府的不满，政府因此想抓几个替罪羊平息民愤，将国家现阶段的经济问题扣在一些投机分子身上。"听到 W 君这一席言论之后，我突然有种感慨——国家层面的危机原来这么容易传导成为个人层面的危机，从企业家到投机者全不由自己掌控。

凭借我在伊朗的多年生活体验，我自己内心形成了一个科学和直觉相混合的认知：伊朗的货币一定会不停地贬值下去。但是对于贬值速度我并不能进行实时准确的预判，只知道新一轮制裁或是危机事件前后会出现较大幅度的突然贬值。我在伊朗持有的主要货币是美元，需要换成当地货币进行消费，由于对当地货币势必会贬的认知，我产生了一种强烈的意识，即每晚一天就能兑换更多的当地货币。这种意识使我的行为产生了矛盾性：每次总是换很少量的美元，换完之后却又极为挥霍，希望尽快花完，既斤斤计较又大手大脚。但是，归根结底这其实是一种想要占尽便宜的贪欲。这种占尽便宜的贪欲似乎并非我所独有，突然想起德黑兰一位地下说唱歌手所唱的一句"这里所有的人都是狼，把你当成羊羔来对待"，有一种浓浓的社会危机的色彩。

## 激情生活

不可思议的是，对我而言，在危机国家之中我却看到了充满激情的生活，这常常让我想要热泪盈眶。在宗教制度对社会的严格管控下，伊朗的公共空间并不存在国内常见的尽兴方式，诸如酒吧、酒店、迪厅、KTV、棋牌室等。简言之，这里没有我们一般认识或一般想象中的夜生活。然而，在危机和管控下的伊朗民众并不是时时刻刻生活在不安与压抑里，相反，他们将所有精力投入到眼前的生活中，活在当下而非活在对未来的期待之中。

今年2月伊朗新冠疫情爆发，感染人数迅速上升，政府每日呼吁民众减少群体聚集。然而这似乎并没有影响我邻居H君的正常生活，他每天傍晚7点都会来敲我的门，向我挥挥手中的羽毛球拍，然后我们会一起前往附近的公园。公园里的草地上早已被一家家的筵席所占领，上面摆着自己做的饭，有的筵席中还会摆着一柄水烟。有的是一家人，有的是情侣，在草地上铺上一张垫子，摆上一些简单的食物，就可以坐到凌晨。席间欢声笑语，人们笑容满面。疫情之下这种热烈的生活场面让人感动，但是又让人感到荒唐，而我自己则沉浸在激烈的羽毛球竞技之中。

国内的父母每天都在关注伊朗的新冠肺炎疫情状况，看到日均2000多的新增病例分外担心，日日嘱咐我一定不要出门乱跑，多囤些东西，就待在屋子里。每每这时我都会一下子紧张起来，下定决心自此时绝不再踏出门外一步。一日H君又如期来敲门，开门后我对H君说："现在整个伊朗的疫情都很严重，咱们最好还是不要出门了。"H君一脸不屑地回答说："别想这些，正常生活吧，我们已经打败新冠了。"虽然心里知道他的话有多么荒谬，但是我和他一样期待即将开始的羽毛球"厮杀"，终于，我又和他一起上路了。穿梭在熙熙攘攘的人群中，看着街头的小摊小贩，听着亲切的汽车鸣笛声，我不禁感叹生活多么美好。

一日，我很认真地问H君为什么不惧新冠肺炎，和很多伊朗

图4-7　2017年9月25日，德黑兰瓦纳克广场的海绵宝宝。

年轻人一样，他喜欢以玩笑的方式开场，他说："我们伊朗人和你们中国人不一样，我们不吃你们吃的垃圾，我们吃的都是正常的、高能量的东西，因此我们比你们更强壮，所以新冠病毒不能拿我们怎么样。"在他讲完后我附和以开怀大笑，然后说："说真的，到底是为什么？"他思索了一下说："你应该知道，我们伊朗人生活在一个危机社会中，总是危机不断，突然一天就战争了，突然一天就受到制裁了，突然钱就贬值一半，突然一天汽油价格就上涨了，突然一天客机就坠落了。对于危机我们已经麻木了，新冠和这些危机一样总会过去，我们还是一样生活。"如果 H 君做出的解释是合理的，那么伊朗民众应对危机的方式就是生活，生活是不能停止的，因为停止生活就只能活在危机之中。

那么以 H 君为代表的伊朗人的生活是什么样的呢？我的一个突出感受就是"活在当下"。对于像 H 君这样的年轻人，在充满不确定的危机国家中是很难对个人发展和理想存有奢侈幻想的，工作上的勤劳努力并不带来事业上和经济上的成就，也就是勉强维持生计。既然工作无法带来自我价值的实现，他们需要寻求别的解脱路径，那就是幸福的生活。他们每天下班后都会约上朋友在公园里散步、闲谈、野餐、打排球，直至深夜。他们并不存款，总是在自己的财力限度内享受最好的，因为谁也不知道今天的货币价值在明天会变成什么样子。所以，从经济、政治和安全角度看应该呈现出凋零面貌的国家在实际上却充满着生活激情，有时甚至让人感到他们是在不知疲惫地生活。

然而这种不知疲倦的激情生活本身也可能是一种对现实的逃避。记得在 2017 年秋的一天和 O 君一起去看刚刚上映的《售货员》，这部电影赢得了奥斯卡最佳外语片的大奖,电影中充满的道德困境，传统与现代的张力，反映出伊朗社会现实中的种种矛盾。然而在看完这部电影后，O 君的神情却异常纠结与悲愤，我大为不解，因为看电影前我们还一起享用令人愉悦的晚餐。我询问他发生了什么，他表示生活已经如此不堪为什么还要看这样令人困扰的电影，他宁愿看喜剧，看美剧，因为从中可以逃离残酷的现实。一瞬间，我似乎看到了他平日里展现出的积极状态和幸福笑容背后的苦涩，内心不禁泛起一种同情。

## 沉迷危机

一个人在危机国家生活久了之后，可能会沉迷于这种危机，因为在没有危机的国度他很难感受到心跳，感受到存在。S 君出于工作的原因，常常有机会去欧洲国家出差，时间长的话可能会待半年之久，甚至有移民法国的机会。在和 S 君初识时，在聊天过程中他平均每三句话就会说起自己在欧洲的生活经历，很像国内一些名校的学生或是毕业生，其目的是为了抬高自己的层次。这与伊朗社会中，尤其是中上阶层存在的崇拜西方的文化氛围有关，他们喜欢通过展现自身和西方的种种联系来抬高自己。随着跟 S 君接触的增多，我们两人也成了无话不谈的朋友。在 2018 年 2 月的一次聊天中我问他："当时你能留在法国为什么选择回伊朗？"他回答说："从收入、环境、购物等角度讲法国很好，但是没有滋味。那里的人很冷淡，不像我们伊朗人经常聚在一起，喜欢开玩笑。我当时在那生活了半年后开始思念伊朗，在伊朗每天都有一些奇怪荒诞的事情发生，给人激情。你知道吗？我甚至会想念最高领袖，想听他的讲话。"

S 君的一席话引发了我对危机国家和激情生活之间关系的思

考。对于这一代在危机国家生活的伊朗人,危机国家和激情生活之间存在一种共生的关系。因为在长时期的危机环境中,人们践行的生活哲学是"活在当下""逃避现实",寻求即时的刺激,谋求眼下的利益,这使得在伊朗生活的脉动极为快速和剧烈,颜色也更为热烈。而反过来,这种躁动不安的生活哲学也会加剧国家的危机状态,因为他们不愿意正视现实,沉浸于危机下的激情生活状态。以上是我围绕"危机国家"和"激情生活"这两个概念构建的一些散乱的主观叙事和思考,以飨读者。

# 郭迅羽

郭迅羽，女，清华大学国际与地区研究院、社会科学学院社会学系博士研究生，研究对象国为老挝。硕士阶段期间，作者曾于2016—2017年间前往老挝北部一佬族旅游村庄进行了为期三个月的人类学田野调研，关注旅游发展中的村庄共生性。博士学习期间，于2018—2019年间再次赴老挝进行了数月的资料收集与预调研工作。

郭迅羽围绕着老挝人看似懒惰怠工、实则豁达平和的"佛系"性格，为读者描绘了佛教信仰体系之下的老挝社会与生活。她以人类学家的眼光敏锐地洞察了老挝人"不贪心"背后所蕴含的宗教洁净观与深层的文化逻辑，将自己的思考与地方性知识进行了恰切的融合。

## 佛国老挝人，"佛系"物质观
### 记一些田野随感

## "佛系"勤快

刚到老挝时，我与一些中国商人聊天，他们时常抱怨老挝雇员不够勤快，经常出于各种原因请假不上班。这些老挝员工今天要参加一个朋友的婚礼，明天又要去给另一家亲戚帮忙，似乎并不在意工作薪水打了水漂。这导致许多中国老板宁愿花更高价钱从国内雇人，也不愿意用低薪聘请本地老挝人。他们还发现，不但给别人打工的老挝人是这样，自己当老板的更是如此。他们附近的老挝店主，经常上午营业赚了些钱，下午就不开店了——或是给自己放假去做别的事，或是与朋友三五成群聚会喝酒直到深夜。在中国老板看来，这样的生活实在是没有前途，更遑论"钱"途。他们纳闷：不是说老挝人没什么钱吗，为何面对赚钱竟还能如此佛系？

无独有偶，在经济与市场发展的道路上，中国商人不是唯一有这样困惑的雇主，而老挝雇员也不是唯一被指责"不勤快"的员工。事实上，在工业化初期，包括中国以及欧洲各国在内的许多国家都出现过企业家抱怨当地员工缺乏时间意识、效率低下、懒惰怠工、缺勤率高等问题。人们对此给出了一些解释，诸如当地人还未适应从传统社会到工业化社会的时间节律变化，或是人们的行为常受到传统的社会共同体网络与人情往来需求的影响等等。

显然，这些说法也适用于老挝。在村庄调研期间，我的确能感受到许多村民的日子称得上"悠闲"。在农闲季节（近年来由于转向旅游发展，村中不少人家已经放弃种田），除了做旅游生意、经营小商铺外，村民还有大量的时间走家串户，闲聊喝酒晒太阳，或是参加亲友邻里举办的各种仪式活动。甚至在天冷的时节，一家人

图 4-8　2018 年 11 月 22 日，于老挝万象塔銮广场（塔銮节布施）。

在炉边烤火闲坐一天。这样的生活与中国（尤其城市里）的节奏大不相同。村民没有很严格的时间观念，不强求工作日与休息日的区分，似乎参加亲友的仪式活动是比工作更重要的事情。然而，这便等于他们不勤快，或是能完全解释他们的"不勤快"吗？

若有人因此批评老挝人怠惰，我想他一定不曾看到那些在每日天还未亮，便备好斋食、整装跪坐在僧侣行径的路旁静候布施的人；也不曾看到凌晨六点的塔銮节布施日，万人空巷的盛大场面。于是我想，中国老板有一点说得没错——理解老挝人的"勤快"与否，或许真的还有另一重因素，那便是"佛系"。

说到"佛系"，想必多数人的第一念头便是不争不抢、一切随缘、看淡得失，乃至带有些颓丧而消极避世的意味。这个词据说最早源自 2014 年前后的一本日本杂志，而后传入中国，2017 年末在网络上一夜爆红，成为时下许多年轻人热衷标榜的处事态度。显然，与其他许多网络热词一样,"佛系"所流行的意涵早已与其出处——佛教义理——相去甚远。在与我的聊天中,中国老板所说的老挝人"佛系",自是网络语义下的感慨,觉得他们对于赚钱似乎颇为超脱,淡然而随缘。我们自知这是调侃,谁又会真的对收入无动于衷呢?但换个角度来说,老挝人这"怠惰务工"与"积极礼佛"之间的矛盾,又何尝不是他们所特有的一种"佛系勤快"?这时,"佛系"不再是网络上背离佛理本意的流行概念,而是人们行动表现背后的一套文化与宗教价值观念。而这样"佛系勤快"的背后,更反映了老挝人一系列"佛系"的物质与金钱观念。

老挝素有"佛教古国"之誉,历史上曾一度将佛教作为国教加以信奉。老挝的主体民族称为佬族。以佬族为主,目前全国有六成以上人口信仰上座部佛教。我所在的沙村便是一个典型的佬族村庄。沙村位于老挝北部一处山谷中,依山傍河而建。村子不大,只有九十余户人家,都是低地佬族人,信仰上座部佛教。村里有一座佛寺,僧人数量不定,多数时候约有三五位僧人长住寺中修行。平日早晨,尤其是初一和十五,村民会上寺庙布施做功德。每当遇上重要佛教节日,活动更加隆重,几乎全村人都会参与布施仪式。此外,每逢新年、婴儿出生、亲人生病或离世等时刻,村民也会请僧侣到家中举行法事,有时家中男丁还会到寺庙短期出家,为亲人(如父母)积累功德。可以说,佛教与人们的生活息息相关。人们相信万物逝去后便会进入六道轮回,今生在世积累的功德业报将决定自己往生的道途与来生的命运。

作为一个无神论者,我自认很难真正明白这业报轮回的信仰。然而,在与老挝人的朝夕相处中,我依然从许多点滴小事里体会到这一信仰影响下的价值观,这其中也包括他们对物质与金钱的"佛系"观念。我想,这也许有助于我们理解那个关于"勤快与懒惰"的趣谈。更重要的是,如今的老挝社会同样面对着市场发展与商业冲击带来的挑战,若能对这"佛系"物质观进行一二探讨,或许能带给我们更多的启发与思考。

## "老挝人不贪心"

佛理认为,贪及嗔、痴,合为"三毒",使人沉沦生死轮回。智者在《杂阿含经》中说"贪欲染心者,不得、不乐",离贪欲者方能心解脱。之于心念佛教的老挝民众,"不贪"是他们在信仰上追求的思想境界,又何尝不是他们在现实环境影响下所形成的客观理性呢?

老挝地处亚热带,夏季炎热多雨,冬季温和少雨,糯稻是平原与河谷地带的主要作物。以沙村为例,村中大部分家庭都拥有一定面积的水田,灌溉用水引自附近小河。村民每年在6月到12月间种一季水稻。其余时间里,有的家庭会种植一些蔬菜,也有的家庭就将土地闲置。一般来说,一季稻能够满足普通家庭一年的粮食需求,但不足以用于外销。由于土地肥力有限,很少有家庭会多种一季换取现金。因此,理性思考下的不划算,加之很多村民"够吃了,就不用再种了"的想法,使得在农业生产上,他们很少"贪心"索取地力或过度开荒,而止步于满足基本生活需求。

潜移默化地,这样的生产态度不免或浅或深地影响到人们对于其他财产,包括对土地占有的态度。有一次,我与一位村民大伯聊到政府对民众土地的征用。大伯回忆道,在建国初年(20世纪70年代末),政府经济状况不好,那时如果进行某项工程项目需要征用土地，民众不但要将土地交给政府，还不一定能获得补偿，或是只能得到金额不高的补偿。但老挝人很少抗议，每次政府要做什么，民众就说"好吧，好吧"。即便可能会占用到他们的土地，他们也不会索求高额的赔偿。与我讲这一故事时，大伯反复说道："老挝人不贪心。"言语间似有自豪之感。诚然，人们"好吧"与顺从的声音背后不免有许多弱势者的无奈与不得已，但大伯那引以为豪的评价态度告诉我们：无论如何，"不贪心"的物质观的的确确是老挝人所赞赏与追求的品质。

事实上，老挝人这种"不贪"、豁达的态度已超越单纯的物质层面，辐射到了生活的诸多方面。一次龙舟赛中的细节让我深切感受到，豁达的精神让人们放弃的是斤斤计较，而收获的则是更大的快乐。

沙村所在的诺县每年都会举办新年龙舟赛。这一年，比赛在南乌河的柯村段举行。根据规则，每一轮比赛都是两两船队较量。然而，由于地形缘故，柯村段的河道恰有一个很大的拐弯，这导致弯内侧的船在比赛中行驶距离更短，更具有优势。但据我观察，组织者在设置起终点时，并没有严格考虑这个问题，现场的比赛队伍和观众似乎也没有对此提出异议。在整场比赛中，选手与观众都全情投入、情绪激昂，我所感受到更多的是狂欢的氛围，而非人们对比赛输赢、赛后奖金的锱铢必较。

我想，老挝人的"不贪心"，既是人们所处的环境造就了他们"不用贪心""无法贪心"，也是环境与宗教长期潜移默化影响下带来的崇尚豁达与真的豁达。而这一环境所塑造的观念延续至今，在人们面对新的事物变化的时候，也必然影响着他们对于挣钱、对于商业、对于物质的态度。

## "赚干净的钱"

当然，不贪心并不等于不爱财。但有意思的是，在随意的闲聊中，不止一人向我提及，他们要赚"干净的钱"。这似乎是一件值得格外强调的事情。那么什么是"不干净的钱"呢？

偷盗抢劫这些常理中的脏钱自是不必说。除此之外，聊天中人们关于"洁净的人"的说法引起了我的注意。这让我联想到我身边发生的一件事，故事的起因是几名游客与我朋友阿福阿潘两兄弟之间的口角。在沙村调研期间，我极少听到争吵。不论是亲眼所见或是道听途说的争吵纠纷，都很少发生。除了一次邻村年轻夫妇闹离婚，需要我相熟的阿叔作为长辈亲戚前去调解以外，剩下的就只有与游客间偶尔发生的小纠纷。我的向导阿潘家里经营了一个家庭导游公司和一个登山观景点。阿潘说，他们最不喜欢的就是斤斤计较、爱钻空子的游客："来这里玩的大部分游客人都很好，只是有些爱钻空子的人很难沟通，比如他们爱逃票。我们在登山观景的入口处设了购票处，而他们会想方设法不买票。"

有一回，阿潘的三哥阿福在自家的旅游咨询处和两位姑娘发生了口角。这两位姑娘早些时候来订车票（阿福经营着一辆来往省城和村里的面包车），但不肯预交定金。据阿福的说法，她们说有可能改天再离开，所以晚点再来看，还有空位就买票。然而等她们晚上来时，阿福家的车位已经订满了。两位姑娘认为阿福没有留票是言而无信，因此双方吵了起来。最后阿福把两位姑娘劝走了，请她们到县城车站买票，说那儿还能便宜些，并且还说："如果你们一直用这样的态度，那么老挝不欢迎你们下次再来！"

在此我无意评判双方的对错。引起我兴趣的是阿福在这两位姑娘离开以后余怒未消而向我发出的感慨，他说道："我非常不喜欢这些人，他们态度很不好，没有礼貌。像这两位姑娘，这两天接触下来，脾气不好，不跟人说谢谢，很多抱怨，总臭着一张脸。我之前就和阿潘说了，即使车上有位置，我们也不想和她们做生意。我们老挝人性格好，一向不喜欢吵架，但要遇到这样的人也没办法。我们做生意自然希望多赚钱，但是有些人不好，不友善，心灵不纯净，那他们的钱也是不洁净的。这样的钱有得赚我也不想要！"

而之前阿潘说到的斤斤计较的逃票行为，在后面的日子里我也多次看到。有一天他父亲正在家里吃午饭，被家住登山购票处旁的乡邻的一通电话急急忙忙叫走了。一问才知，那里有几人想上山，却拿着前一天用过的票而不愿再次买票。乡邻在阿叔回家吃饭期间帮他临时看顾售票处，代收门票费，此时正与这几名游客僵持着，让阿叔赶紧过去解决。对于此事，阿潘已经见怪不怪了，但还是忍不住对这几位游客的做法感到厌恶与无法理解，尤其不满他们小气、爱钻空子的性格。

其实，若是游客不斤斤计较爱钻空子，老挝人还是很友善大方的。有一回我坐长途大巴，途经一个偏僻的小村子，乘客临时下车小憩。道路边有些女人在摆摊卖玉米，三四人坐一起，边卖玉米边看顾孩子。摊前的玉米个头大小不一，量也不多，显然是自家种的，卖些零钱贴补家用。玉米六七根一份用塑料袋装着，煮熟的每袋10000基普（约合8元人民币）。我示意其中一位阿姨，只要一根玉米多少钱？那位阿姨先是表示不卖，后来看我只有一个人吃不了那么多，想了想，与身边朋友笑着对看了两眼，然后从一个已开封的袋子里拿了一个玉米给我，表示是送给我的，不要钱。我执意给了她 2000 基普（约 1.6 元人民币），她先是推拒不要，后来收下了，但又找了一个小玉米递给我。我既感动，又感慨。虽然一个小玉米值不了多少钱，而这样的情况在别处也未必不会遇到，但这一系列的回应反映出的是她们质朴大方、取财有道的态度。

在日常与老挝人的言谈交往中，我注意到"洁净（纯净）"在人们心中非常重要，它外至个人仪表、房屋居室的洁净，内至个人心灵的纯净。人们选择僧侣主持宗教仪式、在赕佛布施中请僧人作为中间人把食物传递给万物灵魂，是因为相信他们很少做错事，不会做坏事，是纯净的，而只有这样纯净的人才能接触到灵魂。有关"洁净"的观念贯穿着人们生活中的诸多方面，其中自然也包括金钱。人的洁净与金钱的洁净、金钱获取途径的洁净是相通的。人们强调通过不洁净的途径取得的钱不能用来布施做功德。人皆爱财，希望多多赚钱。然而"君子爱财，取之有德"，不道德、不择手段地获取钱财不论在哪里都被人们不齿。而在老挝，宗教的洁净观更在一定程度上强化了人们在金钱与物质方面的道德约束。

## "去布施"

如同礼物需要流动，钱财到了老挝人手中，有不少也要被布施出去。佛教相信世间生灵皆有因果轮回，行善即得善果。佛教徒日常最主要的宗教实践便是做功德。"功德"好比一个人善行和品德的证明。人们通过做功德为今生与来世的自己积累福报，求得好轮回，最终脱离世苦获得涅槃。做功德的主要途径有施舍、持戒和净心。对于僧人而言，他们在持戒和净心方面有更高的要求；而对于普通信众，念佛、诵经和布施则是更为日常的积累功德的方式。

图4-9 2016年4月16日,沙村寺庙的宋干节布施仪式。

布施是每个佛教徒生活中不可缺少的仪式。所谓布施,一般是向僧人供奉斋饭,施金钱礼佛,目的是让人们学会施予,帮助众生,亦不执于物欲。布施仪式的规模有大有小,全由个人自愿参加。每逢重大佛教节日,全国寺庙都会举行布施仪式。在一年一度的万象塔銮节上,同时参加仪式的人数可达上万。而在像沙村这样的村庄中,每逢佛历新年举行集体布施的那一天,全村大部分村民都会参加,无法全员参加的家庭也会派出代表参加。有时人们也会以家庭为单位,举行一些小规模的功德仪式。所为目的不一,诸如家里举办葬礼、祭奠父母、建房、家人病愈等都可以请僧人单独举行仪式。仪式有的在寺庙进行,也有的在家中举办,一般会邀请亲戚参加。最常见的布施活动在每日清晨进行。而在一些较大的村子或城市里,人们会拿着食物上街，在僧侣化缘的路线旁等候布施。但在沙村，因为村子不大，所以村民习惯每日清晨聚集在寺庙里举行布施仪式。

阿菩是我在沙村的好友。她是家中的小女儿，已成婚并育有一子，现与父母同住，还有两位未成婚的哥哥也住在家中。往日里通常是阿菩的母亲打理着家中的布施事宜。母亲很虔诚，几乎每天都会参加，为自己与家人求得福报。但近日母亲身体不适，于是由阿菩代为上寺庙布施。

这日，我在前一天晚上便与阿菩约好，和她一起早上去布施。

清晨六点，天蒙蒙亮。因山谷中积压了一夜的水汽，此时空气中还氤氲着灰白的雾。厨房院子里，阿菩已经生起了柴火，正要把糯米饭蒸上。糯米泡了一宿，蒸好后在垫板上摊开稍微晾凉，就要盛到竹篾编的小饭笼里，和两盘炒菜一起拿去寺庙。

七点左右，我换上筒裙，在身上斜系了条长礼巾，随阿菩来到寺庙。我和阿菩两人各用篮子提着一笼饭、一盘菜，还有一个装清水的小瓶子。其中一份备菜是头天晚餐前特地留下的一小盘牛肉炒青菜（斋僧不能使用剩菜），另一盘则是早晨新煎的鸡蛋（上座部佛教中斋僧的食物不拘荤素，因为不论荤素皆为施主的供养，僧人不应挑拣或拒绝）。

我们首先来到供奉主佛像的大殿，除鞋后从侧门进殿，走到佛像身前三五米处一个食盘前，面朝佛像跪下，然后把搭在肩上的长礼巾前端平铺在地、磕头行礼，双手举饭笼至额前，默祷。接着用右手从饭笼中取出一小撮饭团，将饭团举至额前后放入食盘内。如此重复三次，最后向佛像双手合十磕三个头，才可退身离开。

离开主殿后，我们来到经堂。这时已有三位僧人师父盘腿候在殿上接受献食。他们身旁放着两大篮干净碗碟，身前放着两张篾桌，

第四部分　地方与社会　　　　　　　　　　　　　　　319

桌上已有几盘菜，用网盖盖着。两张篾桌中间还有个取菜的架子和饭盆。我们脱鞋进入大厅，在僧人面前跪下，磕头行礼，然后把带来的菜盘推至他们面前（由于佛教戒律，女性不能触碰僧侣，也不能直接递交物品）。其中年纪较小的一位沙弥取一个干净盘子，把菜和一部分饭拣到寺院的盘子和饭盆里，再把器皿退还回来。我们又行了三礼，便起身让位给后面的村民。但我们并未离厅，而是先把空碟放在一旁，拿着饭笼走到师父座后的佛像面前，对着佛像再次行礼、敬奉饭团后，才带齐物品起身离开，去寺院空地上等候正式仪式的开始。一些人还会趁这期间到寺庙门口的土地女神——那珈雕像面前敬奉米饭。

我们到的时间偏晚，此时已有十来人在前院等候了。平日来布施的大多是中年妇女，这天也只有一位男性，阿菩则是其中最年轻

图4-10　2017年1月29日，沙村寺庙的清晨布施及候于经堂的僧侣。

的。村民都很耐心地聊天等候，一旁还有阿姨特地问候了阿菩妈妈的身体情况。

七点半，寺院住持领众僧到主殿前，众人纷纷上前跪成一排，礼巾铺地。僧人手持僧钵依次从众人面前走过，众人将饭笼举高，取出米饭虔诚地在额前轻举，放入钵中。一行走完，僧人回到大殿台阶前坐下，开始诵念经文。此时众人也放下饭笼，双手合十随僧人颂唱。最后，大家拿出备好的小水瓶，一边单手竖立胸前继续诵念，一边将清水缓缓倾倒于地。随着水流渐逝，诵经结束。人们跟随僧众起身，布施仪式至此结束。此后，村民各自散去，僧侣则回到经堂用膳，开始一天的课业修行。

佛教徒布施，既是礼拜佛祖、奉养僧人，同时也是在万物有灵观念的影响下，对身边生灵的施予——请僧侣作为媒介，通过诵经将这些食物传送给周围的灵魂，其中有已故的父母先祖、逝去的亲朋好友，也有被遗忘的逝者、从前的敌人，乃至花鸟树木、鸟兽虫鱼。布施是在为这些灵魂做功德，希望他们能在下一世有一段更好的生命旅程，同时当然也是在为自己积累功德。随着最后一段诵经，人们将清水缓缓倒在地上，洗涤自己的罪恶，也请土地女神见证自己的功德。

节庆中的大型布施流程与此大体类似，只是仪式中诵念的经文更多，参与的人数更多，奉献的食物也更丰富——每家都会准备一箧桌丰盛的食物奉至经堂。敬献给每位僧侣的也不仅仅是糯米饭，还有饮料、牛奶、饼干、零食、用芭蕉叶包成花的零钱等等。由于食物份量很多，僧人吃不完，因此他们会将饮料、零食等能够长期保存的食物留下，而新鲜的饭食则在主体仪式结束后，由僧人诵念经文供奉给灵魂，再由村民各自取回。一些未取回的，可以留下作

图 4-11　2016 年 4 月 16 日，沙村寺庙的宋干节布施仪式。

为僧人当日的饭食，或转赠给一些来寺庙的穷人，而这同样也是布施与做功德。

　　佛教教理本就主张重精神、轻物质。在布施行为中，这些食物、钱财的"施"与"舍"虽是为了积累信徒自身的功德，但更在潜移默化中影响了人们对物质、金钱的理解，使人们在金钱观上保持着较为豁达的态度。作为信徒，人们关于业报、善行、福德的观念在日复一日的仪式过程中被强化，周围的神灵、敬重的僧侣、相熟的村民都是自己行为、德行的见证者与监督者。宗教信仰、道德教育也由此在仪式实践中被延续。

## 尾　声

　　相对有限但不紧缺的环境资源从物质上塑造了老挝人"不贪心

（也无法贪心）"的平和性格，宗教洁净观与金钱洁净观相互贯通，规范了当地人"君子爱财，取之有德"的商业实践，而功德实践中的"施"与"舍"则潜移默化地影响着他们，使他们拥有了相对豁达的物质观。这些要素相辅相成，一套基于环境资源、宗教信仰与文化所形成的"佛系"物质观由此显现。这也许回答了人们关于老挝人不够勤快与怠于赚钱的困惑。同时，在面对金钱的诱惑、商业的冲击之时，以佛教为代表的宗教信仰或能为我们提供一条更具启发性的应对路径。

# 周 燕

周燕，女，清华大学国际与地区研究院助理研究员。2012年考入清华大学发展中国家研究博士项目，政治学专业。2013年至2014年前往美国约翰霍普金斯大学高级国际问题研究学院访学，2014年至2017年前往巴西进行田野调研。主要研究兴趣包括巴西国家与社会关系、社会流动与政治行为、不平等与社会运动等。

周燕讲述了她在巴西不同城市进行田野工作时所真实感受到的贫富差距与社会不平等。她认为，巴西的不平等问题有着深刻的历史根源，而不同阶层缺乏能动性、被迫安于现状的事实又进一步加剧了阶层的固化。她尝试以当地人的视角理解巴西社会的结构性制约，体现着田野工作者的底层视角与平民关怀。

## 巴西贫富分化的两个世界

不敢想象，我已经离开巴西的田野三年半了，超过了我在那里生活的时长。2014 年至 2017 年间，为了开展博士论文关于贫富差距与教育不平等问题的田野调研，我曾在巴西最大的城市圣保罗居住。这一期间遇到的人和经历的事，不仅对我的研究十分有帮助，而且也影响了我看待自己和世界的方式。

社会不平等是包括巴西在内许多发展中国家面临的显著问题，对这一领域的好奇和热情驱使着我探索巴西社会的方方面面，也在此过程中倾向于从社会不平等的角度去审视和分析很多事物与现象。

本文主要由我在巴西期间撰写的一些田野感悟构成，从贫富分化的视角对里约热内卢、萨尔瓦多、福塔雷萨和圣保罗等四个城市的历史和现实进行描述，并加入自己的感想与思考。

## 里约热内卢：贫富分化的地理图景

说起来着实有些难以置信，我是在到达巴西一年半以后才第一次前往里约热内卢。不过对于这样一座充满历史价值和现实意义的城市，如果用旅游者的视角认识她，我心里是有些抵触的，因此迟迟未去探访。里约热内卢与我所居住的圣保罗有诸多不同，其中主要的一点就是贫富差距的显性体现。

里约热内卢的美是毋庸置疑的，作为一名住在圣保罗且热爱那座城市的圣保罗人（Paulistana），面对里约热内卢的城市风光也只能甘拜下风。与圣保罗的"水泥森林"相比，里约热内卢背山面水、湖海交织，随处可见欧式建筑和绿树成荫的街道。灿烂的阳光放肆地洒下来，城市里的一切似乎都在生动起舞。大大小小的沙滩点缀整个城市，而几乎任何时间都有人在沙滩上活动，其中不乏养眼的俊男靓女。在里约热内卢，甚至连规模庞大的贫民窟也成了点缀城市的景色，它们成片地盘踞在俯视整个城市的山头，泰然自若，与城市的其他现代化建筑群形成鲜明的对比，却又有种奇怪的融合感。里约热内卢美得直接又生动，这一点是连号称"南美巴黎"的阿根廷首都布宜诺斯艾利斯也无法相比的。

与美景一样，里约热内卢的复杂也是显而易见的。众多贫民窟就那么明晃晃地站在那里，把巴西最严重的贫富差距问题赤裸裸地展现在世人眼前。尽管巴西其他很多大城市也都容纳有声名远播的贫民窟，但是其中很多位于城市的边缘地带，只要不特意去往那些地方，其他街区的人们并不会明显感受到它们的存在。然而在里约热内卢，贫民窟与富人区的距离如此相近，让人直观又深刻地感受到贫富差距的强烈冲击。

从里约热内卢的国际机场乘车到市里，必然要经过这座城市最大的贫民窟之一马莱（Maré）。可以想象有多少外国访客到达里约热内卢之后，首先迎接他们的就是"气势磅礴"的贫民窟。而如果搭机场大巴去里约热内卢西面新开发的富人区巴哈（Barra Da Tijuca），一路上则会经过著名的"上帝之城"，两者相距仅有8公里。而市区内的贫民窟就更是与高级住宅区比邻而居了，比如拥有国际知名度的超大型贫民窟荷西尼亚（Rocinha）就坐落在里约热内卢房价最高的莱伯伦（Leblon）区的旁边。从巴哈区开车往东去往市区的路上，荷西尼亚贫民窟标志性的拱形建筑就像在欢迎路人一般，密密麻麻的贫民窟小屋爬遍了公路尽头转弯处的山头，看上去比公路两旁闪亮亮的高楼更为壮观。

因此，从居住空间的角度来看，可以说里约热内卢比圣保罗要显得更混杂，并因此创造了不少贫富阶层相互接触的机会。比如在里约热内卢，居住在富人区附近贫民窟的低收入阶层居民更容易找到工作，尤其是服务行业；而贫民窟居民上下班的交通成本与时间也相对减少；有志向的年轻人更容易从空间层面接触到高质量的教育机构。甚至连娱乐方面也如此，里约热内卢市区内有许多贫民窟低收入阶层住在离海滩不远的地方，同时连接贫民窟与部分海滩的地铁也为人们光顾海滩提供了便利。这种高度混杂性有时也给人以错觉，似乎里约热内卢在生活中已经没有贫富差距存在。

在里约热内卢著名的科帕卡巴纳（Copacabana）海滩上，可以看到各种颜色的皮肤，从胖到瘦各种体型的身段。人们在躺椅上晒太阳、看海景，三三两两坐着聊天，情侣在卿卿我我或互相嬉戏，孩子在海滩近处欢笑玩闹，爱跑步的人赤脚在海滩上留下足迹，爱踢足球或打排球的人在沙滩上挥洒汗水，水性好的人跑到大西洋的浪头里享受海水的冲击。在这个城市最知名的公共空间里，似乎所有人都是平等的、没有贫富差距的。尤其在傍晚时分，阳光以其温暖柔和照耀所有人。在里约热内卢市区里各个地方一仰头就能看到耶稣山上的巨大基督像，像是在提醒人们，不管贫穷还是富有，上帝都会以一视同仁的态度对待。

然而，如果离开科帕卡巴纳海滩，去新富人区巴哈区的海滩走走，就会发现贫富差距的残酷现实并没有放过所有海边空间。首先，巴哈区的海滩比市区内的海滩更为干净漂亮，这里沙子细腻、水质清澈而且没有垃圾，海滩上的人也少一些，而且除了卖东西和其他服务类行业的工作人员外，基本都是躯体美好、气质优雅的白人。此外，这个海滩有不少玩滑翔伞冲浪运动的人，这或许是巴哈区海滩风大的缘故，但是滑翔伞和冲浪装备不菲的价格也在为这一区域的财富做标识。

这里距离市区大约 30 公里，在里约热内卢奥运会地铁竣工前的很长时间里都未连接轨道交通，此前早有提案要修建连接市区与巴哈区的地铁，但是遭到了此地居民的强烈抗议，他们不想让地铁带来源源不断的穷人，给社区的安全造成威胁。

在赶飞机回圣保罗的路上，我乘坐的机场大巴再次路过庞大的马莱贫民窟。此刻正值晚高峰交通堵塞时段，只见与贫民窟房屋仅一道矮墙之隔的双向车道上堵满了汽车。车流挪动十分缓慢，许多皮肤黝黑或深棕色的青少年挂着满身的袋装小点心穿梭在车流中，挨个叫卖。还有些年轻人背着装有冰淇淋的白色泡沫大箱子，他们在向烦闷的司机努力兜售自己的冰激凌，嗓音嘶哑、步伐轻快。

这些小贩应该都是矮墙另一侧贫民窟里的居民，没有接受高等教育的机会，也没有更好的工作选择，只能在车流中辛苦地维持生计。这让我想起了前一天在里约热内卢市中心差点被抢的经历，那三个抢劫未遂的黑人男孩看上去十多岁，瘦瘦的，大概是被我恐怖

图 4-12　2016 年 3 月，车道间叫卖点心和饮料的青少年小贩。

第四部分　地方与社会

的尖叫声和强大的臂力给吓到了，我才侥幸逃脱。他们应该也是没有其他选择才铤而走险，在贫民窟里生活的他们，除了从小就已失去自我发展的机会外，还面临来自基础设施、公共卫生、医疗、教育等各方面的诸多挑战。对大多数贫民窟居民而言，改变命运或跨越阶层是不可能实现的事情，他们在夹缝中生存，得过且过，口了也在不知不觉中流逝而去。

巴西的贫富差距与种族问题互相交织，肤色越深的人群往往越加贫困，这与殖民时期的奴隶制相关，这一阶层分化的历史根源在巴西的另一旧都萨尔瓦多有着更加清晰的体现。

## 萨尔瓦多：阶层分化的历史追溯

到访萨尔瓦多市的时候是6月初，我和朋友搭乘的出租车路过旧城区的下城，那里的建筑和街道都显得破旧，当天是周日，氛围更加冷清，还有看起来像是喝醉了或是嗑了药的人在街上晃悠。然而车子忽然拐个弯，一栋海边的黄色长方形建筑闪现眼前，外形恢宏且细节精美，它就是著名的阿玛都（Amado）餐厅。

这个餐厅以美景和美食闻名遐迩，长方形的房屋临海而建，一旁就是巴依亚码头（Bahia marina），透过餐厅里巨大的玻璃窗就可以看到外面停泊着的各式游艇。海水泛着粼粼波光，阳光灿烂得耀眼，密密麻麻的白色游艇在日光里皎洁优美，如此景致搭配着精美的佳肴，确实让人心旷神怡。

然而此时我不禁想起适才走进阿玛都餐厅前看到的情景：餐厅的地基被人为垫高了，透过入口的露台往下可以看到一个小沙滩，那里有十来个黑人在海边戏水，还有一家人恰好坐在餐厅露台下面，

图4-13  2016年6月,阿玛都餐厅内外的景色。

在海滩上享用自备的便当。巴西人的周日午饭一般都是家庭聚餐,家人们聚在一起,慢悠悠地吃饭聊天。露台下这家人也不例外,他们在海滩上享受阳光和食物,以及一家四口的亲昵时光。当我伸长脖子看他们并与那位黑人父亲的眼光相遇时,他的表情有明显被打扰的感觉。

与沙滩一墙之隔的餐厅内也是家庭聚餐的氛围,只是坐在这里吃饭的都是白人(除了我和朋友),食客衣着考究、仪态端庄,接受着黑人或混血人种服务员的服务。他们的孩子之中不乏金发碧眼的小朋友,其中很多身着名牌时装,举手投足间已经有了大人的样子。

这样对比的两个世界映射出了萨尔瓦多的历史和现实。

作为葡萄牙殖民者到达巴西后建立的第一座城市,萨尔瓦多从1549年至1763年一直都是巴西的首都,也是当时种植园经济的中心和跨大西洋奴隶贸易的主要集散地。殖民者与黑人奴隶之间的界限自那个时代开始就泾渭分明,这从巴西传统的黑豆饭(feijoada)也可见一斑。这种源自殖民时代黑奴的菜肴由巴西黑豆加咸肉、香

第四部分  地方与社会    331

肠、猪蹄、猪口条、猪尾巴、猪耳朵、猪排骨、烟熏干肉等食材，在泥锅中经小火焖炖烹制而成。黑奴平时吃不上肉，只能在周六将庄园主周五晚聚会时剩下的残肉碎骨乱炖一番，算是一顿美食了。

随着农业重要性的降低，如今萨尔瓦多所处的巴伊亚州的种植园经济早已辉煌不再，以石油化工、采矿、汽车制造等为主的工业成为当地经济中最重要的部门，此外旅游业也是经济收入的可观来源。作为首府，萨尔瓦多的产业构成中包括21%的工业和78.4%的服务业，也就是说农业比重甚至不足1%。然而，经济结构的变化并没有带来社会结构的显著变化，各个行业的命脉仍掌握在少数白人精英手中，政府高层有决策权的官员也仍以白人为主。巴伊亚州遍布源远流长的显贵家族，他们拥有庞大的产业、通达的人脉和广泛的影响力。

萨尔瓦多这座巴西东北部最大的城市已经成为巴西白人精英最重要的聚集地之一，这里有着一年四季温暖的气候、灿烂的热带阳光、滨海的美丽沙滩和岛屿、多种多样的娱乐活动以及可口美味的海鲜佳肴；无论洽谈生意、与政府沟通还是休闲娱乐，萨尔瓦多能满足精英阶层所有关于商务和休闲活动的需求。此外，得天独厚的条件还吸引着巴西其他各地的富人前来度假，他们之中的许多人在萨尔瓦多及周边岛屿买房置地，并配备私人游艇。同时，这里融合非洲特色的黑人文化和被联合国教科文组织列为世界文化遗产的历史城区也吸引了全球各地不计其数的游客。

优良的自然条件与丰富的历史遗产为萨尔瓦多的服务业注入了蓬勃活力，为改善当地贫民的生活提供了不可忽视的助力。然而，当身处萨尔瓦多时，同样不可忽视的是从事不同行业人群之间的肤色差别，这如同历史印记一般让人不可避免地回想起曾经的殖

图 4-14 2016 年 6 月，萨尔瓦多附近海岛的景致。

民时代。

根据 2010 年巴西最近一次的人口普查数据，51.7% 的萨尔瓦多居民认为自己是混血人种，27.8% 是黑人，18.9% 是白人，1.3% 是亚洲人，0.3% 是印第安土著。就这一直观的人口组成比例而言，它似乎可以说明为什么从事服务行业的大多是黑人和混血，却无法解释为什么光顾高级场所的黑人顾客比例如此之少。

不过，我们大可不必因此觉得萨尔瓦多的黑人和混血人种在所有层面都处于劣势地位，因为他们自己并不这么想。尤其是这里的黑人似乎带着一种源自历史的骄傲——巴西在 19 世纪后期频频爆发由进步主义者、庄园主和政治家所领导的废奴运动，萨尔瓦多就是当时废奴运动的中心之一；自 20 世纪 80 年代起，当地黑人团体也组建了各种黑人觉醒运动组织。经历了各种大大小小的平权运动后，黑人的平等意识十分强烈。即使从事服务类行业，他们也觉得没必要对自己的服务对象讨好地笑脸相迎。很多人抱怨萨尔瓦多服务业人员的服务态度不好，其实这与黑人的自我骄傲感有关。他们

图4-15 2016年6月,萨尔瓦多本地菜餐馆里的黑人服务员。

还会在公开舞会上很大方地邀请社会阶层更高的对象,充满自信地展现自己的美好身躯和舞姿,即使他们的社会经济地位不高。

贫民窟容纳了萨尔瓦多33%的人口,它们在城市里随处可见。就体量而言,这里单个贫民窟的规模可能比圣保罗的小,但是和里约热内卢一样,这里的贫民窟与城市结合得更加紧密。我们坐车在萨尔瓦多溜了一圈,沿途经过了很多贫民窟,其中许多还紧挨着高级住宅。这些贫民窟似乎也在传递着与黑人一样的骄傲感:我就是如此,愿意待在哪儿就待在哪儿,愿意以什么样的方式呈现就以什么样的方式呈现。

黑人与贫民窟的这种泰然自若的态度,与我们很多时候所认为的贫困阶层的窘迫大相径庭。巴西的魔力之一就在于,当地人不论阶层和种族,都能在既有的客观条件下找到属于自己的快乐。

## 福塔雷萨:多维度视序下的贫与富

这里是巴西东北部塞阿拉(Ceará)州的首府福塔雷萨——靠近赤道不远的地方。八月是此地的旱季,阳光灿烂得让人睁不开眼睛。我到这里参加朋友的婚礼,提前一天到达,先来体验一下热带城市的风情。

我划着单人皮划艇，在离海岸七八十米的地方停下来欣赏这座城市。从海上可以更清楚地看到沿岸的景致：蓝到忧郁的天空，高度差不多的大楼从近处沿着海岸线整齐地向远方延伸，葱茏的植被、金色的海滩、彩色的遮阳伞，以及在海滩近处嬉戏的人们点缀其间。

　我想起飞机即将降落福塔雷萨的时候，从空中看下去，这个城市真是整齐漂亮：闪着光的海岸，密集的绿色植被间夹杂着一片片红瓦的小房子，高楼的形状和高度都比较相近，颇有欧洲城市的气质。

　从海上和从空中看这个城市是两种截然不同但又相契合的感受——这个城市美丽富足，而置身城市之中时又是另一番景象。

　从海上看福塔雷萨时，你会觉得这个城市不应该处在经济相对欠发达的巴西东北部：城市海岸西部伫立着挺拔的商业建筑和酒店，东部则是面朝大海、配备直升机停机坪和精致阳台的高端住宅。而在城市里穿行的时候，你会发现福塔雷萨确实是发展中国家的城市：道路高低不平，基础设施较为老旧，那些从空中看起来有着漂亮红屋顶的小房子大多都是做工粗糙的自建房。

　如果只从游客的角度去看，福塔雷萨是一个完美的城市。这里一年四季都有着温暖的气候、灿烂的阳光和美丽的海滩，大西洋的劲风还能把炎热感吹走。这里的食物也美味可口：新鲜优质的海鲜、风干牛肉（carne de sol）、豆子奶酪混合饭（baião-de-dois）、木薯粉做成的小吃（tapioca）等引人垂涎。美景佳肴之外，这里物价也低，而且人民热情友好，以擅长讲段子、幽默感强而闻名全巴西。

　但如果只选取游客视角的话，如同从海上眺望福塔雷萨，看到的只是狭窄的部分真相。你不会觉得这里是经济欠发达的东北部地区，你看不到这里高居不下的犯罪率，你不知道住在远离海滩的边缘区的贫民过的是怎样的日子。

塞阿拉州拥有长达 600 公里的海岸线，北部沙质沿海平原造就了几个世界闻名的美丽海滩。游客到塞阿拉州，一般先落脚福塔雷萨，再去周边美丽的海滩度假，像卡诺阿克夫拉达（Canoa Quebrada）、莫罗布兰科（Morro Branco）和杰里科科拉（Jericoacoara）都是游人聚集的地方。然而相比旅游地的繁华，塞阿拉州的南部内陆地区完全是另一番景象。由于气候原因，这里长期干旱并周期性发生旱灾，被人们称为"sertão"（荒野、腹地）。从 18 世纪以来，这里发生的数次大规模旱灾影响深远，受其困扰的当地居民长期处于赤贫状态。最近一次大旱灾开始于 2012 年，河流干涸造成的严重缺水不仅影响农作物生产且导致许多动物死亡，更是危及当地居民及家畜的生命安全，甚至引发乡村地区的"水战争"。

受旱灾影响，许多居民被迫离开这里，背井离乡去城市寻找生计。这些人到了沿海的城市地区后，只能住在贫民窟里，从事没有多少技术含量的简单工作，并换取微薄的薪酬以满足最基本的生存需求。这些都是需要转换角度才能看到的景象，它们属于巴西的另一种真实。

## 圣保罗："贫与富"之极——经营之下皆生活

大城市往往是最鲜明地体现贫富差距的地方。我曾居住在一个圣保罗富人区，在那里结交了一些中上阶层的朋友；而每周六我则在城市东部边缘地带的一个贫民窟里做志愿者，因此也认识了最底层的圣保罗居民。他们之间的经济差距即便再经过几代人的时间也不太可能拉平，各自却都有自己的生活逻辑和乐趣。2016 年母亲节的那个周末，我在两天内经历了极贫和极富的巨大差异。前一天还在贫民窟走访，后一天就去豪宅参加家庭聚会，强烈的反差也激发了我更深刻的思考。

南半球进入五月的秋季后，天色暗得早，才过六点半就完全没了光线的踪影。车子驶过圣保罗州州长的大宅邸，建筑掩映在道路两侧茂密的植被中。一个下坡接一个转弯，忽然我们就停在了一个大院前边。保安认真确认访客的身份后，大门缓缓敞开。我们到达了保罗他哥哥的豪宅。

保罗和薇拉把我当成他们"收养"的中国女儿，一点儿不介意他们自己已经有了三个亲生子女。他们的小女儿罗贝塔在我住的同一条街上开了一家甜品店，我们也因此相识。当天是母亲节，他们邀请我去家里一起吃午饭，闲聊一下午之后保罗又执意带我到他二哥家里认识他家族中的其他成员。

保罗和薇拉住在圣保罗奥拓德皮涅罗斯（Alto de Pinheiros）一片全是家族宅邸的传统富人区。他们的房子已经够大了——装修极为精致的独栋两层小楼，配备四个卧室加书房，前院后院都有足够的空间。但相比起来，我这位"二伯"的住宅更夸张，他位于圣保罗新富人区莫伦比（Morumbi）的豪宅，仅车库就比我住的公寓大两倍，里面除停放了两辆顶级的奔驰豪车、三辆哈雷摩托，还有挂满整个车库屋顶的许多飞机模型。这些大大小小不同型号的飞机模型是"二伯"的心爱之物，它们真的可以飞起来，不过据"二伯"说操控很有难度。除了二哥，保罗还有一位大哥，那位"大伯"玩的就是真正的飞机了。相比他们，保罗过的真是"简朴"的生活。

保罗家是老牌富贵家族。保罗在2016年的时候60岁，从小到大换过三次住所，只在结婚后短暂住过一阵子公寓，其他时间全住在独栋别墅里，而且居所都地处圣保罗最显贵的几个富人区。

第四部分　地方与社会

不过保罗明白祖辈显赫不意味着后辈就可以坐吃山空，他拿了两所精英大学的学位，还上过不计其数的其他课程。他在一家投资银行工作了 39 年，其中有 19 年担任领导，去年年底刚退休。作为马拉松爱好者，保罗拿过几十块奖牌，现在随着体力下降改骑自行车。健康的起居和运动习惯让他保持着挺拔健硕的身材，看起来像 50 岁出头的人。

薇拉比保罗小一岁，同样保持着同龄人中出类拔萃的身材，皮肤虽有皱纹但光彩依旧。她衣着考究、举止优雅，与保罗直到如今依然亲密恩爱。夫妇俩的三个孩子都有稳定优渥的生活，其中两个女儿更是都嫁了门当户对的富贵人家。二女儿生活在玻利维亚，丈夫是一家跨国大宗商品交易公司驻当地的总裁；两人育有一个洋娃娃般的三岁女孩，金发碧眼，几个月后还将迎来一个儿子的降生。保罗和薇拉的小女儿罗贝塔在前一年与相爱十年的同学结婚，她老公是一名天使投资人，不到三十岁就已经实现财务自由。罗贝塔自己热爱美食，在父亲的帮助下开设了我和她相识的那家甜品店，甜品店生意兴隆，罗贝塔的事业可谓蒸蒸日上。

"二伯"家聚会上的其他家庭成员们似乎都有着相似的人生轨迹，各自都有非常好的职业，非富即贵。他们大多也都衣着精致、身材匀称、举止得体、礼貌和气，说话的分寸把握得恰到好处。聚会上还有四五个小孩子，见到我这个陌生人十分害羞，我和他们打招呼时他们也不回应，只是默默地观察着。有个小男孩问了我从哪里来的之后就索性把头埋进了胳膊里。

我突然非常想念那个圣保罗贫民窟里的小男孩奇艾和，来保罗家前一天，我在和 NGO 进行每周末的贫民窟走访活动时刚见过他。他和这些富贵人家的孩子差不多一般年纪，但见面时一定会扑过来挂在我身上,再来个结结实实的脸颊吻。我所在的团队进入地处圣保罗东部边缘地带、居住状况极其简陋的贫民窟已经有一年多的时间了,主要工作是与这里的住户一起改善基础设施、发展教育项目,因此与其中一些人家建立了深厚的感情,而贫民窟里的孩子见到我们这些外人都会立刻上来拥抱。

奇艾和的妈妈罗茜在2016年时42岁,是个手巧的厨师。虽然才40出头,罗茜看起来却饱经风霜,皮肤暗沉褶皱,几颗牙齿已经掉落,身材虽然不臃肿却已经呈现松弛的趋势。她生育了7个子女,最大的女儿24岁,最小的女儿维多利亚5岁。她与5岁的维多利亚和9岁的奇艾和生活在这个贫民窟,其他的子女要么已经可以独立生活,要么跟着外婆或父亲生活。这七个子女分别有两个不同的父亲,而两个父亲又各自成家,生育了另外的子女。

罗茜和孩子住的小屋用不同形状的木板搭成,小屋的面积最多不超过15平方米,拥挤地摆放着一张床、一个书柜、一台电视机、两台旧冰箱、一台洗衣机、一个炉灶以及一个不能抽水的抽水马桶。

图4-16 2016年5月,圣保罗东部边缘地带贫民窟里的孩子。

图 4-17　2015 年 12 月，圣保罗东部边缘地带贫民窟里破败的房子。

这个小屋处在贫民窟的边缘位置，地势偏低，上方住户的生活废水顺着不封闭的排水道明晃晃地从罗茜家门口淌过，散发的气味及存在的健康隐患让人担忧。

不过这并不影响奇艾和与妹妹维多利亚拥有一个幸福童年。罗茜是个坚强又有想法的女人，她虽然一生艰辛，但依然保持着积极乐观的生活态度，极力在贫困的状况下为孩子创造最好的成长环境。她向孩子表达爱的方式直接而热烈，每天都亲吻拥抱他们；她自己要面临重重困难，但从不向孩子展现因此产生的负面情绪；她重视孩子的教育，除了学校教育之外还向他们传授为人处世的规矩。两个孩子因此天真无邪，奇艾和还展现出出众的绘画天赋。罗茜深谙我们这个 NGO 团队可以为她和孩子的生活所带来的影响，积极参与我们的工作。

这样的情况在这个贫民窟里并不多见。大部分人都没有固定的工作，只能打打零工或以沿街贩卖商品为生。许多住户的家庭关系复杂混乱，家庭暴力、酗酒、毒品等问题非常普遍，殴打子女更是平常之事，重视教育的人家非常稀少。贫民窟多见的是单亲妈妈撑持的家庭，这里大多数的男人完全没有"家庭责任感"这个概念。

在极贫与极富之间巨大的环境转变让我有点缓不过劲来，有惊诧有叹息。可是与我有深入接触的两个阶层的人，又都真诚可爱，他们都是认真经营自己所拥有生活的典型，就这一点而言，他们的"差别"似乎没有想象中大。

## 结　语

在巴西期间深度融入当地的生活让我感受到改变社会不平等的急迫性与困难度。贫富分化的两个世界之间的分野与差异根深蒂固，巴西自葡萄牙殖民时期开始就是如此，而这也是导致巴西政治、经济和其他许多社会问题的根本原因；在历史之外，现实中各个阶层也普遍接受自己所处的社会经济地位状况，认为不同阶层就应该遵循该阶层固有的生活方式，阶层跨越因此更加困难。

然而，作为进入田野的地区研究学者，我注意到需要把握介入田野的程度。研究者无论开展何种研究，始终是带有自己既有价值观的，但也要尊重研究对象的价值观。我们不应带着预设的价值观来看待对象国的人和事，而是要深入当地语境并从当地人的视角出发理解他们。同时，很多事物要从多个角度审视才能看到全貌。以我的研究经历为例，如果一味认为穷人就应该努力改变自己的生活方式不断追求向上流动，那就会忽视他们所面对的难以改变的客观条件的制约。作为研究者，我们所能做的是指出并分析实际状况，并在一定程度上为所能接触到的个人创造更多机会。

# 袁梦琪

袁梦琪，女，清华大学国际与地区研究院博士后，研究国家为阿根廷，研究方向为民粹主义、政党政治和国家与社会关系。2015年10月—2017年7月，在阿根廷进行为期两年的博士论文的田野调查，曾前往阿根廷18个不同的省市进行调研和访谈。2017年9月—2018年7月，在美国加州大学圣地亚哥分校伊比利亚和拉丁美洲研究中心（CILAS）进行交换学习。

阿根廷社会中一些微小的细节始终在纠正着袁梦琪对这个国家的认知。通过对布宜诺斯艾利斯大学学生组织、阿根廷政党基层组织和非营利性组织的深度参与式观察，她逐渐认识了一个更清晰、更真实、有血有肉的阿根廷社会。田野赋予研究者以启发性和反思性，也在不断地促使她获得更接近于真相的答案。

# 感受阿根廷的"脉搏"
## 与当地社会组织的初接触

# 前　言

　　阿根廷是一个社会组织发达的国家，属于政治学分类中"强社会，弱国家"的典型例子。在进入田野之前，我曾通读阿根廷史，企图在其中找到一些具象化的人物、组织或事件来猜测揣摩这个国家的脾性。我照着书本里的文字模仿着写出对政治事件的历史评价，对学术理论在阿根廷的应用评析；但其实我看不清这个国家掩盖在"面纱"下的真正容貌，也不能完全理解阿根廷社会生活的发生逻辑。这个远方他国就这么在我的想象中被编织了一遍又一遍，幻化为多种不同的形象。首都布宜诺斯艾利斯市（简称"布市"）是否如同诗人豪尔赫·路易斯·博尔赫斯在诗篇《贝纳雷斯》（*Benarés*）中描述的"高低起伏错落有致，民居层叠好似梦境仙乡"？阿根廷人是否都如同阿根廷长篇史诗《马丁·菲耶罗》（*Martín Fierro*）中所写的保持着高乔人的气质，拥有着豪爽慷慨的性格？阿根廷政治生态是否如政治学家吉列尔莫·奥唐奈（Guillermo O'Donnell）预言的，委任民主限制自由而使得原本看似全能的政府走向无能？直到来到了阿根廷，我感受到了远超书本文字里的张力冲击，被环绕在耳边的阿式西班牙语所轰炸，被热情高涨的政治游行队伍所震撼，被民众热心公益的精神所触动。整个社会似乎连接着一个永动机，活力源源不断地冒出，时时刻刻地感染着我。我才逐渐认识了这个远方他国，有血有肉、有魂有神。

　　我对于阿根廷的认识是一种缓慢的、渐进式的了解。刚到这个国家时，我每天只是往返在学校和家之间。但是因为学校在总统府附近，加上临近总统选举日期，每周都会有不同的游行队伍走街串巷式地敲锣打鼓。因为游行声太大，我的课程曾不得不被中断；也曾因为游行者切断交通，我不得不步行两站路才能搭上回家的公交。彼时我对于这些社会组织深恶痛绝，愤懑他们为我的日常生活带来额外的麻烦，感慨阿根廷政府的不作为。但是后来，我在阿根廷政党基层组织进行了参与式观察，和阿根廷大学生一起从事志愿者活动，倾听了他们参与这些社会性活动的观点和看法。我逐渐打开视野，不再用一种愤怒的眼光看待这些社会组织。慢慢理解这些社会组织其实是阿根廷国家的"毛细血管"，社会自身的微治理可以有效解决国家运行中难以解决的问题，社会组织和政府的对话可以保障整个国家机器的有序发展。如果缺少了它们，这个国家可能会面临更为严重的危机。

本文希望通过论述我参与度最高的三个社会组织的案例，探讨不同的社会组织在阿根廷的影响以及这段经历对我博士论文写作的启发，涉及的主要内容包括布宜诺斯艾利斯大学（简称"布大"）学生组织的运行对学院生态的影响、阿根廷政党共和国方案党（Propuesta Republicana）基层组织的建构及其对大选的影响，以及拉美非营利组织"屋顶"（TECHO）的减贫活动对阿根廷贫困问题的作用。虽然我现在还是如同"盲人摸象"般努力探索着这个国家的全貌，但是这些经历为我提供了一个认识阿根廷社会的切口，也是我对他国认知的一个起点。

## 社会组织运行模式初探及思考

### （一）布宜诺斯艾利斯大学学生组织观察

阿根廷的学生组织代表着青年力量，学生组织的强大也意味着青年群体的强大。学生组织的完善和个人在其中的经历,培养和塑造了大学生对于政治生活的认知和个人政治权力的认同。

布宜诺斯艾利斯大学作为一所阿根廷独大的公立大学,一直享有着较好的声望。历史悠久,学生众多,学科设置完善,除此之外还有一点特别引人注意,那就是布大的学生组织纷繁复杂,学生的政治参与兴趣浓厚。当我走进布大的社会科学学院时,到处充斥着写有各种政治标语的"大字报",色彩丰富、饱和度高。这种场景并不仅仅局限在文科院系,在布大的工程学院也有类似的场景,五颜六色的宣传条幅占据了学院大厅的上空,学生课余一边喝着马黛茶讨论力学问题,一边还评论着时事政治。我刚到布大报到时便遇上了学院里的学生委员会换届选举活动,选举的每一个环节都是严谨且完备的:每个学生组织都制作了选举宣传单,上面排列着各个组织推荐的院委会主席与副主席的人选,每天有人定点定时在学院派发这些宣传单;选举口号"学院不改革,何以革新布大"颇有点"一屋不扫,何以扫天下"的气势。各个组织还会有誓师大会,召集每个组织成员在教室中宣读当年选举的政治目标,分析对手组织候选人的优缺点。我在观摩他们组织的组会和帮助他们在选举夜通宵唱票时,都好奇为什么他们会有这么高涨的热情去完成这样一场在我看来只是学生时代小打小闹的选举。如果真的当选,能在多大程度上改善学院的环境?

然而,在之后的日子里,我逐渐认识到学生组织在阿根廷的重要政治地位。历史上,阿根廷的学生政治运动在整个拉美尤为突出,尤以公立大学为主。1918年,阿根廷的科尔多瓦大学爆发了一场历史性的大学改革运动。因为彼时阿根廷大学的管理层普遍是保守势力且来自教会的控制严重,同时教学大纲也是远落后于时代,于

图 4-18　2016 年 10 月 28 日，于阿根廷布宜诺斯艾利斯大学社会科学学院。

是一些出生于中产阶级的学生开始要求改革大学的管理制度。科尔多瓦大学深受天主教思想的影响，当新思潮传播到这里时，学生与管理层之间产生的冲突尤为激烈。1917 年底，学生因要求开放被关闭的寄宿公寓而遭到压制，这一事件也成为改革的导火线。在科尔多瓦大学，学生首先成立了一个促进改革委员会（Comité Pro Reforma），要求结束在高等教育中一直存在的教会控制和影响，提出对课程设置进行修改，推广民主教育，实现大学系统中的学生参与治理。受到该事件的启发，1918 年 4 月，首都布宜诺斯艾利斯大学的学生成立了阿根廷大学联合会（Federación Universitaria Argentina），代表阿根廷大学生的利益，为大学生争取权益和福利。

　　这一学生运动受到了彼时的总统伊波利托·伊里戈延（Hipólito Yrigoyen）的关注，他指派司法部部长何塞·尼古拉斯·马提佐（José Nicolás Matienzo）进行调解，更换了科尔多瓦大学原有的管理人员，

第四部分　地方与社会　　　　　　　　　　　　　　　　　　　347

并主持了学校管理层的重新民主选举。5月28日对阿根廷大学来说是值得铭记的一天，因为科尔多瓦大学第一次民主选举出了一批更为开明进步的教职管理人员。1918年6月21日出台了在历史上举足轻重的《科尔多瓦宣言》(Manifiesto Liminar de la Reforma Universitaria)，规定大学采取民主的管理方式，学校的管理层需要有学生代表参加；确立大学在管理、政治、教学和经济方面的自治制度；改革教学课程设置，增加新的科系；要求教学自由、教学免费的权利。这些要求后来被政府采纳，成为阿根廷国内的教育政策之一。因此学生参与大学管理的形式也就一直被保留下来并沿用至今，各种学生组织就拥有了对大学管理政策的实际参与权，并且还能通过学生政治运动进而影响国内政治发展。以首都学生政治重镇布宜诺斯艾利斯大学为例，各个政党的青年学生组织一直以来都在积极争取布大的学生管理职务，从阿方辛时期的青年学生组织"科尔迪纳多拉"(Coordinadora)到基什内尔政府的青年学生组织"坎波拉"(Cámpora)，再有更加年轻的马克里领导的"共和国方案党青年组织"(Pro Juventud)，分属于不同党派的青年组织成员相互之间的政治观点分界明显，因此，在同一学院中，他们对于学院事务的运行也存在着不同程度的分歧。在竞选院委会的席位时，每一个学生组织都会努力陈述各自组织的工作观念和工作计划，分析可行性和周密度，认真程度不亚于政府的述职报告。

这种积极的政治参与态度，阿根廷人从学生时期就开始培养，进而构筑了"强社会"模式的发展根基；同时，由于学校允许学生拥有对自身学业事务高度的自治权力，阿根廷人逐渐形成了对个人事务锱铢必较的态度。从青涩的大学时代到进入工作场合，从学生身份到社会职员的转变，每一个阿根廷人都十分注重自身权利和政治参与，想必也都是得益于这些学生组织的浸染。

## （二）政党基层组织"潜伏式"参与

阿根廷政党政治始于 1880 年，迄今政党仍旧是政治生活的重要组成部分。其中，政党的基层组织承担着连接居民和治理社区的工作，他们的动员能力和组织能力使得政党可以自下而上完成政权的巩固与发展。

我在到达阿根廷后不久，因为问路偶然认识了一群政治积极性很高的年轻人，他们属于阿根廷中右翼的政党——共和国方案党。2015 年，这一政党和其他两个政党组成政党竞选联盟——"我们改变吧"（Cambiemos）参与总统选举活动，由此我也有幸开启了一个多月的近距离阿根廷大选观察。在阿根廷的首都布宜诺斯艾利斯市，整个市区被划分为 15 个区（comuna），每个区都有自己的区委会，是一个小型的自治组织，拥有相对独立的一套运行系统。每一个政党在各个区都设有自己的政党基层工作站，在总统选举期间，工作站每个周六都会组织大家前往街头进行竞选拉票活动，也被称为"圆桌宣传"（poner la mesa）——小桌一支，竞选横幅一拉，马黛茶一沏，这些政治拉锯活动就"润物细无声"般地深入街边巷口，影响着每一位居民。总统大选前一周，每天都会有这样的宣传活动，每一位党员积极分子可以选择自己方便的时间段前来支援。

我作为一名外来人士，一心想"潜伏"成为党内分子，于是积极地参与了每个周六的圆桌宣传活动。我在街边路口发放竞选传单时遇到过形形色色的路人，他们给我的回应让我觉得自己真正参与到了总统竞选活动之中：若是遇上支持所在政党或是不太关心选举结果的人，他们可能会回以笑脸，并无多言；但若是遇上政治立场对立且激进的人，他们会拿走我手中的传单再揉成一团扔在我面前，更为激进的则是会在经过圆桌时对我恶语相加，告诫我做了一个错误的政治选择。这种因为政治立场的不同而带来的冲突感虽然有时很戏剧化，但是贵在很真实、很鲜活。

在大选之前，每位总统候选人都会举行正式的竞选启动活动（el lanzamiento de campaña），也就是领导班子的正式动员活动。2015年10月3日，周六，我和社区的党员们坐着公共校车前往共和国方案党即将举行竞选启动活动的体育场。一路上，大家激动地唱着"党歌"，人们或站或坐，在车厢里挥舞着手臂，叫嚷着"再高昂一点"。当大家还在体育场外面等候的时候，我已经被人山人海的场面和震耳欲聋的喇叭声震惊了，一度以为自己要去看的是博卡和河床的顶级足球对阵，而不是严肃的政治活动。进入内场之后更是热闹，人们挥舞着印有总统候选人的旗子，敲打着军乐鼓，嘈杂到我无法正常与身边的人交流，确实有一种"鞭炮齐鸣，锣鼓喧天"的沸腾感。当总统候选人马克里站在中心舞台上演讲的时候，我才兴奋而真切地感受到书本中、新闻里描绘的选举场景。当全场一起呐喊"你能感受到，你能感受到，毛里西奥是总统"（se siente, se siente, Mauricio Presidente）的时候，我又错以为自己在一个演唱会现场，大家齐声唱出了对偶像的爱。然而这一切都是政治，是心声，是民主的呐喊。

10月22日还会举办竞选闭幕活动（el cierre de campaña），形式基本上是大同小异，领导人将向群众表达感谢以及提出愿景展望。2015年11月22日，阿根廷大选的当晚，因为"潜伏"时期的积极表现，我获得了一张前往共和国方案党选举现场的入场券，进入了当晚共和国方案党党内实时唱票的大本营。临时大本营选在布市市北区的会展中心（Centro Costa Salguero），入场首先需要刷身份证，每个人领了一个活动手环然后进入内场。下午的时候就已经统计了总票数的60%，此时马克里领先7个百分点，不知道是不是因为即将到来的胜利，我在大本营见到的每一个人都是神采奕奕的。我们到达后没一会儿，竞选班子成员就出现了，包括副总统和各个部长的候选人。大屏幕上实时播放着选票统计的情况以及竞选宣传片，媒体席上则是长焦与更多的长焦严阵以待。每播到一个省份胜出的计票情况时，大家就是一阵咆哮，场内的摇臂摄像机捕捉到的都是一张张笑脸。晚十点时，伴随着人们的呐喊，马克里出现在舞台上，此时计票已过94%，马克里以微弱优势领先，赢得选举基本没有悬念。他首先道了无数声的感谢，感谢人们让不可能成为可能，感谢人们让他得以建设梦想中的阿根廷，也感谢这历史性的一刻。当他说完后，音乐响起，彩带飘出，头顶的气球飞向空中，大家全都随着节奏跳起来了。我还没来得及反应就已经被拥挤的人潮夹带着一起跳了起来。马克里的当选彻底终结了阿根廷自1983年民主化以来两党交替执政的政治局面，我既兴奋于自己见证了历史，又感慨于阿根廷政党基层组织的动员能力。随着阿根廷2015年总统选举活动的尘埃落定，我在这一政党组织中的阶段性"潜伏"任务就算完成了，也获得了博士论文所需的一手实地资讯。

这一政党的基层组织工作虽然发生在街道里，和每一位老百姓打交道，却深入了阿根廷政治图谱的方方面面。他们积极努力发展党员，连同我这样一个没有投票权的外国人也被他们拉入助选团之中；他们参与社区食堂共建，为社区的困难家庭提供免费食物；他们认真完成竞选时期的活动要求，使得整个政党机器得以合理运行。这一社会组织让我深刻地感知到阿根廷的政治活力和远超书本的、

图4-19 2016年12月30日,和共和国方案党党员于首都的第十社区食堂。

鲜活的政治景象。

(三)和非营利性组织一起的近距离调研

如果说以上两种社会组织是通过"创造"来强化社会力量,那么非营利性组织"屋顶"则是通过"消解"来强化社会力量。这一组织帮助阿根廷减少贫困问题,深入国家难以顾及的细微之处,聚合编织起微小的社会力量。

拉美的不平等与贫困问题一直是该地区研究领域的热点之一,这片大陆也一直被认为是世界上最不平等的地方。阿根廷有许多的非营利组织都参与到减轻社会不平等的运动中,他们提供不同的服务,例如分发免费食物、提供免费教育等。"屋顶"组织是提供减贫服务最丰富的非营利组织之一,也是我在阿根廷期间参与度最高的非营利组织。组织中的志愿者经常会深入不同的贫民区进行入户调研,定期随访赤贫家庭,及时解决他们的生活问题。在阿根廷,自20世纪30年代起贫民区就开始逐渐形成，慢慢呈现出一种包围城市的迹象。贫民区在阿根廷被称为"villa miseria"，简称"villa"，巧合而讽刺的是"villa"这个词也代表"别墅"。首都最大的贫民区是和首都最贵的港口区紧邻相望的"31区"（Villa 31），它由两个部分组成，中间被一条高速公路隔开。该区共居住有43190名居民，共建造了10076所家庭住房。近年来，市政府一直在推进城市化，人们也开始将这片区域称为"居民区"（barrio），而非"贫民区"（villa）。我曾在"屋顶"组织的带领下进入31区，得以窥探这一政府官员都不敢贸然前来调研的"城市秘境"。对于贫民区的认识，民众大多是道听途说，新闻报道里的"毒品犯罪、枪战杀人"成为大家对贫民区的固有印象。当然，大多数人因为忙于生计而根本无暇去顾及这一部分边缘群体，除了研究者之外，人们对这片区域都是敬而远之。2017年1月16日的早晨，"屋顶"组织的志愿者带着我在首都北部车站搭乘了一个没有号码的公交车，付了3比索（ARS，约1.5元人民币）的车费后，公交车把我们直接带到了31区围墙外的某处入口，路边的警察与里面的人打好招呼后我们便走了进去。原本以为我看到的会是泥泞的道路、昏暗的房屋和杂乱的人群，但其实这里并不像我所想象的那样破败无序，而是有着自己的运行规则与秩序。

进入31区的小路，右手边有一家蔬果店，左手边有一家小卖部。道路是平整的水泥路，居民的住房是自搭自建的砖房或棚户，每户人家的门口都会有一个门牌标志用以定位，比如"C06 M22"，表示的是22街区（manzana）的第6号家庭（casa）。"屋顶"志愿者和区内居民很自然地打着招呼，或是与户主攀谈，或是同路边的孩子逗乐，呈现出一番相互信任下自然愉悦的沟通场景。志愿者们

图 4-20　2017 年 1 月 16 日，贫民区 31 区内部。

首先分发了崭新的小学儿童校褂给部分家庭，接着还分发了志愿者自己做的糕点给各家的孩子。当志愿者表示需要登记家庭信息时，几乎没有居民就涉及家庭收入、工作职业、健康状况等有关个人隐私的问题提出异议，大家都如实说明自己的家庭情况。人们并没有表现出我想象中的那种戒备或警惕，也没有出现部分阿根廷政客曾调侃的"贫民之恶"（la maldad de los pobres）的凶狠面容。政府与贫民之间的不信任往往是政策推动的绊脚石，政府将贫民描绘成社会的不稳定因素，是经济发展的拖油瓶，是犯罪率居高不下的主因。他们从来没有真正地放下成见真诚地与对方沟通，信息的缺失和误读也造成了双方之间的认知错位。出于政府对贫民区的惧怕与厌恶，他们不能也不愿对减贫进行更为细致的部署与安排。这时，像"屋顶"这样的社会组织便填补了双方之间沟通的空白，他们为减贫所做的措施能够缓和政府与社会之间的紧张关系；此外，"屋顶"组织为贫民群体的权益而发声，继而成为贫民群体与政府之间的沟通桥梁。

除了周末的实地调研之外，"屋顶"组织承担着另外一项极具现实意义的活动，那就是为低收入家庭搭建紧急住房。该活动曾在阿根廷的 19 个省份落地开展，2006 年来到布宜诺斯艾利斯省（布市与周边隶属于布宜诺斯艾利斯省的19个区共同组成了"大布宜诺斯艾利斯",简称"大布省",Aglomerado Gran Buenos Aires, AGBA),时至今日,"屋顶"组织在大布省范围内的31个行政区(partido)帮扶了不少家庭。仅在大布省范围内就建造了6800间紧急住房,全国范围内建造了11700间。我所在的小组主要负责的是距离首都大约2小时火车车程的埃塞萨(Ezieza)大区,他们已经在该大区进行紧急住房搭建活动长达十年了,共建造了210多所紧急住房。住房的搭建肯定不是一天能完成的,所以这样的活动往往是两天一夜的行程。志愿者白天测量、打桩、铺板、搭房顶,晚上就着汗水,裹着睡袋睡在小学的教室里。因为没有洗澡的条件,我一开始有些抗拒这样"有味道"的活动,也很难想象这些小组成员是如何坚持了十年之久。但是,正是因为十年的深耕,这一组织在这些大区内的社会声望极其稳固,而我也才有机会通过他们与当地居民进行一对一的深入交流,获得真实的一手信息,这些信息为我日后的博士论文撰写带来了灵感。

2015年总统选举前期,"屋顶"组织需要完成一项紧急住房的搭建任务,我们前往埃塞萨大区开展了为期一个半月的调研与搭建活动。走访期间,我发现所问询的居民几乎都是来自巴拉圭、玻利维亚和秘鲁,基本上没有阿根廷本国人。近年来,在阿根廷宽松的移民条件下,许多邻国的居民因生活所迫纷纷涌入这个国家,希望谋得一份稳定的职业。虽然中低阶层的移民在异国谋求职位养活全家并非易事,但即使这样也挡不住邻国人进入阿根廷的贫民区。我们所帮扶的家庭,大多数都居住在自搭房内,这些房子既不是砖头搭建的,也不是水泥砌成的,而是实实在在的棚户。这些家庭往往还拥有多个孩子,父母未接受过正式教育,只能从事非正式经济

第四部分 地方与社会　　　　　　　　　　　　　　　　355

中的工作,孩子的生活大多数依赖于政府救助,尤其是"儿童补助计划"(Asignación Universal por Hijo)。

事实上,贫民区的许多家庭都依靠政府慷慨的福利政策来维持生活,这一现象与我此前了解到的政府与贫民之间的紧张情形有所矛盾。尤其是在我了解到阿根廷前总统克里斯蒂娜的政府曾颁布和扩资了多项社会福利政策,包括"工作计划"(plan trabajar),"儿童补助计划"等,我不禁有些疑惑,如果说政府认同"贫民之恶",那又为何会多此一举助长这样的"恶"呢?是因为总统个人的执政喜好不同吗?是因为政府议员担心深重的经济危机会助推社会动荡吗?在学理上,政治学中的"庇护主义"及"选举腐败"话题或许能解释这一点——移民群体不具备强烈的政治倾向,但是通过福利政策可以收买人心,影响其政治偏好。虽然学者对这一政治投机做法持负面评价,但是如果从这些贫困家庭的角度出发,福利政策确实是他们赖以生存的重要条件,至于这些政策对他们政治生活的影响,完全可以忽略不计,他们也不会对这些政策保留任何敌对思想。这一现象也引发了我对于理论正确性和社会正确性矛盾的进一步思考,或许我们在理论上批评、指责的案例,在现实生活中却是必要且受欢迎的,那么研究的理论价值和现实价值如何才能实现统一呢?这一田野所引发的疑惑,我迄今为止还在寻找着答案。

此外,在和贫民区居民的交流中,我了解到这部分人对于政治的态度。不同于前文所描述的青年群体和政党基层组织群体,他们不关心政治,不在乎总统是谁,只要政治家承诺不停止对他们的救助政策,选谁都可以。更为重要的是,他们其中的许多家庭并没有能力支付电视机,这就意味着他们可能从没有接触过任何的政治辩论节目,而我原本以为阿根廷国人皆会收看这样的节目。因此,他

图 4-21　2017 年 1 月 16 日，"屋顶"志愿者入户调研。

们对选举总统候选人这件事的了解仅仅局限于是否有人给他们分发过传单，是否有候选人给他们派送过现金；如果他们接收到谁的传单或者是谁给过他们现金，那么他们手里的选票就属于这位"未来总统"了。这又颠覆了我之前认为阿根廷人热心政治的印象，原本以为我已经接近了阿根廷社会的全貌，没想到我只是"管中窥豹"而已。借着"屋顶"组织的光，我看见了自己所处圈子之外的更多他者，这些社会边缘人物，他们的存在让我更加全面地了解阿根廷，完善自己的世界观。

## 结　语

我的田野没有惊心动魄的情节，也没有石破天惊的发现，但田野中的人和事，却在一些微小的细节中不断纠正着我的认知。我原以为政治学的理论是宏大的建构，但是回归生活时我才发现，理论其实是源于细枝末节的实践体会和归纳总结。在阿根廷，社会组织是连接个人和国家的桥梁。学生组织连接着学生和学校的管理部门乃至政党组织；政党基层组织影响着每一位老百姓的生活，继而引导和反映着政治发展的走向；非营利性组织更是填补了国家难以做到的、对边缘群体的关注。所谓的"强社会，弱国家"虽然是一种实然的表现形式，但是在阿根廷这样一个制度民主而结构松散的国家，强社会又可能是一种应然的必要条件，否则个人很可能被国家遗忘和抛弃。

写这篇文章时，我的思绪跟随着之前的照片又再次回到了阿根廷的土地。我这才更加意识到，田野的魅力不仅仅在于能够带来融入异文化的新鲜感，更在于它的启发性和反思性，它指引我们去思考，去再解读，去不断地推翻自己的想法，继而获得更接近真相的答案。参与学院学生组织活动之后，初来乍到的文化冲击变成了我理解阿根廷人行事风格的出发点，我愿意更多地去了解种种行为背后的深层原因；在政党基层组织中"潜伏式"的参与，让我对阿根廷的政治运作有了进一步的认识，当地的政治生活比书本上写的"政党碎片化，委任式民主"来得更为鲜活、生动；在和非营利性组织的接触中，我读到了更多本国新闻报道之外的社会讯息，也接触到了学堂之外更多元的市民生活。在我与每一个阿根廷人的具体交流中，我试图去了解、去刻画一个个有血有肉的研究对象，而这个国家的整体形象开始逐渐清晰。从学校街道到广阔社会的田野经历，描绘了一个比书本上、报纸上更为立体且真实的阿根廷，此时的我更明白"纸上得来终觉浅，绝知此事要躬行"话语背后的力量。

开罗 Cairo
奥什 Osh
北京 Beijing
新德里 New Delhi
科伦坡 Colombo
塔那那利佛 Antananarivo

马达加斯加塔马塔夫港沙滩上的人力三轮车。

熊星翰 摄

# 第五部分
# 发展与反思

# 熊星翰

熊星翰,男,清华大学国际与地区研究院助理研究员。2009年至2011年曾在马达加斯加工作。2014年考入清华发展中国家研究项目,政治学专业。2015年至2016年前往美国加州大学伯克利分校非洲研究中心访问学习,2016年至2018年前往马达加斯加进行田野调研。主要研究兴趣包括马达加斯加历史、人文地理以及中央与地方关系。

随着中国在非洲的存在感急剧增强,越来越多的当地民众开始将中国视作自己国家发展时应该借鉴的榜样。但是,非洲民众是如何感知、理解中国发展的呢?发展是一种历史过程,非洲民众在对中国历史不了解的情况下,为何会将中国的发展经验视为一种可以学习的对象?熊星翰通过他在马达加斯加的田野案例和反思,对上述问题进行了生动而有益的回答。

# 当谈论中国发展时马达加斯加人在谈论什么

# 引言：吃穿住行的片段

夜色甫降，马达加斯加首都塔那那利佛郊外的路边小酒馆，小彩电在泛着油光的木质碗橱顶端播放劲歌热舞，声浪震颤着电线下悬挂的白炽灯。四个当地男人点了两瓶啤酒两串烤肉，在四个塑料杯斟满酒后，开始愉快地聊天，与此同时，烤肉被轮流拿起，每个人每次吃掉上边的一小块，直到最后剩下两根干净的竹签子安静地躺在盘子里。这个时候我和同事每次按照惯例点的几十个烤串上桌了，酒馆老板为我们热情服务，周围的人投来目光，还有一位半醉的当地老男人走上前来，一边高喊"中马友谊万岁"，一边不断打量我们桌面上的食物。

篮球赛结束，我坐在场边休息，一个刚刚认识的当地男孩笑着走过来，他指着我脚上已经穿了不少时间的球鞋，说这个品牌目前在马达加斯加很火。停顿了一下，他有点羞涩又有点开玩笑地问我可不可以和他交换他脚上穿的那双鞋。我想起了遍布马达加斯加的二手鞋市场——不知道来自世界哪个地方、不知道被谁用过的各式鞋类、衣物、背包被吊在木架上展卖。我的一个当地大学生朋友有一次就在这样的地方犹豫良久后高价（约人民币100元）买了一个书包，那个书包和我的球鞋一个品牌，不过是仿冒的。尽管他的母亲不知道那个品牌是什么，他为此付出的价格已经足够招来母亲一顿严厉的批评。

这天我请小J吃午饭的时候他迟到了，他是住在港口城市塔马塔夫平民区一个刚毕业不久的大学生，以往我们见面他都挺准时的，所以这次我有点奇怪。见面后他向我致歉，我很快注意到他神色困顿，一只手上还缠着白色的医用纱布。"手还好吗？""不太好，被蝎子蛰了，特别疼。""蝎子？""是的，今早迷迷糊糊还没醒，翻了个身感觉手上压着个东西，之后就是一阵剧痛。"我想起了自己住的地方，那里比平民区好不少，但是晚上睡觉时也经常被蚰蜒和蟑螂爬墙的声音吵醒，还有一次醒来看到一只胡蜂在眼前嗡嗡作响，另一次看到一只鸟在床头飞过。

老A是我认识多年的当地朋友，他的父亲曾经是马达加斯加铁路公司的职工，他自己也因此从小喜欢机械。后来他当了司机，会开各种各样的车辆，也会维修各种各样的车辆。一辆看着已经绝望的破车经过他的手总是还能再苟延残喘一阵。在塔那那利佛路边的修车摊，当我皱着眉头说眼前的车在中国早就是废品的时候，老A告诉我在马达加斯加不存在报废的车辆，而只存在还没有再利用的零件，说完后还向我耐心讲解了二档起步的操作以及二手轮胎选购的注意事项。

根据世界银行和联合国的标准，马达加斯加是全球最不发达国家之一，来自中国大城市的我每次经历上边这些时刻也难免会想：这个国家真的不够"发达"，人民的生活真是辛苦啊。但同时我开始进一步思考：马达加斯加民众如何看待中国呢？对于马达加斯加民众而言中国是发达的吗？如果是的话，马达加斯加人为什么觉得中国发达？又是否思考过中国变得发达的原因呢？

## 中国是存在感不断提升的发展榜样

过去的20年，中国在马达加斯加的存在感在迅速增强。从宏观上看，两地贸易额不断提升，本世纪初以来，中国已成为马达

图 5-1 2017 年 5 月 16 日，马达加斯加菲亚纳兰错一户传统民居门上的中国女星海报。

加斯加最大的贸易伙伴；在马达加斯加境内注册的中国企业数量也呈爆炸式增长，中国企业在当地的投资总额也在不断攀升。此外，中国官方机构在基础设施建设、医疗支援、教育、打击犯罪等众多领域向马达加斯加提供了更多的援助和合作机会。

例如中国向马达加斯加派遣医疗队已有 40 多年的历史，几乎所有主要城市都建立了孔子学院，近几年由中国援建的多条新公路落成，并启动了其他一些公路项目的建设。在微观层面，中国元素也已经成为马达加斯加很大一部分民众日常生活中不可避免的存在。比如中国商品不断涌入，从汽车到电子产品，从布匹到玩具，各类高低端商品都具有极强竞争力；中国食品和语言吸引了越来越多当地人的关注，中餐馆和中文教学的热度得到了可观的提升。

中国在马达加斯加的影响力不断扩大的同时，马达加斯加也在努力尝试学习中国的成功经验，希望能够从中获得灵感，同时在自己的国家也实现中国式腾飞。2018 年年初，马达加斯加时任总统埃里·拉乔纳里马曼皮亚尼纳（Hery Rajaonarimampianina）在介绍其 2030 年国家发展规划时表示要打造"马达加斯加的深圳"。同样，马达加斯加现任总统安德里·拉乔利纳（Andry Rajoelina）

在向中华人民共和国成立70周年致以问候时,对这个遥远东方古国在短时期内能取得如此辉煌的发展成就表示敬意,并认为中国经验可以给马达加斯加以启示。向中国学习的意愿不仅体现在当地社会的上层人士中,也体现在长期以来一直渴望改善生活条件的广大民众之中。根据非洲民意晴雨表(Afrobarometer)2016年发布的调查报告,24%的马达加斯加受访者选择中国作为国家未来发展的最佳参考模式,而选择美国的受访者比例为31%。

可见,今天中国在马达加斯加的存在感与影响力都在迅速增强,并激发后者从中国的发展过程中获得灵感、重现中国式成功的意愿。

但这里立刻会出现两个具有递进关系的问题。第一个问题是:马达加斯加人,特别是马达加斯加民众是如何感知到中国发展的呢?第二个问题是:感知到中国发展的马达加斯加民众为何将中国发展视作一种自己国家可以学习的模式?

这两个问题关系到对于发展的认识论理解。首先,发展要被感知到,一定涉及一个变化的过程。无论是经济发展还是社会发展,它一定会通过某些媒介表现出发展主体在不同时间点的不同状态,只有这种改变被感知到,感知它的人才有可能说它是发展。换言之,发展是一种历史过程。此外更重要的是,这种历史变化过程只有感知到它的人认同它是一种好的变化、一种从落后到发达的变化时才会被称为发展,才有可能作为一种可以学习的模式被认同。

所以,要了解马达加斯加人如何理解中国的发展,首先要看中国作为发展主体其历史变化是如何被马达加斯加人感知的。接下来再考察为什么马达加斯加民众会认同中国的历史变化是一个从低级到高级、从落后到发达的良性变化过程。

马达加斯加民众感知有关中国的历史变化首先源于马达加斯加的中国移民史,因为中国人来到马达加斯加本身就是一个历史过程。与非洲大陆的大多数国家相比,马达加斯加接待来自中国的入境者的历史更长,其中不同批次移民给当地人的感官印象是不一样的。马达加斯加民众间流行一种区分中国老移民和新移民的说法,当地人常说的"老一代"华侨是20世纪最初几十年登陆马达加斯加的中国人,马达加斯加人认为这一批华人比较谦逊,愿意通过婚姻和入籍融入当地社区。相反,21世纪后进入马达加斯加的"新一代"华人则由冒险家和商人组成,马达加斯加民众认为他们到此的目的只是尽快致富,在当地的经商活动缺乏社会责任感,常常为了自己赚钱损害当地社区的利益。此外,他们不像前辈那样谦虚沉静,而是在赌场、夜总会甚至街道上展现自己的财富。一位在当地声望远播的中国富商在一次私人宴会上与朋友的对话能部分反映马达加斯加民众的这种判断:"你还记得那天我女儿和她丈夫举行的结婚典礼吗?我们召集的车队是如此豪华和壮观,整个城市(塔那那利佛)的人都在沿街欣赏这场前所未有的盛会!"

除了与华人群体的交往外,马达加斯加民众对中国变化的认知是从大众传媒以及华人场所、中国商品的日常接触中形成的。比如一些受访者告诉我他们看到过电视上关于中国的纪录片;塔那那利佛的中国城是全马达加斯加商业最繁盛的地段,每天不计其数的马达加斯加人经过这里时都会看到中文广告牌和中文包装的商品;报纸上每天会出现中国公司的广告,有时还有与中国相关的新闻报道。此外,随着网络普及率的提高和智能手机使用者的增加,马达加斯加民众关于中国信息的获取也更加频繁和多元。

值得注意的是,马达加斯加民众获得与中国相关信息的特征是日常性与碎片性。虽然这些碎片化的片段琐事看上去并没有系统地体现历史变化，但是如果我们把视角从日常生活延伸到马达加斯加过去几十年发生的较长的商业景观变化中，就会发现这些日益增多的中国元素也是当地生活史演变中的重要组成部分。从无到有，从稀少到主流，中国元素在当地的涌现像是一阵疾风带来了新鲜的气息，也逐渐改变着马达加斯加原有的商业秩序。比如曾经不可一世的法国付费电视供应商"Canal+"不但月租昂贵，初次安装的设备费和服务费也只有少数人可以承受，随着中国企业"四达时代"的到来，现在"Canal+"已经提供接近免费的安装服务了。曾经马达加斯加路面上只有欧美和日本的汽车在奔跑，现在中国品牌的汽车也已经被广泛接受。中餐馆曾经只让人想起广东潮汕人经营的小食肆，售卖炒饭、面条和叉烧，现在却象征着包含奢华晚宴、KTV、赌场的综合性高档消费场所。

　　商品不但具有市场价值，也承载着文化资本，它们构建着社会区隔，从长远来看，商品参与了历史的形成，也参与了人们对于发展的定义。也就是说，全球化中的现代性具有弥散的特点，资本引领商业社会走向世界每个角落，新的产品和生活方式首先会作为一种整体的发展被感知，在这个基础上人们会在日常生活中去辨别商品、资本、时尚的国别来源，在心中不停变更外部商业秩序的图景，并进一步将其内化成自己的知识，再以此为基准去判断什么是发展。

　　综上可见，马达加斯加民众主要是通过当地华人群体、中国商品与中国相关的碎片化信息来将中国作为一种历史性变化进行认知。接下来推动我继续追问的问题是：这样的认知如何能演化成一种发展逻辑？如同上文讨论过，发展这个观念在大众意识里必须是一种正面的、进步性的变化；此外，当决定将一个国家作为可以学习的发展模式时，背后隐含的意义在于了解这个国家的发展历史及其发展的因果逻辑，只有这样才可能学习和借鉴。那么，将中国视为学习榜样的马达加斯加民众了解中国的发展历史吗？他们如何理解中国发展的因果逻辑？

## 抛开历史谈中国发展

大多数马达加斯加受访者对中国的历史没有明确的概念，这一点可以从一些可能很肤浅但很有意思的例子说起。比如当被问及是否能列举出历史上或现在的著名中国人物时，除了极少数情况外，受访者要么只能说出毛泽东的名字，要么谁也说不出。相比之下，当谈到美国和法国时，大多数人都能说出几个这些国家的名人，从拿破仑·波拿巴到弗朗索瓦·奥朗德，从亚伯拉罕·林肯到贝拉克·奥巴马。

同样，在我的马达加斯加受访者中，除了那些有在中国大学或者当地孔子学院学习经历的少数人，其他受访者对中国历史的整体演变没有任何编年或者朝代方面的了解。但即使是那些上过中国历史课程的人，留在他们脑海中的也只是秦、汉等几个王朝的名称，这些朝代并没有被他们系统地整合在一个历史演进的发展框架里。相反，在调查西方世界的历史时，相当一部分受访者能说出其时间轴上大事件的大致顺序。他们对法国大革命、美国内战、殖民扩张、两次世界大战、非洲独立浪潮、冷战等都或多或少有所了解。特别是殖民扩张以来的时期，马达加斯加的受访者能把它与自己国家的经历联系起来谈论很多内容，并就此对马达加斯加的不发达现状提出自己的解释与推论。

真正让马达加斯加人开始思考中国历史和发展问题的推动力来源于中国功夫片。虽然功夫片作为中国文化影响的象征,甚至是中国哲学的载体已经被很多人讨论,但它对中国历史表征的影响,以及这种表征对非洲观众的影响却很少被关注。

以李连杰为例,作为中国全国武术比赛的冠军,他的电影事业是从中国内地开始的,但最终通过与中国香港电影公司合作而成名。李连杰在香港发展时期演绎得最成功的人物是19纪末、20世纪初生活在广东的中药商人和功夫传奇黄飞鸿。电影中,黄飞鸿成为激励当地居民反抗殖民侵略和清朝政府压迫的偶像。他在电影中的座右铭"男儿当自强"可以看作是一个民族反对被奴役命运的注脚。虽然马达加斯加的观众可能对中国清朝末年的历史毫无认识,但他们在银幕上看到的是留着长辫子、穿着也与当下不同的"历史上的"中国人;他们也看到了当中国民众在殖民主义和腐败的满清权贵面前挣扎时,以黄飞鸿为代表的中国功夫大师如何通过武术进行抗争。

对于曾经拥有强大本土王国但最终向法国侵略投降的马达加斯加来说,一些当地观众观看黄飞鸿的电影时会产生一种源自历史的共情。来自塔那那利佛的一位餐厅服务员就表示,李连杰的这一系列电影给他一种鼓励,让他在不公平的现实里继续生活和学习,而这也是他非常喜欢中国功夫电影的原因,中国功夫电影在他看来具有与甘地和曼德拉相似的意义。

还有一个有趣的地方是功夫电影的装饰和背景也可能成为引起马达加斯加观众对中国历史进行阐释的触发点。在一次谈话中受访者告诉我,在李连杰的《杀手之王》和成龙的一些电影中,他看到了故事发生在一个现代化城市里,那里有很多摩天大楼被五颜六色的霓虹灯照亮,因此他认为中国的经济发展一定是处于一个非常先进的阶段。

在很大程度上讲,功夫片为中国发展提供了一个马达加斯加民众可以寻求到共鸣的逻辑起点。虽然还很难评估功夫电影到底在多大程度上影响了当地人对于中国发展的评价,但二者之间存在紧密联系

图 5-2　2017 年 5 月 17 日,马达加斯加菲亚纳兰错一个中餐馆内的功夫元素。

这一点是可以肯定的。

值得注意的是,尽管马达加斯加民众将中国视为一个取得很大发展成就的国家,并且将其发展模式视为本国应该学习的对象,但其实他们当中的绝大多数并不了解中国的发展历史。因此,在被问到为什么中国能够发展时,绝大部分的受访者都无法给出一个依靠历史支撑的因果关系回答。换言之,在他们的潜意识里,中国的发展既是日常生活和功夫片里感知到的现象,同时又是一种能够因此自证中国具有成功发展经验的证据,二者之间无需一种历史逻辑予以因果联系的建立。

如果进一步把马达加斯加了解中国发展历史的少数人和不了解中国发展历史的人进行对比,会看出二者之间在如何论证中国发展

的原因上也存在明显的不同。比如以下是两位受访者在谈论中国发展原因时发表的观点：

> 在我高中学习的时候，我们有一些历史课是关于冷战的话题，这让我对毛泽东这个名字有一些印象。后来直到我读本科的时候，才有机会对中国历史有一点了解，不过毛泽东还是我现在唯一认识的中国领导人。
> 我认为毛泽东是创造中国经济奇迹的人，但是关于中国为什么能这么迅速地发展我其实不知道真正原因。
> ——图阿马西纳大学历史系的一名研究生

> 毛泽东为中国经济的进一步腾飞奠定了必要的工业基础，他为中国人民重塑了独立自主和艰苦奋斗的精神，使他们做好了获得成功的思想和心态上的准备。虽然后续的改革开放以及其他领导人的贡献也不能磨灭，但毛泽东为他们奠定了基础。
> ——《反思中国和马达加斯加》一书的作者

虽然上述两位受访者都得出了同样的结论——毛泽东是中国创造经济奇迹的关键人物，但引导他们得出表面上相同结论的推理过程却是不同的。对于第一个受访者而言，毛泽东是他唯一认识的中国政治家，他将这种历史伟人的知名性与自己对于中国发展的破碎感知联系起来，建立起一个缺少中间推理的结论。相对而言，第二位受访者是在对中国当代史进行了大量研究和思考后得出的结论。这里的关键点不在于二人结论的正确性，而在于他们通过怎样的过程来解释中国取得成功发展的原因。第一个显然是去历史化的，是

图 5-3 2018 年 4 月 6 日,《反思中国和马达加斯加》一书封面及其作者。

从经验感知直接得出结论,而第二个不是,作为曾经驻华外交官的孩子和现在莱顿大学的特邀研究员,《反思中国和马达加斯加》的作者在阐释中国发展原因时进行的是一种历史性论证。显然,当前马达加斯加民众讨论中国发展的话题时第一种推理方式占据绝对主流。

## 经济作为中国发展的阐释路径

去除历史后进行的发展阐释有一个重要特点是发展概念的不稳定,埃里克·沃尔夫(Eric Wolf)在他的《欧洲和没有历史的人民》中就此进行过讨论。他认为世界是由不同地区的历史进程构成的复杂整体,相反地,在这个世界上人们使用的民族国家、社会、文化等概念经常只是一个模糊而空洞的能指(signifier)。人们为这些能指赋予的意义通常是不确切的、有很多解释可能性的，只有不断在历史语境中追寻事实的复杂性才能够尽可能地去除歧义。

由于大多数马达加斯加民众对于中国的发展历史没有了解，所以无法将它归纳成一种具有历史特殊性的因果解释逻辑，而只能做出符合自身解释习惯的推论。那么，马达加斯加民众思维中习惯的发展阐释方法是什么呢？

在谈到中国功夫片时，有人指出电影中霓虹闪烁的摩天大楼可以被视为中国发展的证明。这句话不仅仅是受访者的一个有趣的观点，其实也包含了受访者对发展的解读方式。因为认为高楼林立就是发展的代名词，是对物质发展叙事的认同，是相信经济积累丰厚、高楼大厦密集的国家在人类社会发展的历史序列中就应该处于更高的位置。同样的，如果再回头去看两位持有"毛泽东带来了中国发展成功"观点的受访者，会发现他们也都在用"经济"来定义中国的成功。除了他们，很多马达加斯加的当地民众也经常对我说起同样一句话："我相信中国将在不久的将来超越美国，成为世界第一'经济'强国。"另外，在马达加斯加高中毕业班历史地理课的教学计划中，涉及他们祖国马达加斯加的部分题目是——"马达加斯加，一个走在发展道路上的国家"，而该部分的总体教学目标是：1.通过对不同经济部门的分析，了解马达加斯加不发达的原因；2.思考马达加斯加经济的未来前景。

通过这些现象，可以看到的是马达加斯加人谈论发展时，经济发展是在他们脑海中占据首要位置的概念；所以讨论中国的发展时，中国在经济方面取得的成就自然也是他们有意无意中最为关注的内容。

这里并不是要批评经济在发展话语中的压倒性地位和只使用经

济指标衡量发展的片面性。相反，正是由于有了这样一个强烈统一的发展标准，建立共同的认识和共同的价值判断才成为可能。今天，珍珠在全世界都是象征财富和与奢侈品产业相关的珍贵商品，然而假如一些商人穿越时空把珍珠带到19世纪的特罗布里恩群岛，他们会发现自己的商品在那里是毫无交换价值的儿童玩具。同样，中国经济的增长可以被诠释为发展，一定程度要归功于西方资本主义的扩张，在这个过程中经济的地位被提高，成为发展的第一评判标准。

用经济诠释发展还有另外一个内在的逻辑是资本主义主导的商品社会带来了普遍性的货币化。无论物品、时间、劳动甚至人际关系都开始可以用货币进行衡量。这就使得大到国家宏观尺度的发展，小到个人生活水平的高低都可以用货币符号这个共同的媒介联结起来。从这个意义上讲，大多数马达加斯加的受访者所使用的"经济"概念是一个含义非常模糊和繁杂的集合。他们无法用学术的方式来定义经济，这个概念对于他们而言是由许多不同的元素组成的复合体，其中可能杂糅了他们在学校里学习的课程、总统选举的竞选口号、他们观看过的新闻、参与的经济活动、观察到的商品价格、感受到的生活水平等等。所有元素混杂在一起，通过货币的度量，构成了他们对"经济"这个概念的总体印象。但不清晰、模糊的特征又赋予了"经济"这个概念更多的解释可能性，比如在日常与中国元素的互动中，模糊的"经济"概念可以用来评价中国的发展——大多数马达加斯加人负担不起的中餐美食，中国商人结婚时令人印象深刻的汽车巡游，携带当地美女的中国男人经常出入的夜总会，等等，所有这一切与货币关联的生活体验都可以归入经济的范畴。并且当马达加斯加人在电视和报纸上看到介绍中国经济的抽象统计数字和官方报道时，这些日常生活体验又予以他们更鲜活深刻的认知，此时，"经济"这个概念承担起了将日常生活与宏大发展叙事联系起来的作用。

当中国发展的日常现实感知被纳入以经济为核心的发展叙事后，由此产生的另外一个效果是加速冲击马达加斯加民众对当地政治经济运行机制的既有信念。民主选举制度和西方输入的治理模式在马达加斯加施行已经有接近三十年的时间，然而长期以来的治乱循环和低下的民生改善速度却不断质疑着当地社会文化与西方新自由主义政治经济制度的兼容性。

纵观当代历史，马达加斯加曾尝试采用西方民主选举的政治制度和新自由主义经济范式来寻求发展：它向法国学习，套用了类似的权力架构和法律体系；它接受了国际货币基金组织在国民经济上的结构性调整；它三十多年来坚持地方分权的治理方略。毫无疑问，西方发展模式在马达加斯加被奉为圭臬。即使在马达加斯加高中毕业班的历史地理教学计划中，以"世界头号强国"为主题的美国部分就占据了总教学量的三分之一以上。相比之下，讨论马达加斯加发展历程的课程量比美国部分都要少一周。

不幸的是，尽管做出了所有这些努力，马达加斯加仍然遭受着周期性的政治危机，依然在非常高的贫困率中挣扎。作为资源丰富的非洲最大岛屿，很少有人能解释马达加斯加为何长年陷于欠发达状态。因此在推广西方发展模式失败后，当苦恼困惑的马达加斯加民众感受到了中国带来的变化后，也产生了"试一试，至少比现在好"的心态。

在我与马达加斯加对话者的谈话中，当话题涉及马达加斯加的现状和未来发展时，大多能感受到一种深深的绝望情绪。一位从事旅游业的年轻女士的发言颇具代表性：

> 有时候我就静静地坐着问自己："你一整年才存了这么一点钱？！"放假的时候我会买一点东西，然后钱就用完了。拉乔利纳总统的妻子怎么能买得起这么奢侈昂贵的衣服？她一件衣服的钱比我一辈子买的所有衣服的钱加起来还要多！
>
> 在马达加斯加，如果我们不偷盗，最后会一无所有地死去。
>
> 中国是发达国家，听说那里的人很努力，我在照片上看到那里有很多高楼大厦。
>
> 下次总统选举我不会投票，这太荒谬了，反正选谁都一样，我根本不关心这个问题。

这段引文披露了几个有趣的观点。第一，就像马达加斯加人通过日常经验感知中国的发展一样，马达加斯加的不发达也是人民通过每天的艰苦生活来感知和确认的，很少有人会引用 GDP、人类发展指数等排名讲述自己国家经济发展的滞后。第二，马达加斯加民众经常采用货币化的商品和购买力来衡量自身发展和幸福，这一点和他们用货币和商品感知中国的发展是一致的。第三，人们开始对民主选举及其所承载的整个发展逻辑失望甚至憎恨。在最后一点上，不仅是很多像上述女士一样的基层民众不相信选举制度，就连全国独立选举委员会的一位官员也对我说他很欣赏中国最新的宪法修正案，因为"这样可以在必要时候更好地维系国家稳定"。

需要注意的是，这种针对西方发展模式产生的抗拒，在心态上的原因是马达加斯加人民逐渐发酵的失望情绪，在认识论和表述上的可能性却是源于去历史化发展阐释方法。这种方法可以直接建立起"民主制度带来经济发展"这样去历史化的推论，可以不讨论资本主义为何在西欧首先崛起的历史特殊性问题，是一种简单化和机械决定论的思维方式；所以当它遭受质疑时，被质疑的也只会是民主制度，而不是具体的历史过程。同样的，这种阐释方法也提供了绕过中国发展的具体历史而论证其发展的推理框架，从而更容易获得渴望改变国情的民众的认可。

因此，马达加斯加民众把中国作为一种可选择的发展模式，在很大程度上是一种深受西方思维模式影响的想象和建构。这也可以部分解释为什么马达加斯加和西方世界在讨论中国发展模式的特殊性时，总是喜欢不断地提到民主和自由。我们经常碰到类似这样对中国发展模式的误读和判断："中国是一个特殊的发展案例，因为它在没有民主制度和真正市场经济的情况下实现了发展。"经过本文的讨论会很容易发现这个判断的潜台词是认为欧美式自由民主模式应该是普遍规律，它仍然是一种去历史的、基于新自由主义政治经济学逻辑的欧洲中心主义发展观。

## 结语：中国发展模式会在马达加斯加复现吗？

应该说答案是否定的。首先最重要的一点，中国从未自己宣扬具有普适性的中国发展模式，所以既没有提供其他发展中国家相应的发展框架，也不进行发展政策的输出。这不仅因为和平共处五项原则长期以来是中国处理对外关系的准则，还因为中国的发展采取的本身就是实践出真知的发展理念。在历史上，中国也曾试图照搬西方的发展模式，但实现成功却是依靠理论联系实际、"摸着石头过河"，最终走出了一条自己的发展道路。中国官方从不认为自身发展的历史可以作为一种发展模式进行移植，采取的是求同存异的多元化态度。

此外，从马达加斯加方面来看，即使有三分之一的民众在心目中认为中国是他们国家应该首要学习的发展模式，我认为这在具体的政治经济实践中也不会很快发生。因为除了通过经济维度来理解中国的发展以外，马达加斯加当地还有更深层次的类似弥母（meme）的文化因素在影响当地人对于生活价值的判断。这种长时段形成的文化基底更系统地编码了人们的正义观、幸福观、审美观，一旦来自中国的影响与它们存在冲突和抵触，地方文化往往会成为稳定的判断标尺，排除短期的外来干扰。例如，在马达加斯加与几位从未出过国的年轻女士聊天时，我问她们如果有足够的经济实力，她们想去的第一个外国城市是哪里？几乎所有的人都给出了同样的答案——巴黎。她们眼含憧憬眺望远方说："站在埃菲尔铁塔和巴黎圣母院前一定会很浪漫。"尽管他们中的很多人都认同中国已经是"发达国家"，但他们还是宁愿先选择前往曾经的殖民宗主国，那个在很多场合会被认为是阻碍马达加斯加历史发展的国家。另一位学习天文学的本科生，她认可中国的发展，因为"中国在猫鼬射电望远镜（MeerKAT radio telescope）的建设项目中做出了很大贡献"；但她对中国在马达加斯加的经济活动表现出强烈的反感，原因涉及环境保护和工作伦理，她认为中国发展建立在一种没有宗教信仰和道德底线的唯金钱论之上。还有一位在律师事务所工作的女士在我们第一次见面时，以非常谨慎的态度向我询问了吃狗肉和独生子女政策的问题，而这两个话题也被当地许多其他对话者反复提及，以表现他们对中国的关注。这些观察提醒我们，除了经济上的成功，其他维度也会影响公众对一个国家的评价，由于公众对中国发展的认识是简单化和去历史化的，因此也很容易被当地人更深层次的价值体系所颠覆。

同时，由于马达加斯加主流的政治语言和发展叙事都是西方塑造的，

图5-4　2017年6月8日，马达加斯加一个边远小岛（圣玛丽岛）公立中学图书馆内有二十余本《红与黑》。

也是当地公众所熟悉的，它们通过不断输出非历史性的发展推论，设定了一条历史路径，这很可能会构成反对变革的惯性。在马达加斯加这样的国家，当中国还在依靠功夫片和中国商品增强自己在当地社区的存在感时，法国等西方国家已经深入影响了马达加斯加的整个社会经济秩序：以市政、议员和总统选举为形式的民主制度在巴黎和塔那那利佛间遥相呼应；以法语为载体的文学、歌曲被反复传诵；以地方分权为基本治理逻辑的政策被应用于马达加斯加所有地区。换句话说，在历史的进程中，西方的语言文化与当地的社会环境和心态已经产生了深度契合，并不断强化着互相之间的认同，从而维持西方发展模式的合法性。

最后，将发展概念置于这样一个批判性的审视之下，并不意味着否认发展。相反，由安全、健康、温饱、尊严等要素构成的人类福祉是值得追求的，具有普适性。这里强调的是对发展概念形成过程的反思。在这个问题上，采取一种更加历史特殊性的方法，可能会使我们更接近于真正理解发展的复杂含义。

# 段九州

段九州,男,清华大学国际与地区研究院助理研究员。2009—2010年曾在埃及学习。2014年考入清华发展中国家研究项目,政治学专业。2015年至2016年前往美国哈佛大学肯尼迪政府学院访问学习,2017年至2018年前往埃及进行田野调研。主要研究兴趣包括阿拉伯伊斯兰文化、发展政治经济学以及国家与社会关系。

段九州在文中提出了一个非常宏大而深刻的问题——历史与文明的传承如何成为一把双刃剑？他以地理为逻辑论证起点，紧密围绕尼罗河下游地区的自然地理与人文特征的相互关系进行论述。他通过土地情怀和国家团结来论述文明的力量，通过地理危机和军队主导来诉说文明的代价。当然，埃及文明也因其自成一体和安于现状的现实，呈现某种意义上文明的悖论。

# 文明的悖论
## 埃及发展困境的历史与社会观察

我曾经在穆巴拉克执政末期的 2010 年在埃及留学，后来又于 2017 年到 2018 年在埃及访学将近两年。与第一次留学的激动和兴奋相比，我在博士期间访学时则怀揣了更多的疑惑和问题进入埃及。一个拥有世界上最古老的文明且在过去数十年都是中东非洲大国的埃及，何以沦落为全世界政治经济发展的失败案例？在街头革命推翻了执政三十年的穆巴拉克之后，埃及人民似乎找到了国家发展的新希望。然而过去政府积累的痼疾难以在短时间内解决，埃及反而因为国内政治局势的动荡，把结构性的经济问题暴露得更加明显，同时还陷入了被动的地缘政治难题，如埃塞俄比亚在尼罗河上游修建复兴大坝。关于埃及失败的原因，国内外的知识界和媒体界讨论颇多，这让我在前往埃及前就对埃及有了基础的认知。然而，当我真正开始在埃及学习和生活后，现实的案例对我的既有认知产生了极大的冲击，以至于是完全颠覆性的。

与所去过的很多国家相比，埃及的现代性特征并不彰显，反而是无处不在的古"文明"气息贯穿了我的整个田野体验。作为全世界最古老的国家之一，埃及既享受传统带来的文化软实力和社会凝聚力，同时也饱受作为传统载体的负担和压力。本文将以我个人的体验和观察为基础，反思传统文明在当代民族国家政治经济发展中呈现的悖论，如何在传统与进步之间取舍，对其他发展中国家或有映照和借鉴意义。

## 文明的力量：土地情怀和国家团结

埃及国内的宗教冲突是经常被西方文献提及的危机根源之一。埃及是中东地区民族和宗教同质性相对较高的国家，然而也存在主体族群穆斯林和少数族群科普特基督徒之间的冲突。科普特人是埃及最大的少数族群，也是中东地区最大的基督教群体。科普特人问题在20世纪70年代后逐渐引起了埃及国内外学界的关注，这与穆斯林和科普特人不断上升的教派冲突是分不开的。

公元640年阿拉伯人进入埃及时受到了科普特人的欢迎，科普特人期望在穆斯林的统治下寻求更好的生活。但阿拉伯人征服埃及，也标志着科普特基督教和科普特语在埃及地位下降的开始。伴随着几个世纪的社会同化，大部分埃及人都改信了伊斯兰教，阿拉伯语取代了科普特语在日常生活中的地位，后者只存留于科普特东正教的宗教仪式中。埃及成为以穆斯林为主体的国家，科普特基督徒占总人口的10%左右，其中科普特东正教信徒约占科普特人口的90%，科普特东正教会则是埃及最大的非伊斯兰宗教机构。

我发现，埃及的穆斯林和科普特人之间在日常生活中的确存在冲突，主要集中在教堂修建和跨教婚姻问题上。以教堂修建产生的纷争为例：人口快速增长是造成埃及宗教建筑用地紧张的主要原因。一方面，埃及自20世纪70年代以来的人口暴涨导致民众对宗教场所的使用需求增加。另一方面，埃及全境只有5%的土地适合人类居住和耕种，将近一亿的人口集中在尼罗河谷和三角洲的狭窄地带，有限的土地需要满足人们多样化的需求——住房、学校、医院、工厂……但埃及政府对于土地使用的法律规定又极其模糊，为建房者留出了大量的违章空间。

行走在开罗街头，尤其是吉萨区，人们会发现许多民用楼房没有封顶，俗称"烂尾楼"。据称开罗城中存在280万个违章建筑，这样规模的违法行为的出现恰恰是由于法律不健全和政府执行力不足。在十几年前，埃及政府出台了一份对私人建房收重税的文件，

第五部分　发展与反思

文件上规定建房者纳税时间是在房屋竣工以后，很多人捉住漏洞，以"未封顶"为由不纳税，但照住不误。同样的，对于教堂和清真寺的修建，埃及政府的政策也反复修订并且相当模糊，是否允许修建更多取决于本地官员的个人意志。这就导致每个修建宗教场所的人都行走在法律规定的边缘上，一不小心就踩到红线。在农村和郊区，许多教堂的修建都是缺乏完整手续的，它们随时都能成为教派矛盾的"引爆点"。

跨教婚姻则是另一个常见的教派矛盾"引爆点"。埃及的穆斯林和科普特人掌握着相同的语言，共同学习，共同工作，除了宗教之外并无太多差异，以至于外国人往往无法分辨。对于埃及年轻人来说，他们的宗教界线比老一辈更加淡化，甚至在某种程度上"埃及人"的身份是超越宗教的。然而，现实生活中的来自两个派别之间的婚姻却受到埃及法律的重重阻碍。一方面，在民间层面，内婚制依然是埃及不可质疑的社会规则；另一方面，科普特东正教会的律法不允许离婚，而任何试图想要通过世俗法庭离婚的科普特人都被视为对教会独立性的背叛。

2017 年我刚到埃及时，当地的局势并不稳定，国内外的恐怖组织依然活跃。至今记忆犹新的是，在当年 5 月我生日的当天，我参观了开罗市区东部一座号称中东地区规模最大的教堂——圣西蒙教堂。而就在参观途中，埃及南部省份明亚发生了举世震惊的"伊斯兰国"恐怖分子劫杀科普特学生车辆的事件。当时同行的埃及朋友无不痛心，但是他们对于该事件的描述令我惊奇。他们并没有将穆斯林群体作为整体进行谴责，而是认为这些极端分子并非埃及人，是接受了极端思想的外国人。他们甚至引用了古代的案例，称来自北非的柏柏尔人长期有劫掠富庶的尼罗河河谷地区的传统。

不仅如此，科普特基督徒对于埃及的国家认同甚至高于穆斯林。科普特人自诩为法老的后代，古代埃及文明真正的传人。例如，科普特人依然沿用古埃及的历法纪年，将一年分为3个季节，每个季节4个月。现在埃及的农民仍然在使用此历法来记录各种农作季节。科普特教会每年庆祝的古埃及新年被称为"纳伊鲁兹盛宴"（Feast of Nayrouz）。"Nayrouz"这个词源自科普特语，词干"niiaro-oo"，意思是"河流"；后缀"ouz"是希腊语，组合成词语"Niiaroouz"。9月中旬通常是尼罗河涨水的时节，所以人们向神祷告希望河水上涨可以灌溉良田，并且在科普特新年开始时为全年祈福。

即使在远离尼罗河谷的边疆地区，文明的力量同样让埃及的人民保持着凝聚力。我曾经前往埃及的西部边疆锡瓦绿洲地区调研，此地深处撒哈拉沙漠，离尼罗河谷有800公里之遥，离利比亚边境仅120公里。在锡瓦绿洲的2万人口中，柏柏尔人占了90%以上，他们虽然信仰伊斯兰教，但生活习俗和语言却与尼罗河谷地区并不相同。与科普特人相比，锡瓦绿洲的柏柏尔人更不像主流的埃及人。然而，当地人民对埃及的认同感却丝毫不弱于科普特人。我和当地人交谈时，常能听到"锡瓦地区自古以来就属于埃及"的说法，他们提出的论据更是让人无法反驳：锡瓦地区有供奉法老时代阿蒙（Amon）神寺院的遗迹，而柏柏尔人血统的舍顺克一世（Sheshonk I）曾是古埃及第三中间期第二十二王朝的首任法老（约公元前943年—约公元前922年在位）。

在2011年"阿拉伯之春"后，埃及被外界普遍认为是教派冲突和恐怖袭击频发的动乱之地。然而，以我在埃及田野调查期间的见闻，穆斯林和科普特人之间的冲突远非新闻媒体和学术文献中描述的那样严重。虽然他们分属两大天启宗教，且内部还分为各派，

图 5-5 2018年2月14日，开罗大学校园内的艾资哈尔谢赫和科普特教会大牧首关于"国家建设"的对话宣传图。

但是从文化上和血缘上都认同自己是古埃及文明的传承者和尼罗河养育的子孙，甚至远在边疆的柏柏尔人也能找到和埃及的文明纽带。作为中国人，同样由长江和黄河两个世界级大河养育的子孙，我很容易理解沿尼罗河的狭长河谷和三角洲给埃及人民带来对国家的认同感和自豪感。而埃及之所以会出现宗派族群之间的矛盾更多是因为生活上的琐事，并且时常是因为受到了国家法律制度缺陷的牵绊。我想，这是"文明"赋予埃及人的力量，在支离破碎的中东地区，埃及保持了团结和自成一体的国家形态。

## 文明的代价：地理危机和军队主导

作为古代尼罗河下游河谷文明的载体，埃及在现代社会中面临着一个必须克服的难题，即保护尼罗河三角洲不受上游的入侵。无论时代如何，埃及的人口密集，尼罗河河道的长度使得三角洲的力量很难影响阿斯旺及其以南的地方，反之亦然。向北推进尼罗河三角洲是任何成功的埃及政府的明显要求，而这又主要出于以下几个层次的原因：首先，三角洲地区宽阔而平坦，季节性洪水使得它们留下了深层肥沃的沉积物；其次，尼罗河三角洲紧凑的形状也使基础设施发展具有一定的规模经济效益；最后，同时也许最重要的是，三角洲为埃及与外界联系提供了便利。由于埃及是一个资本极度贫乏的国度，所以哪怕能够间接进入全球资本市场也是一项不小的成就，比如如何通过尼罗河三角洲将埃及的影响力扩展到地中海地区对于埃及就至关重要。

与此相反，当埃及向尼罗河上游推进时很快就会遇到收益递减的情况。尼罗河流域越往南，相对的开发成本也会随之提升。尽管在地形上，尼罗河谷在南方最终扩大了，但到达喀土穆时埃及发现该地区无法控制。喀土穆距离阿斯旺有1600公里，距离开罗有2600公里。并且在遥远的南方，随着降雨逐渐增加，人口可以存在于远离河流的地区，依托河流对他们进行管理的难度因此也显著增大。占领这些遥远南部地区所需的供应链正处于埃及国家能力能够承受的极端上限。目前，埃及的力量依然停在纳赛尔湖的北岸。阿斯旺高坝的建成使尼罗河流域淹没苏丹边境，也淹没了所有连接两国的基础设施。目前，埃及与苏丹之间没有重要的陆上交通联系。

埃及确保其对尼罗河上游影响力的主要障碍源自国家内部。传统的解决方案是利用沙漠边界，通过强大的安全服务建立严格的专制国家。与大多数国家不同，埃及不是一个任何人都可以走出去的地方，这样做会导致沙漠中的死亡。这也意味着任何统治埃及的人都可以使用严厉的策略管理人口甚至是精英，法老用奴隶制来回应这一人文地理特性，现代埃及则用中央安全部队来延续同样的治理逻辑。

基于西方国情的军政关系模式，国际主流军政关系文献一直将埃及军队视为威权体制的建立者和维护者，是导致埃及发展落后甚至爆发革命的重要因素。然而，这样的说法忽略了埃及的历史和国情。军队在埃及历史上一直是生产性力量，而正是因为以穆巴拉克次子为代表的食利型资本力量的崛起，才导致了社会贫富分化和普遍的生产力下降。根据我在埃及的访谈和观察，埃及之所以衰退和分裂，恰恰是因为军队角色的弱化，长期以军队为核心的本土统治体系遭到了跨国的政治伊斯兰和金融资本力量的挑战。当我第二次到达埃及后，军队已经恢复了对体制的主导权，埃及的经济和政治局势也逐渐改善。

对于埃及人来说，军队不仅仅是最重要的国防力量，同时也是最公平的社会上升渠道。由于埃及并未经历彻底的社会革命，因此社会精英一向重视阶级和出身。2015年，埃及的某大法官还曾经说过"拾荒者的孩子是不能当律师的"。该言论在当时引起埃及社会舆论一片哗然，但确实反映了阶级固化的精英心态。相比阶层固化的官僚机构和职业协会，埃及军队则普遍从社会平民中进行招募，底层人民的后代可以通过在行伍中的努力获得应有的晋升。自1952年建立共和国以来，埃及的总统大部分都是由军人担任，这

图 5-6 2017 年 9 月 27 日，埃及军队在开罗街头向民众发放生活基本物资。

也为加入军队的年轻军官提供了最高的职业愿景。作为埃及共和国时代四位任期最长的总统——纳赛尔、萨达特、穆巴拉克和塞西都来自埃及社会的普通农民和手工业者家庭。

与军队的大众构成相一致，埃及军队的政治和经济活动也普遍能支持埃及的国家利益。早在 20 世纪五六十年代，军队通过培养技术人员和兴办工厂，成为了当时埃及国内的生产主力，并积累了相当的经济基础。随着 1974 年埃及实施经济开放政策，军队继续扩大自己的商业版图，然而与此同时，外国资本和商人资本也开始在埃及崛起。到了穆巴拉克后期的 21 世纪初，具有政府裙带关系的大商人集团占据了政府和执政党中的关键位置，威胁到了军队对国家的历史掌控力。事实上，当大商人集团推动埃及国企私有化和盲目征收土地时，埃及爆发了多次针对社会不公的抗议，此时军队继续用自己生产的产品去安抚和救济百姓，很大程度上缓解了经济

第五部分　发展与反思

和社会危机。

此外，埃及军队并非无条件地支持政府，它在民间的声望甚至是超过政府的。在埃及共和国的历史上，军队一直具有相对的独立性。虽然总统出身于军队，但是他更像是代表军队治理国家的官员。当总统的政治和经济计划损害军队利益时，埃及军队也曾出现过政变和违抗总统命令的行为，例如20世纪70年代初的政变企图，以及2011年和2013年军队不支持总统镇压抗议示威。此外，在穆巴拉克政府已经逐渐放弃诸多社会公共服务职能，而商业化的私营企业只追求狭隘的自身利益时，埃及军队选择担负起本应政府承担的公共责任。在塞西执政之后，军队更是在金融、基建、生产等各个维度上成为国家运行与发展的顶梁柱。

军队主导的局面是埃及为了维持独立的"文明"所承受的代价。随着世界军事技术的进步，埃及沙漠所给予的环境孤立现在可以通过相对更小的代价轻易克服。外部入侵通常是成功的，而且经常发生。除了公元前17世纪中期至公元前4世纪后期的几个短暂的主权时期，埃及一直由外人主导。这份名单包括世界历史上一些最有影响力的强权：努比亚人、亚述人、波斯人（分三次）、希腊人、罗马人、拜占庭人、阿拉伯人（在众多不同的帝国下）、奥斯曼人、法国人和英国人。因此，现代埃及想要保持自己独立的地位就必须维持较为强大的军队。但是这样的结构长于自卫而短于进取，往往让埃及为了保护自己而与世界潮流隔绝开来。

2011年埃及政府的崩溃也可以从上述孤立特征中找到原因——在20世纪80年代通过和以色列签订和平协议实现国家独立和领土完整后，埃及很快陷入自我满足，而丧失了紧跟外部世界发展的动力。独立自主的埃及，可以轻易地利用自身稳定的大国地位和战略价值获得外部大国的援助和投资，而不需要更新科技和发展工业。同时，无法将军队与政府剥离也给埃及的经济发展带来了沉重的负担。一方面，由于控制人口和领土的需要，埃及军队一直维持在较大的规模，这给国家财政造成极大的压力；另一方面，由于军队本身的经济独立性，军队运营的企业难免与民间企业争利，压缩了私营部门的生存空间，打击了经济的活力。

## 文明的悖论：自成一体和安于现状

古希腊历史学家希罗多德称埃及是"尼罗河的礼物"，所有来到埃及的人，都会发现尼罗河的精华汇聚到了这个国家，肥沃的农田和充足的水源在中东北非地区显得尤其珍贵；更不用说上文提到的尼罗河带给埃及的国家归属感和认同感。然而，尼罗河带来的丰沛也让埃及人容易陷于对环境的自我满足，于是安于现状、止步不前。金字塔其实正是埃及古老问题的表征：在大约公元前3000年统一后，埃及没有面临竞争压力，那些日子总是阳光灿烂；这条河总是在春天泛滥，带来新鲜的沉积物；埃及的沙漠总是阻止潜在的入侵者，同时也减少了竞争，使得彼时的埃及人缺少改变的动力。埃及可能一直在蓬勃发展，但它也停滞不前。主流技术——复杂的灌溉技术、语言、写作和青铜冶金——都是在埃及的前王朝时期发展起来的，当时提尼斯（Thinis）、奈加代（Naqada）和希拉孔波利斯（Nekhen）的王国都在争夺统治地位。最值得注意的是，在那些斗争中，早期的埃及人没有时间建造令他们在后世成名的大型金字塔。一旦统一完成，推动埃及进步的竞争压力就会消失。埃及的俘虏劳动力供应不是用于开发新技术，而是用来庆祝他们的文化。

埃及面临的唯一表面竞争是每一代统治者努力建造比以前更多更宏伟的纪念碑。这样的结果是艺术爆炸，但金字塔的时代实际上是埃及文明漫长而缓慢的衰落过程。

我不禁想到，现代埃及是否重复了其古代文明的兴衰悖论。或许是因为继承了"文明"塑造的自成一体的国家形态，现代埃及成为混乱的中东地区的稳定支柱。受益于得天独厚的自然条件，埃及在19世纪成为全世界重要的棉花产地，从而早于其他中东国家开启了现代化和工业化的进程。当奥斯曼帝国在20世纪初解体后，其他中东地区为了划定民族和教派的边界反复冲突，而民族同质性相对较高的埃及则成为战乱地区的人民的避难所。这样的相对稳定在整个20世纪一直延续。虽然埃及在20世纪中叶也经历了纳赛尔领导的社会革命，但时间较短，并不彻底，曾经被打倒的贵族阶级很快又回到精英圈内。作为西方主导秩序下最稳定和最大的中东国家，埃及自然而然地成为了地区的领袖国家。埃及也一直被当作全世界最有潜力的发展中国家之一，其中最重要的因素就是它稳定的环境和团结的社会。

然而或许是因为对"稳定"的沉迷，埃及在第四次中东战争后着力打造与以色列的和平，却同时丧失了对自身发展命运的掌握。虽然在爆发"2011年埃及革命"前的两任总统萨达特和穆巴拉克实现了埃及的领土完整与和平稳定，但埃及在西方大国和国际金融机构的指导下进行了政治民主化和新自由主义经济改革，加速了国家去工业化的进程，反而加重国内的贫富分化和对西方援助的依赖，最终导致了埃及发展的不可持续性。当下的埃及老百姓也曾怀念穆巴拉克时期"低物价、强货币"的岁月静好，但那不过是建立在政府高补贴支撑下的消费型经济，在人口暴涨的情况下，这种发展模式无法带领埃及走向国家和民族的复兴。埃及幸运地拥有中东地区最优质的水资源、最庞大的人口和最安全以及关键的地理环境，这让它产生了可以永远稳坐地区霸主地位的幻觉，丧失了自我革新和发展的动力。

# 何 演

何演,男,清华大学国际与地区研究院、社会科学学院国际关系学系博士研究生,研究方向为斯里兰卡政党政治,2012年11月至2013年5月、2017年1月至2018年11月分别两次赴斯里兰卡访学并从事田野调查。

何演两次前往斯里兰卡，他从发现城市发生巨大变化切入，引出"快速城市化进程中受到牵连的不同人群到底受到怎样的影响"这样一个问题，并继续探究当代人因城市化在生活和心态上发生了什么改变。整体上，他对斯里兰卡的城市化之惑源于两次实地感受，也源于想象与现实的巨大冲击。随着田野的深入，城市所彰显的巨大引力成为一种从个人到社会的希望，但同时也嵌入了太多困境，使得斯里兰卡多元的社会生活图景一一呈现。

# 城市化之惑
## 斯里兰卡的行走笔记

温暖的海风轻轻拂过我的脸颊，它似乎在向我诉说些什么。恍惚间，我躺在沙滩椅上似乎已进入梦境。惊醒后，我放眼望去，在碧海蓝天的衬托下，烈日烤炙后的白滩却也少了几许柔情的意味。留下的，只是火辣的温度和慵懒的身姿，以及身旁不知何时跑来躺下的一条可爱的小狗子。

我在斯里兰卡，这是一片饱经沧桑的土地，是一个偏居南亚次大陆南隅的岛国，也是一颗富藏胜景的印度洋明珠。椰子树、大象、佛像、高山茶园等景物是可以与此地相关联的显要特征，近十年来，斯里兰卡凭借其在旅游业上的发展优势，吸引了越来越多的国际游客奔赴斯里兰卡旅游观光。对大多数人来说，斯里兰卡只是他们短暂驻足的途经地，而对我来说，斯里兰卡是我的第二故乡，因为它是我的学术志趣所在，是我开启这段求真探索的学问旅程的起点。

## 从想象到现实：两次进入的城市之变

纸上得来终觉浅，绝知此事要躬行。进入田野，是每一位地区学人的必修课。

我在第一次踏足斯里兰卡之前，对该国的感知存在于想象之中，由中文、英文和僧伽罗文等文字堆积累叠之后拼凑成的斯里兰卡图像飘浮在我的脑海中。那时刚上大学，每日学习僧伽罗语的滋味十分不好受，唯有一门课"斯里兰卡国情概况"是全班同学都感到极为舒适和愉悦的。因此，这门课奠定了我尝试理解斯里兰卡国情的基调。此外，僧伽罗语系里三位老师和一些师兄师姐此前也有过赴斯里兰卡留学的丰富经历，从他们的描述中，我间接地感觉到斯里兰卡是一片奇异的土地，虽然那里的生活似乎很艰难，却激发着我探知的好奇心。其中有些片段至今我还印象深刻，比如战乱环境下他们如何克服恐惧，空气中弥漫的洋葱味到底有多难以忍受，以及房门屋檐下如何快乐地与大蜥蜴相处，等等。第一次奔赴斯里兰卡并在科伦坡生活了近半年的时间后，我也逐渐感知到现实中斯里兰卡的轮廓，从想象走入了现实，从远方来到了当地。尽管如此，随着对斯里兰卡实地情况了解的增多，新的困惑也油然而生，并一直延续到我第二次进入斯里兰卡之后，或许它们也将会伴随我的整个学术生涯永不完结。

第二次对斯里兰卡的探访历时两年，每当我回想起这些过往经历时，一切都如电影回放般历历在目。千里之行，始于足下，我用两年的时间，在蹒跚中丈量着斯里兰卡的土地，在迷雾中凝视着斯里兰卡的动静，想要捕捉它呼吸的气息，描绘出一个我理解的斯里兰卡的模样。作为一名以斯里兰卡为研究对象国的政治学博士生，自2017年至2018年的两年进入田野的时间是我细致探微和钻研感悟的黄金时段，为我提供了对研究对象充足的观察时间，也为我撰写博士论文提供了更多的经验支持和证据支撑。不过对年轻人来说，在异域他乡长期从事学术研究的旅途注定会是看似枯燥而无味的，于是，片刻的"打盹"也是常有之事。因此，我在这些"打盹"的间隙，也开始观察斯里兰卡社会更多的别样风景。

随着对斯里兰卡观察的增加和了解的深入，我对想象与现实的反差及对其产生的困惑也在逐渐细化，从当初的是与不是，延伸到为什么如此，思考的内容也愈加宽泛，想要在具体观察中寻找到抽象描述的真谛。可以说，我正式进入田野是从第二次赴斯里兰卡开始的，而早先的第一次探访则为我提供了良好的铺垫以及经验积累。

斯里兰卡在过去四十多年间经历了冲突与战乱的创伤，总体而言，那段时期的国家发展处于长期滞后的水平。而内战结束后十年来，各项数据显示斯里兰卡已经从动乱中逐渐复苏，国家与社会发展呈现出蓬勃之气，尤其是城市的变化翻天覆地。在快速城市化的过程中，原本身处不同成长环境的各类人群受到了怎样的影响？他们又在生活和心态上发生了什么变化？这皆是了解一个国家和观察一个社会值得思考的问题，也极富现实意义。

## 城市的引力：困境与希望

快速的城市化进程打破了斯里兰卡原有的社会生产方式和社会生活结构，从某种程度上说，它是一次社会变革的反映。对地区研究者而言，想要更好地抓住它的特点，唯有先后进入田野中去对比观察，方能有所体会和感知。

追溯到文学上，斯里兰卡当代最杰出文学家马丁·维克拉马辛哈（Martin Wickramasinghe）就曾对斯里兰卡的社会变革进行过深入的反思。马丁在几十年间写了四十多部光辉的著作，其中，《乡村巨变》（ගම්පෙරළිය）、《堕落年代》（යුගාන්තය）和《一个时代的终结》（කලි යුගය）等反映社会变革的长篇小说堪称经典三部曲。这三部社会小说系统地描写了第二次世界大战前后斯里兰卡社会从农村到城市发生的巨大变迁，讲述了英国殖民统治给斯里兰卡社会带来的影响。三部小说通过三代僧伽罗家族在政治信仰、风俗习惯和伦理道德等方面发生的矛盾与冲突，深刻地提示了第二次世界大战后斯里兰卡农村小土地所有制经济的破产、城市大商人阶层的形成、上层资产阶级的分化，以及城市工人运动的兴起等一系列重大社会变革的社会根源和历史背景。从这些故事线索中读者可以了解到现代斯里兰卡社会的阶级结构、各派人物的人生哲学、城市与乡村不同的生活习惯，以及各阶级之间错综复杂的矛盾斗争。时代变迁与观念冲击是研究者最直观的感受和体会，透过马丁的小说故事，我可以理解殖民晚期斯里兰卡的社会状况，同时以今观昔，同样还可以看到斯里兰卡社会中时间冲刷不掉的符号和印迹。纵然如此，时代变迁的大潮流十分汹涌，马丁的年代与21世纪必定有所不同，对此充满好奇的我于是开始尝试进入眼前的现实中去发现这些有趣之事。

既然马丁对殖民时期的社会变革有如此深刻的理解，那么当今的快速城市化进程又存在着怎样的变迁呢？我走进了科伦坡的大街小巷，钻进了偏僻城镇的田间地头，去探寻和发现斯里兰卡城市化进程之惑的答案，在下文中，我将主要通过四个故事来展现这种变化。

## 故事一：建设者

第一个故事将描绘城市化与外国投资对当地的影响，展示本土建设者和外国建设者对城市化的感悟与表现，由寻找工作机会的当地挖掘机手和建设科伦坡的中国工人构成故事主体。

2013年1月某日的午夜，我从斯里兰卡东南部的雅拉国家森林公园向西行驶，月夜下赶路前往美瑞沙小镇。沥青公路横穿维勒威拉湖，天空中明亮的圆月在两侧水面上形成美丽的倒影，但由于视线不佳，这一景致给人以在宽阔海平面行驶的错觉。由于担心发生驾驶事故，我便在汉班托塔附近的小镇寻了个民宿作为落脚点歇息。翌日清晨，从朦胧睡意中被窗外的谈笑声惊醒后，顾不上理会自己的蓬头垢面，我打开房门，四五位当地青壮年男子在院子里交谈着，他们看到我开门后，有礼貌且识趣地降低了自己的声调。待我洗漱完毕后到餐厅享用早餐时，其中一位年轻人小心翼翼地走到我面前，得体而谦卑地询问能否占用我片刻时间咨询几个问题，我欣然同意。他说："先生，我叫拉桑德，是附近的村民，我听酒店老板说您是中国人，可能是在那边的工地上工作，我和几个伙计听到消息后就赶过来了。"我感到有些许惊讶但未做过多解释，想让他继续表达。拉桑德补充道："我们哥几个前些日子合伙购买了一台挖掘机，但还是行业里的新手，没有找到工程渠道。所以能否请求你帮我们介绍一下在港里做工程的机会？因为汉班托塔附近就这个港区的工程是最大的，我们想挣点钱养家糊口。这是我的名片，希望你能帮助我们。"随后，我与拉桑德及其朋友交谈了约半小时，了解到他们对参与工程的热情和改变生活的迫切愿望。从个人角度来说，对于陌生人的请求，一般不会施予帮助，但我凭借熟悉当地情况的经验，同时也被他们的热忱和激情所打动，在继续了解各项详细情况的两小时谈话后，我决定为他们牵线。我与某中国工程公司的部门负责人联络并得到了一些积极的回复，于是告知拉桑德需要准备的材料和相应对接人。看到了希望的拉桑德及其朋友喜笑颜开，告诉我以后的生活收入终于有了着落。后续的很长一段时间，我和拉桑德仍然保持着联系。

视角回到科伦坡。科伦坡是斯里兰卡的国际都市，这里汇聚了世界各国侨民和斯里兰卡全国各地居民。2017年我在科伦坡生活所见与五年前的2012年相比，主要有两点变化最为明显，一是城市高楼大厦增多了，从前位于科伦坡一区的世界贸易大厦是地标性建筑，如今已被淹没在拔地而起的摩天建筑群之中；二是科伦坡的中国面孔增加了数倍，仿佛科伦坡变成了斯里兰卡的中国城，曾有一位中资企业负责人对我说，他在20世纪90年代初刚到科伦坡的时候，若街头能看到中国人则会倍感亲切甚至会相拥而泣，如今这一幕已不复存在。我边思索着，边行走在复制路[①]的街头。正要过马路之际，红灯亮了，我便继续做一名街边低头手机族。约一分钟后，仿佛周围挤满了人，眼角的余光告诉我周围这群人似乎有些不一样。我抬头定睛一看，附近全是中国人，他们大多身着统一的灰色工装和安全背心，少数则直接把一件安全背心套在光膀子上，气势迎面袭来。我感到些许震惊和好奇，与其中两位大哥闲聊起来。大哥甲说："我们工程队来这里半年多了，管吃管喝，挣得还多。"我问他们能否适应海外生活。"我们很少出去，也不会英语，生活在一起，照顾起来也方便，"大哥乙说道，"最近赶工期，也没闲工夫出去，就是时间长了想回家。"只言片语间，我似乎管窥到了科伦坡中国工人的生活全貌，体会到他们的辛酸与期望。

挖掘机手和中国工人的故事，一方面反映了斯里兰卡乡村对寻求发展的期待，另一方面体现了国际流动性劳动力对当地建设的双重作用。从本质上来说，斯里兰卡的建设发展是共性和主流，但其也使一些问题凸显。

斯里兰卡自2009年内战结束后，国际化和城市化进程加速，以首都科伦坡和第二大城市加勒为中心的西南部城市片区发展迅猛，汇聚了各地人口和资源，形成了有规模的劳动力和商业集群。

---

[①] 复制路（Duplication Road），英殖民时期被命名，因该路与高尔路（Galle Road）沿科伦坡海边平行建设，遂得此名。

图 5-7 2017 年 12 月 2 日，建设中的科伦坡一区和二区。

然而，高速的城市化和商业化进程并未能改变多数人的生活方式和财富状况，城市中阶级分化、阶层固化和贫富分化等现象普遍存在，尽管如此，仍有不少农村人口向城市迁徙，形成了有规模的流动性劳动力群体，他们向外国劳动力学习技能以获取更多维生的本领改善生活。在城市的视野之外，农村人口占据着斯里兰卡人口比例的多数，[1] 这些农村人口依地理位置、行业分工等有着不同的分布，他们固守着自己的田地和家园，并未参与到城市化进程的洪流之中。究其原因，到底是机会缺失还是本土观念的作用？因此，理解斯里兰卡的城市化进程，既要在城市中发现问题，也要从乡村风土中去寻根问底。

---

[1] 根据2012年斯里兰卡全国人口普查数据，城市人口占比18.2%，农村人口占比77.4%。

## 故事二：科伦坡精英

　　第二个故事的主角是潘迪德拉特纳女士，她是中央政府某部委较为重要的二级机构负责人，我与其有多次交集，其中一些片段令我印象深刻。在斯里兰卡，谈话时提及家庭成员并非一件被视为侵犯隐私的事情，相反，大多数斯里兰卡人愿意慷慨谈论家人的状况。当我问到潘迪德拉特纳的原生家庭与新生家庭的过往时，她侃侃而谈，谈吐中洋溢出自豪与自信的气息。"我从小在科伦坡长大，这些都需要感谢祖父母在那个年代的努力使家里变得较为殷实，父亲因此拥有了去英国学习的资本。他学成回国后就加入了统一国民党，参加到国家管理的行列中，虽然职位不算太高，但也使我们家能继续在科伦坡立足下来。"她接着说道，"殖民确实给那一代人留下了烙印，当然也从骨子里流传给了我们后辈，直到目前为止，我都认为殖民时期的国际交流有利于斯里兰卡人开阔视野，也应该继续与国际接轨。受父亲的影响，我也到海外接受更好的教育，所以我也会把自己的儿女都送到国外上学。"

　　在我问到是否有故乡情结时，潘迪德拉特纳表示曾回去过几次位于贾姆巴哈的老家，但那里已经没有她的精神寄托，现在更重要的是以自己的家庭为重。她向我讲述陪伴儿子的时间多于其他，每逢周末都会陪儿子去练习板球，学习两门外语，等等。在家庭之外，她还有着自己生活和工作的节奏："平时我会自己逛商场购物，和朋友喝下午茶，消遣一下时间。"尽管生活上琐事较多，但在工作上她也表现得十分利索和优秀，同时也有着尽责的事业心。有一次在她办公室谈话的过程中，电话和办事员频繁地打断我们的对话，她从容应对之后，仍然可以继续回到被打断的话题上来。她表示在工作上不敢含糊，也希望以后能再迈上一个新台阶。从潘迪德拉特纳女士的故事中，我感受到斯里兰卡旧日精英的痕迹，纵使时代改变也仍未消逝。它具有一种传承的使命，城市精英阶层同时受到兼顾传统习俗和追求新生活方式的两方面压力，成为城市中最主要的活动者。

## 故事三：科伦坡工薪群体

科伦坡的工薪群体构成了城市化发展的主要推动力量，他们在城市中的定位较为模糊，可以说他们是在寻求城市归属的赶路人。第三个故事的主角谢德娜就是其中一员，她就职于某中资企业驻科伦坡办事处。由于近年来各国对斯里兰卡投资逐渐增多，尤其是各大工程项目进展加速，雇佣本地劳动力成为各大跨国企业的通行做法。于是，与谢德娜想法相似的年轻人纷纷进城务工，以期在提高收入的同时还能获得更好的发展机会。有一次，我受邀参加谢德娜的婚礼，其中的经过让我印象深刻。婚礼定在谢德娜的家乡举办，按当地风俗，中午开始举行仪式，因此我清晨起床后便坐上了出城的班车，途经两次转车，摇摇晃晃约三个小时后到达目的地。谢德娜身着斯里兰卡传统婚纱礼服在门口迎接我，由于我和她关系还不错，她便揶揄我那硕大的黑眼圈，说道："你知道吗？平时我每天上下班就是走这条路，坐同一趟车早出晚归的。"这一句话使我从睡意与困倦之中惊醒过来，我仿佛不敢相信在这样的通勤状态下她能长期坚持下来，这是真的吗？怎么做到的？

正当我若有所思的时候，谢德娜给我介绍了她的丈夫："他在科伦坡一家食品加工厂工作，也是我们镇子里的人。"随后谢德娜又向我介绍了她的亲朋好友，于是我带着方才那堆问题，与这群青年交谈起来。经过半个多小时的聊天后，我了解到他们多是受过良好教育的年轻人，都具备了很好的职业技能，有两位朋友还像谢德娜一样从凯拉尼亚大学拿到了汉语学习证书，也都在科伦坡寻找到了一份满意的工作。当提及每天单程三小时的通勤时间时，其中一位朋友说："我并不觉得辛苦，甚至很愿意每天回家，因为在科伦坡周边租房子住确实太贵了，也不方便。我包月车票也才2000多卢比（约合50元人民币），可以节省出不少钱来补贴家用。我身边很多在科伦坡工作的朋友都是如此。"这时谢德娜走到我身旁说："主要还是上下班准时，我们才可以把部分时间消耗在路上。"从我的认知来说，这是难以想象的，也是难以做到的，但这就是谢德娜和其他斯里兰卡农村青年走进城市发展的生活常态。如果有人问我，斯里兰卡的"996"是什么样子？那么我会很肯定地回答，斯里兰卡年轻人在工作上没有"996"，只有通勤的"996"。他们往返奔波于城乡之间，以最低的生活成本在跟随着科伦坡这座城市发展的脉搏跳动。

## 故事四：乡村资本家

在谈及斯里兰卡的乡村时，人们固有的印象往往停留在贫穷落后与原生态。但是，斯里兰卡乡村中有一小部分人区别于底层平民百姓，他们不仅是乡村经济的主要生产力，还是联通城市与乡村资源的实力玩家。不过，既然这部分乡村资本家具备相应的财力，为何不踏入城市化的洪流，在科伦坡置业和生活？客观条件限制是最

图 5-8  2017 年 5 月 10 日，月圆节科伦坡贝拉湖夜景。

主要的原因吗？从接下来要讲述的第四个故事中，我寻找到了一丝线索。故事的主角叫贾扎特，一位大腹便便、五指戴戒、脖挂金链的大叔，极具乡村企业家的气质。我与贾扎特有过多次交集，其中的两三次相约见面后让我对其贴上了特定的印象标签。有一次见面是在斯里兰卡传统节日——波颂月圆节[①]前夕，他邀请我到位于库鲁内格勒的家做客。

库鲁内格勒属于西北省的首府，与科伦坡距离约 100 公里、两个半小时车程。库鲁内格勒城区面积大、商贸繁华，堪称斯里兰卡的小商品集散基地。在这里有很多工业小作坊和小商品加工厂，是

---

① 月圆节是斯里兰卡佛教徒的节日，每逢月圆则全民放假，也是全国法定假日。波颂节（Poson Full Moon Poya Day）在六月月圆之日，是纪念佛教传入斯里兰卡的日子。在波颂节，佛教徒去寺庙礼佛，有悬挂灯笼的习俗。

村镇原料产地与制成品销售市场的中间桥梁。在此前与贾扎特的交谈中，我就了解到他的家业所在，于是预料到此行正好可以开开眼界。贾扎特在门口迎接我，他家的房子占地面积大，比其他家较气派，装修也是本土传统风。我脱鞋进入客厅后，看到屋内高朋满座。经过半个多小时相互寒暄后，我表达了四处走走参观一下的意愿，他欣然同意，并派一个小弟陪同讲解。我走到庭院深处，发现不少木制品，小弟介绍说不远处便是老板的加工厂。我怀着强烈的好奇心再走了十几分钟，映入眼帘的便是两排车间厂房。小弟介绍说："这里有五十多名工人，三条生产线，主要以木制家私为主。另外还有两个产业在城郊，一个是农产品种植场，另一个是椰子产品加工厂，所有这些产业都获得了斯里兰卡投资局的认证，我们公司还连续两年获得了国家最佳企业金奖。"从言辞中不难感受到小弟对企业文化的认同。回到客厅后，我重新加入贾扎特朋友的交谈，了解到在库鲁内格勒有很多这种小规模工厂存在，工厂主是当地少有的富人群体，他们也是地方产业和财富的代表。

　　除了拥有家庭产业之外，贾扎特还拥有斯里兰卡某政党在库鲁内格勒地区的首席组织官的身份。我和贾扎特另一次在科伦坡的见面让我对他有了新的认识。贾扎特邀约我到肉桂湖畔大酒店吃饭，请我帮他审校一份中英文报告。贾扎特对我说："这是一份即将在西北省投资建设的可行性报告，由一位中国商人出资。等一下饭后我会去一位部长那里汇报情况，你有没有兴趣跟着看看？"出于好奇心和对贾扎特社会活动进行观察的目的，我接受了他的邀请一同前往。从进入办公大院到乘坐电梯上楼，贾扎特显得驾轻就熟，似乎经常造访此地。来到部长办公室后，贾扎特在言谈举止之间既显露出尊卑有别，又表现出从容自信。他用了约十分钟向部长汇报内容，部长也表现出对这一项目的积极反馈。随后两人便进入闲聊时间，还谈及以往其他项目的进展情况。从这些细节之中，我可以肯定贾扎特与部长的关系不一般。数月后，我再与贾扎特见面时，他告诉我这一项目的推进十分顺利，未来收益也会很可观。贾扎特时常往返于科伦坡和库鲁内格勒之间，有急办事务时甚至每天往返，但是他并未在科伦坡购置房产，理由是要兼顾家庭和产业。

从贾扎特的故事中，我了解到兼具掮客身份的乡村资本家有多种致富道路可选择，无论是乡村还是大城市对这些乡村资本家而言都几乎不构成地域限制，反而是打通了城乡之间的动态联系。一方面，他们将城市视为资源的舞台；另一方面，固守乡村本土的信仰也植根于他们的内心。因此，乡村资本家的城乡间流动构成了斯里兰卡发展画卷上的一支重要力量。

## 理解斯里兰卡城市化进程

斯里兰卡还处于稳步的发展过程中，城市化进程有所加速，很大程度上改变了过去数十年来城市与乡村之间的状况，也影响着一代人的生活方式。从城市的角度来看，斯里兰卡大城市本身存在的人口、规划、资源等发展问题尚未得到妥善安排，在城市化进程的推动下，这些问题将会更为凸显。再从乡村的角度来看，斯里兰卡大部分农村设施及其人居环境还处于自然乡村状态，欠缺发展动力，尤其是城市化进程下的乡村劳动力输出降低了乡村的发展活力。从斯里兰卡南部的马特拉·拉贾帕克萨国际机场的客运量就可以看出大城市与乡村之间的发展活力差别。在目前阶段，由于该机场附近没有大城市群，而是乡村居多，因此客流量长期处于低下的水平。

但从长远来看，在未来二三十年，如果依托汉班托塔港的工业园区和城市群能像规划那样成功建立，且功能运转良好，那么该机场的地位将会有效提高，从而打破该地区的城乡差距。因此，将城市与乡村二者孤立分地区看待是片面的，也是不切实际的。在斯里兰卡当前的发展阶段，把握城市与乡村二元间的互动关系，方能理解其发展问题的张力。

本文记录的四类故事，从四个维度讲述了城乡二元关系中的动态变化：劳动建设者揭开了城市化进程和社会发展的序幕；老牌精英的遗产反映了城市中产阶级或精英阶层的围城和困境；斯里兰卡青年通勤的"996"体现了乡村百姓寻求发展机遇和改善生活状态的期望与韧性；而作为掮客的乡村资本家打开了一条流转于城市和乡村之间却又固守本土信仰的致富道路。这四个维度的人物故事虽然只是万千斯里兰卡民众中的个例，但他们也是斯里兰卡社会的缩影。当然，囿于篇幅关系，笔者无法穷尽其他农村地区的田野观察故事，如东部穆斯林地区、北部泰米尔地区等，但是在排除地理位置、宗教归属和族群认同等因素之后，斯里兰卡的城乡二元结构发展问题都具有趋同性。在这种城乡二元分化的结构里，乍看之下城市居民安于享受经济发展的红利，乡村农民醉心于乐天好土的自然馈赠之中，但其实在这两者之间还存在着一股流动的力量沟通了城乡联系。无论斯里兰卡城乡居民选择何种自我发展的路径，反映的都是斯里兰卡城市化进程中的一个方面。城乡之间，既有外来资本与本土诉求的相逢，又有历史遗产与今日机遇的交织；既有追求幸福的动力，又有对本土信仰的坚守，但正是这种复杂性或许才是一个多元化斯里兰卡本真的样子。

# 王 涛

王涛，男，清华大学国际与地区研究院博士研究生，研究地区为中亚，研究方向为中亚族群政治、部落政治、民族与宗教关系等。2017—2018年在吉尔吉斯斯坦奥什国立大学访学。

无论是沙俄统治还是苏联集体化制度都没能将传统游牧习俗从吉尔吉斯斯坦人的生活方式中剥离。王涛通过两个案例向我们介绍了在21世纪第三个十年的今天,"游牧因子"仍然深藏于吉尔吉斯族的民族血液中,并随着时代发展以不同的形态得以呈现。

# 传统与现代:
# 寻找吉尔吉斯社会中的"游牧因子"

无论在历史上还是当代，在欧亚大陆各地经常能看到草原文明和农耕文明互动的印记。这种互动为这一地区的发展提供了动力。基于两种文明之下的生活方式——游牧和定居，也在相互影响。这种互动和影响在欧亚大陆的中心——中亚地区最为明显，特别是在不同历史阶段经历了不同文明之间的碰撞，留下了丰富多彩的文明遗迹。从生活方式上来看，草原文明和农耕文明之间的互动不仅改变了中亚地区民众原有的生活方式，更让中亚各国陷入国家发展选择的两难，即遵照传统还是顺应当代发展潮流？

回顾历史，这种"选择困难症"并非一直存在，但在苏联解体初期尤为明显。苏联时期由于推行高度集中的政治经济体制，中亚地区传统的游牧生活方式被抛弃，游牧民族被迫接受了苏联的现代化改造。苏联的民族政策一方面引导各加盟共和国走上现代化发展道路，另一方面强制性剥离了各加盟共和国主体民族的民族主义意识形态，"苏联公民"成为统一身份。这一现象持续到苏联末期。随着戈尔巴乔夫推行民主化改革，苏联境内的地方民族主义情绪开始高涨。在苏联解体后，各成员国的民族主义井喷式发展。在"意识形态真空"下，各国主体民族的民族传统开始回归。民族传统与现代化的生活方式在较为自由的政治空间中发生了激烈的碰撞，导致国家发展"选择困难症"的发生。

苏联解体至今已30年，从这一时期中亚各国的发展情况来看，"选择困难症"的影响仍在持续。中亚地区整体经济发展速度较慢、发展水平较低，不同国家间差异较大。比如，从哈萨克斯坦和吉尔吉斯斯坦来看，两国的经济发展水平差距越拉越大。但两国的主体民族哈萨克族和吉尔吉斯族皆具有游牧文明底蕴，又在近代经历了相同的历史发展阶段。从变量分析的角度来看，这一因素对两国经济发展影响基本一致。在苏联解体后近 30 年的发展中，这一变量是否仍对两国的发展产生相似影响值得深思。就本文而言，吉尔吉斯斯坦社会中的"游牧因子"是否对经济发展起到阻碍作用？如何理解全球化背景下的传统游牧生活方式？

作为一名地区研究人员，我希望对自己的研究对象有着更为立体的了解。带着诸多疑问，我曾前往吉尔吉斯斯坦开展为期一年的访学。下文我将对自己的所见所闻进行介绍和剖析，以期对上面的一些疑惑进行简要解答。

## 初入吉尔吉斯社会：从一场婚礼到"文化休克"

吉尔吉斯族主要分布于吉尔吉斯斯坦、乌兹别克斯坦、中国新疆[1]等地。从地理分布上来看，吉尔吉斯族主要生活在天山和阿赖山之间。18 世纪以前，吉尔吉斯族先后主要生活在叶尼塞河上游、阿尔泰、天山等地，曾被突厥汗国、回纥、辽国、蒙古帝国、准噶尔汗国统治，也曾于 9 世纪建立吉尔吉斯汗国，在历史上一直实行游牧的生活方式。在沙皇俄国向东扩张的过程中，吉尔吉斯族大部分人口被迫迁至今伊塞克湖地区（位于吉尔吉斯斯坦境内）。历史上几次较大的文明碰撞并未对吉尔吉斯族的生活方式产生决定性影响，可能出于以下几个原因：1. 帝国征服的目的并非对该地区进行"同化"，而主要是为了扩张领土，如蒙古帝国对中亚的征服。蒙古帝国是世界史上最大的游牧帝国，蒙古族与中亚本地民众的生活

---

[1] 国内称"柯尔克孜族"。

方式具备相似性，因此游牧的部落社会结构未遭到严重冲击。2.帝国征服带来了新的宗教生活方式，这种精神上的生活方式并未与物质上的游牧生活方式产生严重冲突，如阿拉伯帝国和帖木儿帝国对本地区的统治。3.与地区内的农耕文明相比，草原文明处于绝对的优势地位。中亚地区农耕文明的代表是生活在阿姆河与锡尔河之间的乌兹别克族。相较于游牧民族流动式的生活方式，定居的生活方式对民族发展具备一定的先天优势；但对照蒙古帝国对亚洲北部的征服，定居民族在游牧民族的铁骑面前显得尤为脆弱；此外，与哈萨克族和吉尔吉斯族等游牧民族相比，乌兹别克族等定居民族的生活地域较为固定，影响范围受限。因此在现代化交通工具普及前，这一地区的游牧文明一直处于领先地位。

这一现象从18世纪开始发生变化。随着波斯帝国和沙皇俄国先后征服中亚，游牧民族的优势在中亚地区终结。沙皇俄国全面征服中亚后，开始在经济方面对中亚进行改造。苏联建立后，工业化和农业集体化彻底改变了中亚原有的社会形态。自此，中亚各民族走上了与本民族传统截然不同的道路。一方面，苏维埃式的现代化改造导致各民族摒弃了原有的落后的生活生产方式。游牧的生活生产方式阻碍了劳动生产率的提高，不利于经济发展；另一方面，原有的社会结构如游牧民族的部落制度被压制和改造，一部分兼具部落领袖和宗教领袖双重身份的部落长老成为苏维埃体制下的官员，这也意味着原有的部落制度被打破。

提及历史背景的主要目的在于佐证一种得到普遍认同的观点，即中亚地区既传统又保守。传统是指苏联解体后在全球化浪潮下各主体民族的民族传统的回归，保守则主要源于苏联解体后伊斯兰教的复兴。在民族主义和伊斯兰主义并行发展的情况下，用"传统与保守"来理解这一地区似乎比较恰当。落后的经济发展水平、年轻人信教比例逐年增多等现象亦能说明这一观点。这一观点是否能充分反映当前中亚社会的真实状况？下面从我参加的一场婚礼说起。

到吉尔吉斯斯坦一个月后，我在朋友的邀请下参加了一场吉尔吉斯族婚礼。整场婚礼给我的感觉是内容极其丰富，传统与现代结合，在歌曲和舞蹈中自始至终洋溢着欢乐的气氛。新郎一般穿西服，头戴吉尔吉斯族传统毡帽（Kalpak），新娘穿具有现代气息并兼具传统风格的婚纱。新郎新娘入场后，由歌手演唱传统的吉尔吉斯民族歌曲并送上新婚祝福，之后由亲人和主要的宾客逐一送上新婚祝福。

这一环节我在朋友的邀请下也上台送上了祝福。与其他人用吉尔吉斯语长篇大论式的祝福不同，由于我当时并未开始学习吉尔吉斯语，只能以俄语送上简单的祝福，而吉尔吉斯斯坦南方民众在生活中很少用俄语。令我没想到的是，大家在听到我以一个外国人的身份用俄语祝福后，现场响起了热烈的掌声。

接下来的舞蹈环节更是让我"大跌眼镜"：婚礼现场中的所有人不管男女老少，都争相上台跳舞。用"能歌善舞"一词形容吉尔吉斯族实不为过。比较有趣的是，年轻男女一般在一起跳。按照当时的场景，我不觉得"保守"一词用得恰当，在舞蹈中年轻人表现得足够开放。但我们不能拿诸如欧美地区的"开放"标准来衡量吉尔吉斯族的开放程度，这是失之偏颇的。因为我注意到，在跳舞的过程中，大家只是以舞蹈表达现场的欢乐情绪，没有任何"越界行为"。

相比之下我这个外国人显得极其拘束，这也许与个人性格相关。在随后的访学生活中，我不止一次见到年轻人在艳阳高照下伴着音乐热舞的场景，所以用保守和传统来形容吉尔吉斯族就显得"保守

第五部分　发展与反思

图 5-9　2017 年 10 月，奥什市，新郎新娘在亲人陪伴下接受宾客祝福。吉尔吉斯族男子头戴传统毡帽，新郎此时已脱掉。

了。初入吉尔吉斯社会，在这场婚礼上的所见所闻让我有陷入"文化休克"（cultural shock）的感觉，因为除了一些学理性的认知，以前很多基础性的认知都失之偏颇。在未进入吉尔吉斯斯坦之前，我对它的了解限于书本知识和媒体介绍。苏联解体后"三股势力"的发展更让中亚部分地区陷入动荡，因此我对这一地区的基本认知为政治不稳定、经济落后、存在安全风险等，但现在来看这些认知显然是宏观和空洞的。从学术研究角度讲，这些认知便于理论探讨的同时却也丧失了对研究对象真实情况的反映。就我参加的这场婚礼来说，不难从微观层面反映出当地民众物质生活和精神生活的丰富程度，这些认知是我在进入吉尔吉斯斯坦之前不具备的。

其实，"游牧因子"[①]在婚礼上也得到充分展现，比如新郎所戴的毡帽。作为吉尔吉斯族的重要象征，自 2011 年起每年的 3 月 5 日被定为"毡帽日"。除了作为节日服装穿戴外，毡帽更是普通

---

① 本文指游牧民族的社会文化，包括反映社会文化的因素。

民众日常穿戴的头饰，它不仅防晒，而且防雨，这也符合吉尔吉斯族传统游牧生活的要求。毡帽已经成为吉尔吉斯族重要场合必须佩戴的头饰，没有人会觉得戴毡帽突兀，大家只会觉得这是民族自豪感的体现。除毡帽外，中年人及老年人一般会穿着绣有吉尔吉斯族特色花纹的

图 5-10　婚礼上提供的食品，传统与现代结合。

传统服饰。这些服饰皆具有典型的游牧民族特色。饮食中也处处体现着"游牧因子"，如大量的肉制品和奶制品。民族传统在婚礼上得到展现，"现代"也远未随着传统的回归而离去，餐桌的伏特加、红酒、甜点等都映衬出现代生活的气息。

比较有趣的是，当我和朋友入座后，我们便聊起关于酒的话题。我给他们介绍了中国白酒，他们也介绍着餐桌上提供的伏特加。我本以为同桌的几人会饮酒，但令我感到意外的是，出生于苏联末期和苏联解体后的几名年轻人似乎滴酒不沾，而一名40多岁的中年人则与我一同饮酒。尽管不饮酒，他们也并未对其他人饮酒表示不满。

## 初识吉尔吉斯族社会：传统与现代交错

为了寻找更多的"游牧因子"，我经常随当地朋友参加一些活动。一次随朋友去牧场的经历让我对吉尔吉斯族传统的生活方式有

了更为深刻的认识。

6月的吉尔吉斯斯坦天气少了些湿润，尤其是位于费尔干纳盆地边缘的南方。炎炎夏日，我在朋友的邀请下随其一家前往夏日牧场过周末。在经过一段路况好坏差异明显的路段后，汽车驶入一望无际的草原，一路风景倒也让人怡然自得。我们沿着已有的车辙前进，有些泥泞路段经过阳光暴晒形成了坑洼，给行车造成极大困难，同行的另一辆车不得不在途中息停了好几次，原计划的一小时车程我们花了两个多小时才到达目的地。尽管路况如此之差，却很少有人从车辙两旁的草地中前行，没有人刻意去破坏牧民赖以生存的重要草场资源。

与近些年在吉尔吉斯斯坦兴起的游牧生活体验类旅行不同，我们前往的是一个真正的牧民家庭。到达目的地后，首先按照传统习俗，牧民一家的小孩拿来水壶协助来客洗手，之后便进入毡房。朋友一家来之前已经为牧民一家购买了一些诸如蔬菜、果汁之类的生活物资，这些物资在牧场附近无法获得，牧民也无法经常前往市区购买。

我们送完这些物资并与毡房主人寒暄一阵后，便开始自由活动。在草场中有成群的马匹在驰骋，羊群和牛群也在牧人的驱赶下前往更加肥美的草地。我注意到，毡房周围的草地并不是放牧的最优选择，也算是对牧民生活环境的一种保护。为了取水方便，毡房往往被建在小溪旁。在吉尔吉斯斯坦，饮用水多为高山雪水，因此牧民不担心饮水安全问题。我轻易地跨过小溪，来到另一个牧民家前。女主人看到我过来后便开始交谈。她应该是觉得我的吉尔吉斯语实在无法达到自由沟通的地步，便用她可能很长时间未说的略显生硬的俄语和我交流。女主人在得知我来自中国后，显得异常兴奋。她说自己的大女儿马上就要上大学，并且选择报考的就是当地的孔子学院。

图 5-11 2018 年 6 月，奥什州吉尔吉斯族牧民毡房。左侧小帐篷为厨房，左下木架用来晾晒牧民自制的食物；右侧毡房作休息、待客、用餐之用。

用餐时间开始后，所有人返回毡房席地围着毯子中间的食物和饮品坐成一圈。朋友的父亲是高级知识分子，有较高的社会地位，由他将已经煮好的羊肉切片分给客人。这一做法我不止一次在类似的聚餐中看到，是吉尔吉斯族传统游牧部落社会的重要特征，也是部落及其长老权威的体现。按照吉尔吉斯族传统的部落制度，部落是组织生活生产的重要单位。部落长老对部落一切事务有绝对权威，这种权威基于父系血缘的传承。从组织单位的规模大小和层级高低来看，吉尔吉斯族的部落结构主要由部落联盟、部落、氏族、大家族、家庭构成。从血缘亲疏来看，规模越小、层级越低，血缘关系越紧密，这也意味着效忠程度随着组织单位规模的扩大和层级升级而减弱。尽管如此，在每一个层级，部落长老对部落事务的影响力仍然极为强大。这是部落社会碎片化特征的重要成因，也是苏联解体后吉尔吉斯斯坦政权多次非正常更迭的根本原因。我朋友的父亲则在此次聚会中充当长老的角色。在当代的吉尔吉斯斯坦部落制仍然存在，尤其在一些偏远山区，部落长老无论在宗教上还是日常生

第五部分  发展与反思                                      419

活中都有着绝对权威。

还有一点值得提及，在继承权中，与定居民族尊崇嫡长子继承不同的是，游牧民族坚持幼子守业。在当代的吉尔吉斯社会中也是如此。我的另一位朋友是家里幼子，在国外上学期间，父母和他哥哥一家人住在一栋别墅中。但每当我朋友带妻子和孩子回国后，他哥哥一家人都会搬到另外一处居所去。因为按照传统，幼子对父母的房产有绝对的继承权。我在访学期间的外方导师是家中长子，他自己需要单独买房居住，父母在力所能及的范围内会提供帮助。

在用餐到一半时，之前有过交谈的另一个牧民家庭的女主人提着一大桶酸马奶（kumis）走了进来。酸马奶是吉尔吉斯族的传统饮品，在夏天尤为受到当地人的喜爱。女主人给所有人倒完酸马奶，并表示之前与我的交谈让她感到开心，因此才前来赠饮。女主人此举让我非常感动，游牧民族的热情好客真是体现得淋漓尽致。

## 结　语

尽管吉尔吉斯族历史上被不同的文明或帝国征服并统治，但传统的游牧生活方式从未消失，沙皇俄国统治也未能让吉尔吉斯族抛却传统。然而在苏联时期，大量吉尔吉斯牧民放弃了原有的生活方式，开始参与工业化和农业集体化建设。随着苏联国力增强，吉尔吉斯族不得不放弃传统的生活方式。一直到苏联解体后，大量民族传统逐步回归，重新进入人们的日常生活，然而，尽管游牧的生活方式有所保留，但已经不能适应当时的发展环境。

如果按照现代化程度有赖于科技革命衍生出的高生产力和生产效率的范式，吉尔吉斯斯坦的生产力发展水平明显不足。这有诸多

图 5-12　牧民制作的奶制品。经过晾晒的奶制品易于保存，是牧民在草原的主要食物之一。

常见的原因，如政策不完善、资金缺乏、人力资源不足等，此外从吉尔吉斯族的游牧传统中也许可以找到更多答案。

　　苏联解体 30 年来，民族传统与现代化发展的交错始终影响吉尔吉斯斯坦的经济发展，其中，被诟病实行"部落式""家族式"统治的前总统阿卡耶夫和巴基耶夫是典型代表。任人唯亲、任人唯忠盛行一时。传统部落制度的回归与民主化改革交错进行，为吉尔吉斯斯坦的国家发展染上一层特殊的底色。从微观层面来讲，一些人仍未摆脱旧有的生活方式，另一些人则早已拥抱现代化生活。我个人认为，吉尔吉斯族对游牧民族传统的坚守让传统与现代的博弈更为激烈。这也是吉尔吉斯斯坦发生两次政权非正常更迭的重要原因。

　　尽管在政治不稳定的条件下，经济发展必然受到影响，但从文中所述的两件日常琐事中，我对吉尔吉斯族有了更为深刻的认识：其"游牧因子"不会消亡，深藏于吉尔吉斯族的民族血液中，会随着现代化的发展以不同的形态展现在人们面前。

第五部分　发展与反思

## 雷定坤

雷定坤，男，清华大学国际与地区研究院助理研究员。本科毕业于北京外国语大学印地语专业，2015年考入清华发展中国家研究项目，专业为政治学。2016年至2017年前往美国加州大学伯克利分校南亚研究中心学习，2017年至2019年前往印度学习，期间取得尼赫鲁大学社会科学学院政治学系硕士学位。主要研究方向与研究兴趣包括印度经济特区治理、印度政治制度、印度地方政治和比较政治学。

通过朋友拉杰、房东普拉卡什和停车场小哥阿卡什三个人的故事,雷定坤对印度社会上三个阶层群体对"发展"概念的感知进行了充分的思考,并尝试对其予以理解。在他看来,印度整体呈现一种"慢发展"态势,民众的个体发展受到各种社会力量的拉扯。在这种现象的背后,人们的情感与内在的张力也展露无疑。

# "慢"发展
## 对印度发展主义话语的反思

发展概念以及发展主义（developmentalism）相关理论是一个热门的研究领域，不仅因为人们试图理解并解释拉美式发展主义、东亚发展主义、新自由主义等不同发展模式带来的现实问题，探讨发展、追求发展本质上就反映出人类对美好生活向往的基本诉求。发展主义的哲学思考可以追溯到古希腊，归根到底是对"progress"（进取、向前）的讨论，是一个旧的状态向一个新状态的转变。发展主义理论的核心前提是经济发展，物质的累积将会带领社会和政治前进，也就是说，经济的发展会迫使社会从"传统"结构变为"现代"状态。然而，什么是传统，什么是现代，如何衡量经济的发展和社会的进步，以及是否经济的发展就是唯一或者说切实有效的路径？对于一个个社会的个体来说，他们是发展的推动者，还是发展的被裹挟者，抑或说无论如何，发展的洪流无法阻挡，也不必阻挡？正是对"发展主义"过于强调物质积累和经济增长单一维度的批判，使得不同学科的学者从多个视角对发展进行反思，并对发展主义进行批判和发展，诞生了许多丰富的新概念，例如"新发展主义""后发展主义"等。

很多时候，在集中于讨论如何发展时，我们容易忽略讨论和思考为什么要追求发展，追求怎样的发展？但是偏向单一维度的物质积累的发展主义话语似乎正逐渐替代发展，一步步地成为了极具正当性的目标，因为我们想当然地接受了发展带来的红利。宏观来看，发展确实是我们所追求的，整个国家和社会的发展至少将惠及一部分人，总比所有人都原地踏步来得更实在。我曾经对发展的思考很简单，我幸运地生在了一个可以通过自己努力参与发展、享受发展的国家，对发展总是充满敬仰，对发展的道路或发展路径的认识也很单一。但是在印度学习和生活的经历让我开始思考发展在微观上的多重性质。

印度作为一个新兴发展中大国，近10年经济飞速发展，目前为世界第五大经济体；国内人口超过13亿，35岁以下人口占比超过60%，名副其实的一个"活力之国"。2014年，一位来自古吉拉特邦的"卖茶小贩"（童年时协助父亲在火车站售卖印度奶茶），最终以"古吉拉特发展模式"和"发展主义"话语的强大号召力赢得大选成为印度总理，2018年"Sabka Saath, Sabka Vikas"（与所有人在一起，为了所有人的发展）的口号更是让印度民众对发展、对未来充满期待。但另一方面，印度社会的发展却仍略显缓慢，其中老生常谈的种姓问题、宗教问题被视为发展的制约，而贫富差距、环境问题又常常给人"脏乱之国"的错位印象，巨大的社会力量既作为底盘托住整个国家向前迈进的轮子，同时又因自身过大的重量使得其前进速度并不理想。在充满号召力的发展主义话语下，印度真实的发展是怎样的？印度是否存在一种"慢发展"模式的可能性？也就是说发展本质中的"向前看"与社会文化的"向后看"虽然存在相互抵消的关系，但总体上仍呈现出发展的前进性。同时，二者之间还形成了巨大的张力，而当这一张力作用于具体每一名社会个体的时候，又会展现出不同的特征。

本文通过在印度长期生活和学习的过程中自己身边接触和观察的三个人的故事，试图展现在发展主义话语的大背景下，从属三个不同阶层或群体的他们是如何看待印度国家与社会正在经历的大变化，以及作为微观个体的他们自身如何发生小变化，从而更好地体会印度"慢发展"的真实含义。

## 无奈的奋斗，奋斗的无奈

与拉杰初识是我 2012 年第一次刚去印度找房子住的时候，第一次见面就对眼前这个穿着人字拖骑着 500cc 摩托车的印度年轻人产生了无限好奇。拉杰实际上是我一个印度朋友介绍认识的，但是由于我这个印度朋友是女生，考虑到印度社会真实的大环境以及对女性的态度，她不太方便跟着我一处处地去见房东和看房子，甚至她们自身遇到类似情况时也常常依靠男性朋友的帮助。与拉杰看房子的过程很愉快，学中文的他似乎想抓住一切机会训练口语，嘴里努力蹦出一个个发音不太标准的单词；而刚学印地语不久的我也同样想抓住锻炼口语的机会，脑中疯狂地搜索自己学过的所有单词。最终就出现了这样一幅尴尬的场景——我和他一会儿中文、一会儿印地语对话，而且两人都得意洋洋地认为各自的外语表达很精准，精准到似乎已然为增进中印两国友谊做出了贡献。交流中得知他当时大三，还未曾有机缘去过中国，但从他的眼神和真挚的单词发音中能感受到他对于学习中文的自豪，也时不时地透露着对中国快速发展的赞叹与向往。

和拉杰的接触越来越多，我们对彼此的了解也越来越多，而我也透过他一点点地加深着对印度青年群体的认识。最强烈的一点认知是，在印度当下发展主义话语当道、物质作为发展重要衡量标准的时代，种姓制的现实影响力似乎并未被削弱，至少在我接触的年轻群体中是这样的。从拉杰的全名来看，他像是瓦尔纳种姓制下的第二种姓——刹帝利种姓，但也不一定准确，因为姓名在印度已经常常会被故意修改以隐藏甚至提升自己的种姓。一次拉杰给我介绍了翻译的兼职，去和他见面时，他的寝室相当热闹，5个人躺在地上盯着一个不到13寸的笔记本电脑，电脑放着美剧《吸血鬼日记》。我记得如此清楚是因为我恰好当时也喜欢看这部美剧，里面俊男靓女流淌着定义他们特殊性的吸血鬼血液，在一个假想的世界里进行着爱恨情仇，有着异于常人为所欲为的能力，也有着维护他们世界秩序的责任，自由、能力、权力、欲望多个情绪的冲突与表现，显然对青年群体都有着强大的吸引力。我在拉杰寝室聊得很开心，看这5个人能够一起躺在地上看着电视聊着天，我猜想他们的社会阶层应该是相近的，种姓应相差无几。正当我暗自揣测的时候发生的一件事情证实了我的判断：我和拉杰离开寝室去喝Chai（印度最常见的奶茶）的路上，碰到了一个皮肤较为白皙名叫普拉纳布（Pranab）的男生，拉杰主动和他打了招呼并介绍了我，但显然对方没有把拉杰的招呼放在眼里，只是顾着和我说话；同时我还注意到，普拉纳布用英语和我说话时的用词和对拉杰说话的用词完全不同，他不知道我懂印地语，在对话中我能明确感受到他对拉杰的颐指气使，我也察觉到拉杰在态度上以及眼神中对他的恭敬，至少在表面上是这样。后来我问拉杰，他说普拉纳布是他的学长，我明白可能不仅是学长那么简单，却也没多问。但是下一幕的反差让我再次真实感受到种姓在印度的根深蒂固。

我和拉杰喝完茶准备一起外出吃饭，拦下了一辆三轮摩托auto（印度的"突突"三轮车）询问价格。司机看起来年龄很小，他嘴里嚼的槟榔和烟草混杂物让他发音很混沌，我就干脆直接坐上车，一切交给拉杰了。可是不一会儿，突然出现了争吵声，声音越来越大，再堆叠上双方的情绪，我完全听不清楚他们争吵的内容。正当我准备下车劝拉杰换辆车时，司机突然启动车往前蹿，试图挣脱放在车把上的拉杰的左手,而拉杰牢牢抓住车把,导致整个人被车拖拉了好几米远。还坐在车上的我当时大脑一片空白,没等我反应过来,拉杰已经逼停了车,抢走了钥匙,双手扯着司机的领子和头发把他拖下车。"你叫什么名字?哪儿来的?我……(脏话)"拉杰气愤地谩骂和推搡着面前这位司机,司机也低着头一改早先的蛮横。此时此刻拉杰已经不是颐指气使,而是用一种高人一等的姿态来数落眼前这个卑微的司机,而随着围观的人增多,拉杰的声音也越来越大。围观人群看看拉杰和我这个外国人,再看一眼蜷缩着带着惊恐表情的年轻司机,他们似乎也并不需要了解实际情况就立刻做出判断,纷纷开始加入对司机的声讨中。

　　事情过后我问拉杰具体缘由,他倒是很平淡地认为这种事太正常了,说他们(司机)那种人就是不老实,欺软怕硬就得收拾。拉杰口中的"那种人"的具体界定标准是什么或许并不重要,但有一点可以肯定的是,"那种人"在种姓和社会层级上和拉杰肯定不是一种人。近半个世纪以来,种姓与社会阶层的等同性逐渐在弱化,高种姓并不意味着高社会阶层,许多低种姓的群体通过努力尤其是财富上的累积实现了社会阶层的跨越,但是这种跨越过后的生活往往需要极大的谨慎,甚至是伪装。物质发展的洪流似乎并没有冲散种姓架起的藩篱,至少在精神上是这样的。

　　当我时隔一年多再次去到印度时,拉杰已经大学本科毕业,他没有选择继续读研究生,也没去政府或正规的企业上班,而是利用自己在学校期间积累的资源成为了一个个体户。"印度正快速发展,年轻人的机会来了。"他起初和朋友做起了私人导游,四处奔波。再次见面,他曾经腼腆的笑容已经不在,摩托车也换了,听说也是二手的但是看起来很新,衣服很潮,发油也抹得很亮。"为什么没有继续学中文？""我还是在学啊，只是在工作中去学，换个地方学。"在对话中我发现他的中文的确进步了不少，而且现在的拉杰对于自己的生活似乎也非常满意，充满斗志。我曾经天真地认为拉杰继续在知名大学学习中文是很正常的事，因为很多中文不如他的人最终都去地方高校当了中文老师，毕竟大学教师这个职业在印度有着很高的社会地位，但他反复重复的一句话把我拉回了现实："Mushkil hai, bahut hi mushkil."（很难的，几乎不太可能。）我回想自己认识的大学老师，几乎都来自高种姓群体，或是在种姓保留制（reservation policy）下根据配额进入公立大学的表列种姓和其他落后种姓群体，像拉杰这样"不高不低"的种姓阶层在印度大学教师群体的比例确实极低。当然我也十分清楚，将一切都归咎于种姓制这一"常量"似乎也并不明智，拉杰的选择和实际行动表明，尽管种姓的因素对当下印度年轻一代的人生选择仍会产生影响，但是这种影响至少在表面上似乎也随着发展机遇的多样化、物质累积渠道的丰富化以及财富跨阶层的流动变得模糊，在国家发展主义的话语指导下，个人对自我的发展也有着异常的信心，对发展内涵的理解也不尽相同。

最近一次见到拉杰是两年前，他仿佛也一直坚定地用自己的实际行动诉说着对发展的理解。他早已从自己零星地接翻译或带团的"个体户"，成为了一家旅行公司的"老板"，不过他这个老板同样也兼着导游的工作。我们坐着他开的一辆铃木（Suzuki）两厢车一起来到咖啡厅，他告诉我他现在不怎么骑摩托车了："路上灰尘多，也不安全。"而且他不只一辆车，家里还有一辆越野吉普。谈话间他的自豪感油然而生，滔滔不绝，他还和朋友一起开了一家中餐馆，印度风味的中餐，炒面和宫保鸡丁卖得最好。我也衷心地为

第五部分　发展与反思

他感到高兴,连忙打趣地问道:"下一步应该就是结婚了吧?"他腼腆地笑着说:"父母已经安排好了,很快就结婚。"对于拉杰的回答我并不感到特别意外,结婚对于印度人来说可能并不是感情的升华,或不仅仅是一个人生必须完成的重要阶段,尤其对于印度教徒来说,结婚是一个神圣的仪式,而这项仪式更多是由父母来主导。拉杰非常乐观地接受了这样既符合社会制度又拥有宗教神圣性的婚姻。而面对自由恋爱或是自己真正喜欢的人时,拉杰总是以过来人的姿态告诉我:"Vah alag hai."(那不是一回事儿。)经济发展带来的物质享受和西方观念的输入似乎目前还无法撬动印度社会的传统价值观,或者说像拉杰这样的印度年轻人真心地认为,类似印度婚姻传统这种延续千年的社会传统更合乎他们的长远追求,甚至对他们整个人生的发展是一种更好的选择。

## 美好的诉求,狭隘的获取

如果说了解印度中上层社会存在一些很好的途径的话,那么租房以及与房东打交道的过程一定是其中之一。

从第一次去印度通过拉杰帮忙找房子,再到之后去印度留学过程中自己找中介找住房,每次租房的经历都逃不过一个铁律:先开心,再失落,后愤怒。起初我以为自己这种主观认识或情绪上的转变只是个例,但后来发现凡是有过印度留学经历的同学似乎都有着深深的共鸣。我们都不禁发出这样一种疑问:为什么有多处房产的印度中上层人群如此热衷于占小便宜,而且对象还是外来的留学生?从我屡次的痛苦租房经历中,或许能找到部分答案。

租房时间最久,也让我印象最深刻的是租住一位名叫普拉卡什

（Prakash）房东的房子。房子所在的片区名叫"春天绿地"（Vasant Kunj），名字中就带着生机与活力，还有一团贵气。事实也确实如此，"春天绿地"社区位于新德里南部，分为A、B、C、D等多个小区，离机场平均20分钟路程，离德里卫星城古尔冈约30分钟车程，该社区也被公认为德里的中上层社群聚集地，印度前总理曼莫汉·辛格也曾住在这里。选择该小区主要考虑离学校近而且较为安全，毕竟住户至少是印度中产阶级。

一见到普拉卡什房东，我就知道他绝对不可能只是中产。招呼我进门的是一个年龄在35—40岁左右皮肤黝黑的男子，他们喊他拉文（Raven）；给我端茶的是另一个与拉文年龄相仿的中年男人，但是身上还整齐地穿着印度中央后备警察部队（Central Reserve Police Force，CRPF）的制服；而在厨房煮茶的又是另一个胖胖的男子。房东坐在沙发上，旁边木凳上原本坐着的女士见我进门主动站起来，打完招呼后就进厨房帮着煮茶和拿点心。看着这架势我大脑有点空白，而我转头看向陪我找房的中国朋友，她也同样是一脸的惊讶，我们更多表现得恭敬，在象征着权力的制服面前，哪怕与我们毫不相关，但我想我们的恭敬是一致的。整个交谈过程中房东一脸慈祥："你以后就是我的中国孩子，需要什么帮助随时提出来，叫两位管家去做。"他极其暖心的话语至今我仍记忆犹新，倒不是因为感动，而是这些话与之后发生的事形成了十分鲜明的对比。在我入住伊始的两个多月时间里，两位管家（一位是现中央后备警察部队成员，另一位已经退役）的确热情似火，有求必应，以至于我常常产生一种幻觉：我也是印度上层社会的一员了。但是我慢慢发现，这终究也只是一种幻觉罢了。

问题的出现是我有一天突然被电钻声吵醒，一番探寻后发现楼上堆满了瓷砖、水泥等建材，询问后得知普拉卡什房东自己又加盖了一层，然而此前我一直认为我住的是顶楼。房屋加盖等扩建行为在印度同样是违法的，但违章建筑却又是印度极为普遍的一种现象，或许这也是诸多有产者或特权者所享受的额外购房福利。我所在小区的一座座楼房就好比争奇斗艳的花朵，从外观上看，没有任何两栋的结构和形态是一样的，有的楼层卧室往外扩建了阳台，有的厨房向外延伸了放置菜品的储物间，而房东彼此之间似乎都达成了一种默契——"只要房屋不倒，任由你精心打造"。在和中介聊天谈到这些小区的违规修建所带来的潜在风险时，他关于"发展"的幽默回答却引发了我更多的思考："印地语 vikaas（发展）对应的梵语词是 vikas，本意就是生长、扩展、伸展、增长。"我会意地笑了，是啊，在印度人人高喊 vikaas 的当下，从自己的家庭住宅往外、往上发展正好是对本国发展观的身体力行。因此我也就没有过多地追问普拉卡什房东对"发展"的诉求，只是突然充满了对万物有灵的敬意，包括本栋楼的钢筋和水泥，希望它们足够坚固。

可是我的"善解人意"换来的却是房东的"精心算计"。此后的两三个月我发现我每个月的电费开始飞速地增长。起初我并没太在意，我本知印度电费较贵，而且屋内电器也多，耗电是很正常的，但是直到一次和同学偶然聊天发现，我的电费贵得离谱。相似的面积，同样的小区，他一个月电费只有我的八分之一，即便在夏天他 24 小时开空调的情况下也无法达到我的耗电量。我开始怀疑是自己电表出现了问题，但是抱着小心谨慎的态度，我没有询问房东管家，而是自己找到当地的电工帮我查看，电工的回答很干脆："楼上偷你的电。"楼上偷我的电？房东的"发展"计划和"发展"诉求在我不知情的情况下将我都带上了？即便是以牺牲我的利益作为代价？我头脑中有太多的问题，当我冷静下来后，我准备找房东聊聊他的想法，但是我不会主动提及他将电线接我电表的事情。我告诉他我电费涨得很快，很离谱，他回答说印度电费贵；我告诉他贵得有点太离谱了而且我有一个月后准备搬家的想法，他告诉我他有三个女儿。那一瞬间我语塞了，对于他这样有权势、有至少4处房产的人来说，嫁出去三个女儿尽管需要花费不少的积蓄，但是也不至于苛刻到压榨我这个穷苦留学生的地步吧？可想而知，最后要求房东退还押金的时候，他的表情之冷漠、言辞之苛刻、态度之坚决——不退！在淫威和不确定性面前，我选择了将押金"捐作"他女儿嫁妆的一部分。考虑到他所拥有的社会地位与他的行径，很难想象有多少人为他和他女儿的婚姻做出了"贡献"。

图 5-13　2018 年 12 月，新德里"春天绿地"小区。

我想普拉卡什房东并不是个例，他所代表的中上层社会也许仍深深受制于社会传统意识的禁锢。国家发展的红利他们能切实享受，权力带来的额外福利也能享受，但是这一切都又受制于社会的期待。

所谓水涨船高，女儿嫁妆或许变换了形式，但价值却不断增长。联想起曾经参加一个印度同学的婚礼，她告诉我她的七大姑、八大姨每天仍会碎碎念——女方的车送的什么牌子，金首饰戴了多少，纱丽的质量……因为在印度传统观念看来，女性嫁到男方家后，此后一生吃住行的所有花费都由丈夫家庭承担，因此，女方家庭常常都会竭尽所能地拿出更多"嫁妆"，以期许女儿能得到好的照顾。从这点来看，好像发展带来生活的好转，一定程度上又被社会群体的诉求所抵消。再回想普拉卡什房东日常的行为方式，我似乎也多多少少能够理解了。也许正如房屋违规扩建一样，现有的、已修建的结构和空间没有办法满足人们内心的期待，更大、更好的发展理念鼓励着人们的欲望不断延展，这本身没有好坏的标准，但是扩展、发展的过程所附带的伤害却足以令人审慎思考发展，而我某种程度上就是一个受害者。

## 被动发展，乐在其中

如果说在留学期间所认识的印度朋友中，有那么一位和他聊天感觉最放松、最坦诚的话，那一定是阿卡什（Aakash）了。阿卡什是一个小停车场的收费员，准确地说应该是"承包"了这个停车场，手下还有两三个小弟。阿卡什和他的小弟都来自比哈尔邦，他们的生活最接近印度社会的底层，是一个极其脆弱的群体，因为生活几乎没有任何的保障。但是相较于打零工的城市外来务工者来说，他们又是幸运的，至少他们有停车场这一固定的创收场所。

阿卡什所在的停车场位于德里南部一个名叫普里亚（Priya）的本地集市，"集市"可能是直译，准确地说是那一片比较有名的本土商圈。与印度近年来新建的豪华高耸的大商场不同，普里亚是一个露天式的、低楼层的商圈，是一个集办公、购物、休闲蹦迪、餐饮为一体的杂糅式集合。这里有地摊商贩卖着亮眼的拖鞋，地摊后就是装修精美的耐克、阿迪达斯运动品牌的商铺，商铺旁是一家阿拉伯烤肉店，对面是沃达丰通讯服务商的店铺……一切都是杂糅的，一切都没有规划，但是一切又都似乎浑然天成。

阿卡什的停车场在商圈背后，整个面积不到 800 平方米，除了一间卖槟榔的小店铺，还能有效地塞下大概 50 辆汽车和 20 辆摩托车。停放的方式也是相当有讲究的，一般两辆车前后车牌几乎挨在一起竖着停放，停在前面的车必须要将车钥匙给阿卡什，享受代客泊车的服务，因为一旦后车车主先走，阿卡什就需要赶紧进行全盘的调度。阿卡什的停车场背靠商圈的一个入口，而该区域基本都是各个公司、企业的办公区，包括汽车公司、银行、中介等。所以常常看到的景象是，早上西装革履忙碌的员工车还没进停车区就大喊着阿卡什的名字，直接扔钥匙给他然后走人，尽管是或喊叫或呵斥的态度，但不得不说他们与阿卡什达成了一定的默契与信任。阿卡什也从不让人失望，一个大铁环上挂着几十个车钥匙，但是无论什么时候我需要拿钥匙开车，他总能在数十个铃木车钥匙中准确无误地找出我的那一把，至少在我与他接触的日子里，他从未出过错。

阿卡什是一个十分愿意思考的人，尤其在喝了三杯兑水威士忌之后。我一般晚上有时间去普里亚健身，我离开的时候几乎是 9 点了，那时的阿卡什一定是脸色红润、言语含糊地和我打招呼："Sir, drink？"我礼貌地拒绝后，一般会去小店买上一两根香烟递给他，一块儿聊会儿天。阿卡什常常说我太拘谨、放不开，让我珍惜美好、享受生活，而酒就是最好的渠道，对他来说酒也能让他更接近湿婆

第五部分　发展与反思

图 5-14 2019 年 1 月，德里普里雅集市停车场。

神。我曾经问他白天在酒铺门口排队买酒，买完就赶紧揣在裤兜或塞在裤子里，生怕被别人看见是怎么回事儿？他只是使劲儿憋憋地笑着，没有说话，露出一口带着槟榔浸染后的红黄色的牙。阿卡什显然比较享受自己在大城市的工作和生活，尽管他每个月交完固定的场地费用，大概只能剩下 1000—1500 元人民币，但是他表现得很满足。他说他不懂什么叫发展，那些是"bada aadamee"（大人物）的事儿，他只知道近几年车更多了，愿意一次性交包月停车费的人也更多了。阿卡什有一天高兴地告诉我他要回老家一段时间，父母安排了结婚，他自己回去结完婚再回德里，说完又端起了只有晚上才能喝的威士忌，开心得像个孩子。

阿卡什对待生活的热情着实令人感动，但我相信很大一部分人都像他一样，并没有想过什么是发展，而是被动地被发展的洪流所裹挟着向前走。在阿卡什的世界里，小小停车场里塞的车多一点就

436　　作为田野的全球

是发展；愿意整个月一次性缴纳停车费的人多一点就是发展；每天夜晚能够坐在树下"偷偷"喝点威士忌就已经是在享受发展的果实了。阿卡什是容易满足的一类人，似乎发展洪流溢出给他的一点涓滴已经足够湿润他原处环境的干涸。

## "慢"发展背后的焦虑与妥协

本文讲述的三个人有着截然不同的三种人生，尽管他们都在同一个国家和社会的发展洪流下向前进，但是他们所激起的每一朵浪花有着完全不同的形状。拉杰从本科时起就想溅起一朵朵大浪花，越大越好，哪怕转瞬即逝也无妨，因为他骨子里有一股劲儿，一股想证明自己的劲儿；普拉卡什房东向前过程中更倾向于吞并其他小浪花，成为洪流的一部分，哪怕这意味着最终的形态是根本没有浪花，但是普拉卡什房东要的是能到达一个彼岸的结果，相较于在轰轰烈烈发展的浪潮下能溅起多大的浪花，他只关心能不能让生命按既定方向前行以达成最后的解脱；阿卡什或许就是被迫溅起的小浪花，虽然他也看到了更多的浪花，目睹了更多的可能性，但至于自己能漂向何方，显然是他无法决定因而也不再关心的，他的能量决定了他没有资格去期盼彼岸。这三朵浪花跳脱、欢快地随着洪流前行，却又始终无法摆脱洪流对它们施加的力量与前进方向，而这种前进的方向也就是印度的"发展"。

发展可以是抽象的想象与期许，发展也可以是具体的外在表现。拉杰对于发展的认识更多的是财富的累积，选择性、可能性的增多，而这也似乎最符合我们中国人对发展的看法；普拉卡什房东认识的发展是权力与欲望的延续，但是这种延续是被动的延续，建立在家庭责任与社会期许之上；阿卡什衡量发展是停车数量的增减，喝威士忌频率的高低。三个人明显属于不同的社会阶层、不同的种姓群体，尽管三种阶层和群体对发展都有着明晰的认识以及对自身发展拥有激情与无限诉求，但是阶层文化与固有结构似乎又都让他们无法真正地实现"快"发展。当然，我们很难去想象如果没有种姓制度在职业选择中造就的天花板，拉杰能否当上教师；如果没有不成文的嫁妆习俗的压力，房东敛财的吃相是否同样难看；如果阶层流动性不至于那么固化，阿卡什会不会除了威士忌外有更多的选择与追求？我们当然无法预测，也很难进行价值判断，更无法从三个个体去推导整个社会的景象。我们或许只能说，这三个人的生活只是印度发展大潮的一个缩影，而这一缩影至少呈现出一个不争的事实——印度的发展主义是一种拖着厚重社会包袱却奋力奔向美好的发展模式，哪怕这种美好只是被勾勒出的幻想。

在发展主义的号角下，印度整体呈现向前的"慢"发展。这里的"慢"是一种结构性效应，而不是形容一种变化过程的表象。本质上而言，印度社会的内在整体力量形成的桎梏造成了其慢发展的效应。换句话说，所有个体对发展都有着主观意义上的热切追求，但是在印度语境下，发展可以是口号大声喊出来，也可以是每一个处于不同社会阶层的个体对物质积累的向往。张力在于，始终有一种镶嵌在历史、宗教与文化中的社会力量拉扯着个体的前进，尤其对于中下阶层的民众来讲。这种发展背后的焦虑、妥协与无奈既是抽象的，同时又可以很具体，至少在拉杰、普拉卡什房东以及阿卡什的身上，我感受到了这种"慢"发展背后，人的情感与内在的张力。

# 鸣　谢

子时：
清华园，月笼荷塘。

此时：
仰光，茶摊的桌椅早已收起，深巷里偶然传来一阵犬吠，几个穿筒裙的影子匆匆闪过，如同一段古老寓言的开场。

曼吉斯套，纪念伊斯兰先贤的清真寺外，星光与梦境悄然向朝圣者满怀虔诚的安眠撒落而来。

新德里，停车场小哥在昏黄的灯光下盘点完一天的所得，在唇齿触碰酒瓶的瞬间，不知为何想起了老家那个在等他成婚的姑娘。

塔那那利佛，烧烤摊的炉子已经支起，猩红的木炭如同呼吸一般明灭，忧愁而礼貌的吉他手松开琴弦，小心翼翼询问能不能给他搞一把中国产的手风琴。

巴加莫约，渔市的叫卖在海浪声中若隐若现；几十公里外，一个白天没能赶上诊疗中心免费食品发放的艾滋病病人，此刻正饥肠辘辘走在回家的路上。

开罗，礼拜后散去的人潮熙攘起伏，如同尼罗河畔随晚风摇曳的芦苇丛，似乎千年未变。

拉巴特，隐秘的商店，酒精还安分地躺在瓶子里，等待玻璃窗外的夕阳点燃晚霞，也点燃萌动的欲望。

里约热内卢，基督像在午后的烈日下俯瞰大西洋的海浪在沙滩前化成柔和的白线，游艇上的觥筹交错与贫民窟中的每一声叹息也显得愈发分明。

墨西哥城，离中午还有一阵，但凶狠的日头已经狠狠砸在菜市场的红色顶棚上，然后茄子、青椒、鸡蛋看上去都像被西红柿传染了，摊主的妻子有点出神，想着下次能不能把指甲涂成类似的色调。

……

以上在同一时段内发生的种种场景，除了承载它们的地球以外，还可能存在其他联系吗？

通过这本书我们想告诉读者，所有这些场景的背后，都有一双眼睛在看，有一个个年轻学者在感知、在试探、在思索。他们深入异邦、远渡重洋，竭力挖掘上边场景中更深层的意义，试图追寻不同文化、社会的日常现象里幽微的历史脉络。

在这个过程中，这些年轻人消瘦、晒黑、皮肤粗糙，遭遇危险和病痛，也博闻、强识、拜访名家，收获经历与成长。

然后他们聚在一起，谈论情、理，分享奇遇、逸闻，争论普世还是唯一，感叹生命无常的难料与文明枯荣的必然。

接下来他们用文字承载所有以上过程，砥砺、切磋、琢磨；最终，这一本牵连了时空与个体，汇聚了漫长与瞬间的文集呈现在你面前。

而所有这些人，都来自同一个学校、同一个研究项目、同一个宏大的愿景。

在这个散发着光辉与奇迹的时刻，本书编者不得不感慨能看到这样一份成果的出现是多么幸运和神奇，因而也有太多想要致谢的地方。

固然与"苏武留胡、班超定远、玄奘西行、郑和南渡"无法比肩，但时代赋予了我们深入了解他乡的契机。因此，我们首先感谢清华大学发展中国家研究博士项目和清华大学国际与地区研究院的设计者——清华大学的两任校长顾秉林校长与陈吉宁校长。观局、辨势、谋篇、落子，正是在他们的运筹帷幄之中，清华园里生发出的地区研究才能蓬勃葳蕤、扎根域外。

当然，还要特别感谢推动清华大学发展中国家研究博士项目和清华大学国际与地区研究院这两项事业持续运行、发展的项目执行者，尤其是国际与地区研究院的两位副院长张静老师和赵劲松老师。他们既要掌控全局，又要体察细节；既劳神于案牍，也奔波于全国乃至全球。没有他们在智慧、体力上的常年高强度付出，项目和机构的运行不可能平稳，我们的田野也不可能如此顺利和丰富。

同样需要将最诚挚的感谢献给海内外认同我们理念并予以我们大力支持的学者。这其中既有功成名就、声振寰宇的大家，也有各学科、各研究区域内年富力强的学术精英。他们当中有一些人在十年前清华地区研究草创之际就为我们提供了全方位的帮助，还有更多人随后加入进来，协助我们共同建设中国的地区研究事业。传道、授业、指点、提携，在他们或润物无声、或醍醐灌顶的倾囊相授下，我们才能不断豁然开朗、柳暗花明。

同时，还要感谢与我们在同一时代成长，来自全国和全世界的地区研究青年同仁，独树不成林，只有不同国家、地区、机构、流派的思想互相交汇、碰撞，才能促成地区研究整体上更良性、长远的发展，才能更好地消除误解、求同存异。因此，虽然眼前这本文集只来自清华园培养出的学子，但是在将来，我们期待的景象是千帆共进、万木同春。

当然，也要感谢本书的26名作者，感谢你们赐予的优秀稿件，使得清华地区研究的拾年巡礼嵌入了"我们"的身影，赋予了"我们"别样的意义，相信下一个十年的同行之路将继续有趣和更加值得期待。更重要的是，要感谢本书提到的所有发展中国家田野工作中相遇的当地老师、朋友和研究对象等等，没有你们的参与，就没有我们的田野故事，你们也是本书的共同作者。在成书过程中，文字编辑许帅、董慧先后加入编委会，她们的工作作风细腻而严谨，在稿件查缺补漏、文字纠错、体例格式中扮演了关键角色。

最后，特别感谢顾秉林院士和刘东教授为本书慷慨赐序及谆谆教诲，感谢杨光院长给予的综合指导与关怀。此外，本书最终得以出版离不开刘东教授牵线搭桥，离不开商务印书馆对青年学者的包容与鼓励，更离不开清华大学地区研究院张静副院长自编撰工作立项以来的鼎力支持与推动。对上述种种，编委会铭感于怀，要再度致以最真切的谢意。

学海无涯，前程漫漫，仍在上下求索的我们还远不敢自称学有所成，更不敢妄言通古今之变、成一家之言。然而回望来路，在这方寸纸张中汇聚地区研究初心之际，我们也可昂首和无悔。

聚是一团火，散是满天星。再次心怀敬畏与期冀，并感恩。

《作为田野的全球》编委会
2021年7月1日于清华园中央主楼205室